本书研究获国家自然科学基金研究项目（编号：71273236）支持

公共产品低成本服务的体制与机制研究

何翔舟 著

科学出版社

内 容 简 介

公众福祉的提升受到公共产品服务成本的影响，而公共产品服务活动中有限资源配置的帕雷托改善效应，受到公共产品服务体制与机制的制约。借此，本书研究的主要内容是，在分析公共产品理论机理的基础上，寻找公共产品服务活动中的高成本原因。具体选择不同领域公共产品案例进行深入解剖，梳理现实的公共产品服务高成本规律。结论是，传统的政府垄断经营体制是内在管理机制僵化的桎梏，即公共产品高成本服务的渊源。必须从战略上破除公共产品服务的政府垄断，重塑多元主体竞争的服务体制，才能消除垄断体制下的软约束管理机制，控制公共产品服务成本，全面提升社会福祉。

本书是政府各级公务员与公共事业单位管理人员的必备参考书，更适宜于高等院校管理类师生以及关注社会经济发展与公共福祉的人们阅读参考。

图书在版编目 (CIP) 数据

公共产品低成本服务的体制与机制研究／何翔舟著. —北京：
科学出版社，2016.5

ISBN 978-7-03-048384-3

Ⅰ.①公… Ⅱ.①何… Ⅲ.①公共物品–供给制–研究–中国 Ⅳ.①F20

中国版本图书馆 CIP 数据核字（2016）第 115079 号

责任编辑：林 剑／责任校对：彭 涛
责任印制：徐晓晨／封面设计：耕者工作室

科 学 出 版 社 出版
北京东黄城根北街 16 号
邮政编码：100717
http://www.sciencep.com

北京京华虎彩印刷有限公司 印刷
科学出版社发行 各地新华书店经销
*

2016 年 5 月第 一 版 开本：B5（720×1000）
2016 年 5 月第一次印刷 印张：17
字数：360 000
定价：108 元
（如有印装质量问题，我社负责调换）

谨以此书献给

政府部门的工作人员以及其他关注
政府管理理论的人们!

目　录

第一章 绪 论

何以提出公共产品低成本服务这一课题，就是必须从当前公众在有限资源科学配置下，所祈求的最大限度地提供社会福祉为基本思路立场，结合党的十八大以来的顶层设计，讨论在公共服务领域最现实、最突出的问题。把公共产品的低成本建立在公共产品经营管理的体制、机制的探求上，是本书的根本目标。

第一节 选题背景

当前中国社会正处于经济转型、公众福祉快速提升的环境，其中也出现了收入差距过于悬殊，非正式规则下的各类贪污腐败、不透明操作中的不公平竞争等问题。这些问题的存在遏制了社会经济发展应有的步伐，也遏制了共同富裕的航程。通过公共产品低成本服务的体制、机制建立，可以从制度上清除许多不透明、不公正，以及切断贪污腐败的源流。

一、公共产品低成本服务是提高公众福祉的基础

2012 年 11 月中国共产党第十八次代表大会指出，要紧紧围绕全面建成小康社会的总目标，牢牢把握最大限度激发社会活力、最大限度增加和谐因素、最大限度减少不和谐因素的总要求，积极推进社会管理理念、体制、机制、制度、方法创新，建设中国特色社会主义社会管理体系。对于这样一个影响中国公共福祉的重大决策问题，最终落实的载体要归结到公共产品的供给上。2000 年以来，笔者就公共产品成本问题进行了潜心研究，近年来，公共产品成本的半径拓展到公共产品供给领域，2013 年，在中国社会科学出版社出版《公共产品政府垄断

的高成本机理与治理研究》一书，主要研究解决了政府无形公共产品供给中的高成本问题①，研究发现，在整个公共产品领域，无形公共产品的生产成本是公共产品高成本的前提，而有形公共产品的高成本是公共产品高成本供给的具体体现，研究公共产品的高成本供给问题对于提高公共资源优化配置并提高对公众的福祉尤其重要，同时在很大程度上可以几何级数的性质提高公众的幸福指数。随着社会经济的发展，公共产品的高成本问题已经是摆在世人面前的重要课题，特别是政府垄断造成的公共产品成本问题，已经严重地影响社会经济的发展和公众的生活福利、生活质量的提高；同时它对政治文明、民生、公众福祉的建立也造成了不可估量的障碍。然而，对这一问题的研究在国内外被长期忽略，根本原因是传统体制下对政府的"软约束"惯性既使理论研究对此忽略，又使政府实践活动缺乏控制的动力，很难培育出规范公共产品成本供给的体制与机制。多年来，笔者在研究公共产品经营管理成本时通过多个案例比较发现，在公共产品经营活动中私人经营管理的成本为 15 元时，政府经营管理的成本为 46 元，这和萨瓦斯对美国、加拿大、瑞士、日本的公私垃圾收集业进行的对比研究结果（49∶17）基本一致。

公共产品的高成本问题是世界范围的难题，而公共产品供给是影响社会公平的重要途径，随着公共产品影响范围的扩大，国民收入二次分配比例的提高，公共产品投入占公众收入比例也越来越大。由此，做到公共产品的低成本服务，是提高公众福祉的重要途径与基础。如果要彻底消除公共资源的低效率配置和应用问题，让有限的公共资源发挥出无限的社会福祉，就必须与国际公共管理的理论与实践接轨，把公共管理的视角从重视过程转向重视结果，即要彻底解决公共产品领域的高成本问题。公共产品成本在一定程度上具有刚性支出的性质，而且公共产品成本与政府管理活动中的行政成本、风险成本、政府决策的机会成本之间具有密切的联系，即许多行政成本、风险成本与机会成本是因为公共产品不合理的成本问题而诱发或膨胀，它比行政成本、风险成本、机会成本更加直接且影响的程度更大，也要求政府行政行为更加规范，因而必须建立一个科学的理论模型来合理界定公共产品成本的高与低。

二、充分把握公共产品高成本服务的要害是建立新体制的前提

长期的研究发现，由于经营体制与管理机制不科学，政府公共产品高成本存

---

① 把公共产品分为有形公共产品和无形公共产品两个大类。有形公共产品即为日常公共供给与消费活动中有实体的公共产品，如公路、桥梁、学校、医院等；无形公共产品则是公共供给与消费活动中无实体的公共产品，如政府及其相关的公共部门出台的政策、规定以及公共服务活动。

在的主要问题及其原因是多维的，概述地分析，有如下方面。

1. 缺乏对公共产品服务成本的充分认识

在很多情况下，人们对于公共产品的服务成本是忽略的。农村学生上学困难，他们与城市学生之间享有的教育投入水平有很大的差距①，很少有人帮他们说话，也很少有人因此而受到问责。在为数不少的地方政府以及公务员当中，存在狭义地理解甚至忽略公共产品成本的问题。当然，也有一些研究人员过于偏激，情绪化地认识公共产品的高成本问题。

2. 在理论研究方面缺乏科学的考核依据

一方面，政府基本垄断公共产品的经营管理，使得各级政府预算考核只凭经验操作；另一方面，由于缺乏科学的理论模式，主观上缺乏控制或科学管理的积极性。究竟公共产品成本在什么样的情况下是低成本服务的，或者说相对合理的成本应如何界定，也是一个难题。

3. "公共产品""无形化"操作②

十八届三中全会指出，要把资源配置的决定权交给市场，在顶层设计上已经非常明确，但许多地方政府仍然坚持对公共产品的垄断，公共产品生产经营不能走向市场，使很大部分应该通过市场竞争产生高效率的公共产品在政府垄断下低效率运行。政府在公共产品的生产经营活动中建立的硬约束考核指标，似乎一直挂在空挡上，就像那些公共政策的出台一样，缺乏有针对性的成本考核。

4. "公地悲剧"现象突出

由于政府过于垄断，很少有人关心公共产品的产生成本与使用成本，不仅在生产过程中高成本，而且在使用过程中也存在野蛮使用问题，大大缩短了公共产品的生命周期，无形中浪费了公共资源。从根本上讲，有能力管理公共产品的还是各级政府，私人组织、个体、非营利组织，一方面缺乏管理的手段与能力，另

---

①　根据笔者 2013 年在甘肃定西、天水，贵州毕节，以及北京、上海的调研，大城市学生占有的公共资源是一些贫困山区的学生所占有公共资源的 26 倍（其中，包括校舍、塑胶操场以及其他各类硬件设施，折合为价值量计算）。

②　这里所谓的"公共产品无形化操作"，即政府经营的公共产品和一般的无形公共产品一样，在经营管理活动中很少甚至不考虑控制成本，当某一公共项目决策或者预算确定后，一般在运营活动中不像私人领域那样全过程控制成本，缺乏控制成本的措施。

一方面也缺乏积极性。只有当政府委托某一组织、个人或团体时，公共产品的"公地悲剧"现象才能得到遏制。

5. 制度紊乱，职责不清

在传统的公共产品经营体制与管理机制下，不仅公共产品直接浪费公共资源，而且许多无形公共产品通过政策渠道对社会、公众制造高成本。就目前来看，究竟哪些公共产品应该由政府垄断经营管理，哪些公共产品应该由市场提供，似乎并不明确。由此，在体制上缺乏科学依据，从而在操作层面上就出现了职责不清问题。例如，在政府指导价格的约束下，各家医院同类医疗项目价格仍然相差悬殊。其实，如果采用市场机制，那么必然会促成价格趋于合理。

6. "生产随意"

由于体制与机制的原因，个别公务员不是以社会或公众需要使用公共资源，而是按照各种关系和自己的利益得失寻找租金机会。例如，针对一些相对大型的公共产品的重复建设，有很多批评的声音。

7. 忽略管理细节

在管理过程中"桶底漏水"现象严重，造成贪污受贿、奢侈浪费，既增加了预算成本，又给民生、公众福祉与政治文明建设带来了负面影响。

因此，通过对公共产品政府垄断的高成本机理及其改革的研究，来建立硬性约束型政府并建设符合现代公共管理理念的公共产品体制与机制理论模式，特别是通过设计"民营化与公私部门的伙伴关系"的管理体制与机制模式①，创新公共产品的供给理念，化解公共产品高成本并降低或控制政府垄断成本、增加社会和公众福祉，是本书相关研究最基本的切入点，也将成为指导公共产品管理与支出的基本理论。但从目前我国对这一课题的研究情况来看，相关研究还很不充分，特别是不能把"有形"与"无形"的公共产品区别开来，从公共产品经营体制与管理机制上下工夫，使公共产品成本控制的研究和无形公共产品研究一样囿于以定性的方式研究行政支出。关于通过建立科学体制与硬约束管理机制下的定量分析与操作层面的公共产品低成本供给问题的研究，也不深不透，相关研究

---

① 公共产品在很广泛的领域可以推行民营化供给，我国一些地区如"杭州湾跨海大桥"、浙江万里教育集团等是民营化介入非常成功的范例。公私部门的伙伴关系即为私人资本与政府资本在一些领域的有机结合，如学校、医院以及其他的公共产品领域让政府与私人部门相互竞争、相互补充，互为伙伴。

过多注重抽象理论，极少通过数学模型及其定量分析方法进行科学研究，甚至一些人还盲目地对待政府垄断公共产品成本问题，不能正确认识公共管理视阈下公共产品应有的经营管理或供给模式，其结果是难以找到规范或硬约束公共产品成本控制体制与机制模式的理论支点。所以，以新原理、新技术、新方法新视角深入研究公共产品政府垄断的高成本问题，不仅对与国际接轨后的公共产品的低成本、高效率具有很大的现实意义，而且对社会公众的福祉增加、减轻纳税人的经济负担、改进政府管理、提高社会对公共产品的经营管理质量，以及揭示现代政府公共管理规律的新特点有着重大理论意义和深远的实践意义。

三、公共产品低成本服务的根本在于国民收入分配结构调整

公共产品与公共财政非常密切，粗略估计，百分之九十以上的公共产品投入与公共财政相关。因此，公共产品的低成本服务，很大程度上要通过调整国民收入分配结构实现。在致力于政府间财力分配格局调整的同时，着眼于各级政府间财政分配关系的规范化、科学化与公正化，重点是建立能够把资源配置的决定权交给市场财政运行机制。

1. 公共财政在社会经济发展中是调节收入分配的杠杆

从根本上讲，公共财政的基本职责是，既要做好调动各级政府财政收支的积极性工作，建立科学的内部收支管理机制，更要针对不同时期社会经济发展需要，做好国民收入分配与再分配的结构改革。在市场经济体制下，经济社会资源的配置由两种方式来实现，即市场机制和政府机制。虽然市场对资源的配置起基础性作用，但由于存在着国民收入分配与再分配、公共产品、垄断、信息不对称、经济活动的外在性等情况，仅仅依靠市场机制并不能实现资源配置的优化，还需要政府在市场失灵领域充分发挥调节资源并使之优化配置的功能。公共财政在国民收入分配与再分配中的角色，是保证社会公平的杠杆。如果说社会的不公现象主要表现在人们所获得的经济收入、社会福利方面，这种不公的归结点应该是国民收入分配，而国民收入分配的具体调节是公共财政。财政作为政府调控经济社会运行的主要杠杆，在任何时候都是政府配置收入分配资源、享有公共福祉的主体杠杆。因为，在经济体系中，市场提供的商品和服务数量有时是过度的，有时是不足的，整个社会的资源配置缺乏效率。财政的资源配置职能就表现在对市场提供过度的商品和劳务数量进行校正，而对市场提供不足的产品和服务进行补充，以实现社会资源的有效配置。同时，财政在国民收入分配与再分配中的作

用与地位更加突出。

从公共财政的基本职责可以看出，财政体制改革不仅要在体制内部调动收支积极性，更主要的是在公共资源配置、社会财富及其福利在不同阶层与群体之间的公平分配。从公共财政的基本职责出发，改革开放以来的历次财政体制改革，仅仅梳理了公共财政的部分职责，并没有触及国民收入分配结构调整方面的职责。在社会进入中等收入水平阶段时，社会矛盾主要体现为民生、公平的当今社会，仅就公共财政体制内部进行变革的举措，实在已经难以解决由于分配不公而带来的社会问题。理论上讲，收入分配的基本职能是中央政府为了实现社会公平分配的目标，对市场经济形成的收入分配悬殊格局予以调整的职责和功能。在各种不同的公共财政手段中，实现再分配的直接手段有多个：一是税收转移支付，即对高收入群体课征累进所得税并对低收入群体给予补助两者相结合的方法实施杠杆作用；二是用累进所得税的收入，为使低收入群体获益的公共服务提供必需的资金；三是对主要由高收入消费者购买的产品进行课税，并同时对主要为低收入消费者使用的其他产品给予补贴两者相结合的方法调节国民收入分配；四是完善社会福利制度，使低收入者实际收入增加，个人收入差距缩小；五是建立统一的劳动力市场，促进城乡之间和地区之间人口的合理流动，这是调动劳动者劳动积极性，遏制城乡差距和地区差距进一步扩大的有效途径。公共财政职责与功能告诉人们，只有通过国民收入分配领域的改革，才能实现社会的公平分配，也就是解决当前因收入分配造成社会问题的战略理念。

一定意义上讲，公共财政的杠杆作用是解决政治与经济双重问题，由此，公共财政改革也是政治体制与经济体制改革的有机结合体。在改革进入深水区的当今社会，必须把公共财政改革作为政治体制与经济体制改革的共同抓手，解决当前在工资收入、养老保障、福利待遇以及公共产品享受等方面的问题。解决这些问题，既是避免国际普遍意义上存在的中等收入陷阱的基本途径，更是尽快实现中国梦，解决中国社会经济发展中特有问题的根本途径。从长远来看，因行业之间、群体之间分配不公所带来的社会问题，是影响中国特色社会主义快速发展的主要问题，这一问题是随着社会经济发展逐渐凸显出来的。在社会经济发展水平相对较低，公众收入偏低的时期，公共财政改革的首要任务是提高公共资源的配置效率，调动各级政府发展社会经济的积极性。当全社会整体进入中等收入阶段时，公务员、垄断行业、国有大型企业、公共事业单位与普通产业工人之间的收入反差，逐渐演变为社会重要问题。此类问题必须通过公共财政体制改革的杠杆加以解决，包括扩大国民收入初次分配比例以提高普通劳动者的工资，调整国民收入二次分配结构以放缓高收入领域工资增长幅度，增加公共产品投入以使全体公众享受价格低廉的公共服务，逐步消除不同群体之间退休养老的不合理、不公平待遇，等等。

无论是市场本身，还是政府的其他调控手段，都无法真正解决行业之间、群体之间收入分配的不公平问题。公共财政才是调节国民收入分配真正意义上的杠杆，充分发挥公共财政的杠杆作用，打破传统的国民收入分配比例，是改善民生问题的基本途径。因此，公共财政改革就是要由传统的重视政府内部机制转向建立科学合理的国民收入分配体制。

2. 体制内支出形式的变化无法解决公共产品高成本问题

中共十八届三中全会关于全面深化改革若干重大问题的决定指出，财政是国家治理的基础和重要支柱，科学的财税体制是优化资源配置、维护市场统一、促进社会公平、实现国家长治久安的制度保障。必须完善立法、明确事权、改革税制、稳定税负、透明预算、提高效率，建立现代财政制度，发挥中央和地方的积极性①。从根本上讲，这为未来一个时期的财政体制改革奠定了基础。回顾改革开放以来的历次公共财政改革，主要集中在各级政府之间的收入与分配关系建立上，同时也为中国整体的经济体制改革作出应有的贡献。从计划经济向市场经济转轨，财政体制的改革不但没有回避，而且从某种意义上还是整个经济体制改革的突破口，起到"财政体制改革要先走一步"的作用。改革开放 30 多年来，中国逐步探索公共财政改革的路径，先后经历 1983 年、1984 年两步利改税改革和从 1980 年开始到 90 年代初"分灶吃饭"的财政体制的改革，一直到 1994 年"分税制"公共财政体制的改革。改革的方向是由高度集中的财权朝统一领导、分级管理方向发展，最后朝"分税，分权，分征，分管"即分税制方向发展。正是因为不断地进行财政体制改革，才使中国整体上顺利地建立了市场经济体制，从而使公共财政适应了市场经济的要求，并推动了社会经济的纵深发展（王惠平，2008）。

1980 年中国全面的经济体制改革以财政体制改革作为突破口率先进行。为了改革过去中央政府统收统支的集中财政管理体制，在中央和各省之间的财政分配关系方面，对大多数省份实行了"划分收支，分级包干"的预算管理体制，建立了财政包干体制的基础。从 1982 年开始逐步改为"总额分成，比例包干"的包干办法；1985 年实行"划分税种，核定收支，分级包干"的预算管理体制，

---

① 《中共中央关于全面深化改革若干重大问题的决定》，2013 年 11 月 16 日，光明日报，第 2 版。

以适应 1984 年两步利改税改革的需要；1988 年为了配合国有企业普遍推行的承包经营责任制，开始实行 6 种形式的财政包干，包括"收入递增包干""总额分成""总额分成加增长分成""上解递增包干""定额上解"和"定额补助"。公共财政的包干体制建立对于推动社会主义市场经济改革与发展产生了的积极作用。首先，实行财政包干体制改变了计划经济体制下财政统收统支的过度集中管理模式，中央各职能部门不再下达指标，地方政府由原来被动安排财政收支转变为主动参与经济管理，体现了"统一领导、分级管理"的原则。其次，历次的财政体制改革都是对原有收支体制的完善，在推动中国社会经济持续稳定发展方面显示出一定作用（苏明和王化文，2011）。地方政府财力的不断增强使其有能力增加对本地区的重点建设，以及教育、科学、卫生等各项事业的投入，促进了地方经济建设和社会事业的发展。最后，财政体制改革支持和配合了其他领域的体制改革。财政体制改革激发出地方政府发展经济的动力，带动财政收入增长，为其他改革提供了财力支持。

与以往历次财政体制改革不同，1994 年的财政分税体制改革，是 1949 年以来调整利益格局最为明显、影响最为深远的一次。一是分税体制改革使政府间财政分配关系相对规范化。分税体制改变了原来的财政包干下多种体制形式并存的格局，使得中央和省级政府间的财政分配关系相对规范化。二是中央政府财政收入比例明显提高。新体制对各级政府组织财政收入的激励作用较为明显。全国财政收入增长较快，同时中央在新增收入中所得份额也明显提高，形成了较为合理的纵向财力分配机制。三是形成了普遍补助格局，初步建立了过渡期转移支付办法，为建立较为规范的横向财力均衡制度打下了基础（杨之刚，2008）。

公共财政改革不仅要调动各级财政的积极性，更要为公共产品低成本铺垫基础。研究发现，民生问题、公共福祉问题、公共产品的高成本供给等问题，是影响社会经济发展的根本问题，集中表现在不同群体之间的收入反差。公共产品供给出现的巨大反差，可以概括为两个方面。一是城乡之间的收入反差，中国城乡差距长时间在 3∶1 以上的高位运行，并没有呈现出库兹涅茨曲线先高后低的演变态势。在库兹涅兹看来，城市化早期城乡收入差距会首先扩大到 2 ~ 2.4，然后开始下降，如韩国在 1994 年消除了城乡差距，中国台湾地区在 1995 年这一差距已经缩小到 1.4 以下（王春光，2013）。一般来说，城乡差距在 1.5 以下是合理的，而我国内地城乡差距在过去 30 多年中最小时也只有 1.8 左右，很快就升高到 2 以上，中国在过去十多年的时间内都在 3 以上。二是体制内外的反差，多年来，公务员以及金融、电力、石化、航空、证券等领域的国有垄断企业员工收入与其他行业员工之间有很大的反差。体制内外的收入反差是民生问题、公共产品高成本供给等社会矛盾突出的根本原因。为什么多年来的财政体制改革并没有解决收入分配困境，而且矛盾逐渐突出，这是一个值得进一步思考的问题。

3. 二次分配内在的结构失衡是公共产品高成本的主要渊源

国民收入的二次分配，是指国民收入在初次分配的基础上，各收入主体之间通过各种渠道实现现金或实物转移的一种收入再次分配过程。通过国民收入的再分配，不直接参与物质生产的社会成员或集团，从参与初次分配的社会成员或集团那里获得收入。从根本上讲，再分配主要由政府调控机制起作用，政府进行必要的宏观管理和收入调节，是保持社会稳定、维护社会公正的基本机制。国民收入之所以要进行再次分配，在理论上，原因包括以下几点。

首先，满足非物质生产部门发展的需要。在国民收入初次分配过程中，只有物质生产部门的劳动者获得了原始收入，而非物质生产部门要获得收入，必须通过对国民收入的再分配解决。通过对国民收入的再分配，把物质生产部门创造的一部分原始收入，转给不创造国民收入的非物质生产部门，形成"派生收入"，以满足文化教育、医疗卫生、国家行政和国防安全等部门发展的需要和支付这些部门劳动者的劳动报酬。

其次，投入重点建设和保证国民经济按比例协调发展。国民经济部门之间、地区之间、行业之间的发展往往是不平衡的，它们的发展速度、生产增长规模、技术结构等互不相同，不可避免地会出现某些比例不协调现象和薄弱环节。同时，各物质生产部门、各地区、各行业从国民收入初次分配中得到的收入份额，往往同它们各自的经济文化发展的需要不相一致。因此，国家必须从宏观调控的全局出发，有计划地将国家集中的纯收入，通过再分配，在不同部门、地区和企业之间调节使用，以加强重点建设，克服薄弱环节，保证国民经济按比例协调发展。

再次，建立社会保障体系的需要。公众的养老、医疗、失业等保障体系，以及社会救济、社会福利、优抚安置，等等，除企业、个人负担外，相当部分也需要通过国民收入的再分配来解决。

最后，建立社会后备基金的需要。为了应付各种突发事故和自然灾害等，需要通过国民收入的再分配，建立社会后备基金，来满足这些临时性的应急需要（潘志仲，2008）。

国民收入二次分配的用途决定了其科学合理的内在结构。如何判断国民收入二次分配的合理性，由于各个国家、地区现实状况的不同，难以确定一个量化的比例，但人们可以从感性的方面判断当前中国国民收入二次分配的合理程度。

从国民收入二次分配理论支撑来看，其根本用途是满足非物质生产部门发展的需要、投入重点建设和保证国民经济按比例协调发展、建立社会保障体系的需要、建立社会后备基金的需要。这四个方面的内容并没有把各级政府的三公消费作为重点考虑的内容。然而，当各级政府的三公消费支出成为政府二次分配的主体支出时，无论是就国民收入二次分配理论而言，还是从现实状况来讲，都是值得深思的。当然，笔者并非秉持完全消除三公消费的观点，而是考虑如何降低三公消费支出，根据企业、科学研究以及其他方面的经验判断，各级政府的三公经费控制在财政收入的2%～3%是相对合理的。

国民收入二次分配结构的失衡，在很大程度上影响了全社会的收入公平问题，而收入公平问题是当前民生问题的集中体现。调整二次分配的结构比例，是当前以及未来相对长的时期内面临的重大课题。一方面长期以来累积下来的支付高成本基数不可能一下子控制到位；另一方面，各级政府也需要一定的时间培养勤俭节约的意识。回过头来看分配公平问题，之所以等量劳动无法体现等量价值，是因为行业之间的分配不公并且不符合广义上的效率优先理念。如果不考虑社会分工，不考虑现代社会的公共服务，就某一企业、某一公共单位来说，效率优先绝对是无可辩驳的。问题是整个社会并非一个行业或单位那么简单，我们假定政府公务员与农业劳动者之间、电力工人与建筑工人之间、管理人员与业务人员之间，等等，其效率优先怎么界定。由此可见，一般意义上的效率优先在行业之间就根本无法体现，只有政府的宏观调节才是体现社会公平分配的基本手段。是否可以考虑公共资源在行业之间平均分配，再考虑行业内部的效率优先，如果宏观上已经形成了不同的收入群体，社会不公问题是无法避免的。

4. 长远战略：公共财政改革必须与国家战略有机结合

分配不公是公共财政改革面临的重要问题，中国财政改革要找到体现公平分配，以及与社会经济发展步调一致的路子，必须从战略上考虑财政分配与国家政治、社会发展战略有机结合。任何事物的发展都必须确立长远战略，否则，就会停留在头痛医头、脚痛医脚的盲目活动中，公共财政改革亦然。那么，基于分配视角下的中国公共财政改革，究竟如何确立能够持续推动社会经济发展的长远战略，从国内外实践来看，应包括下列方面。

首先，公共财政改革必须与国家的政治战略有机结合。公共财政与国家政治战略、民主政治是国家的生命线。没有与之相配套的公共财政，国家机器就无法运转。但是，获取财政收入并不是一件轻而易举的事。在古今中外的历史上，不乏由财政危机引发的经济、社会甚至政治危机的事例（王绍光，1996）。因此，安排公共财政收支体制与管理机制，对于任何一个国家都是一大挑战。从国家政治战略角度选择的公共财政收支体制与机制，必须与国家长远战略有机结合。例如，假定人们在20年前能够认识到中国在国际上有当今的政治地位，在国内政治体制改革、民生工程、民主政治等成为主流时，公共财政收支体系可能会有更有利的环境。因此，在安排公共财政改革的长远战略时，必须与政治战略相对接。

其次，公共财政改革必须与社会发展战略有机结合。纵观当前中国社会发展战略，尽管项目繁多，表现各异，但从总体上看，无非是"事"和"钱"两个方面。前者主要涉及行政管理体制，后者主要指财税管理体制。故而，实际面临着从"事"入手，由"钱"保障来实现社会经济发展战略。不过，相对于社会经济发展中各级政府之间和各个政府部门之间的权力归属和利益分配关系，有关"事"的方面即行政管理体制的调整，对社会经济发展的触动是直接的、正面的。有关"钱"的方面即财税管理体制的调整，对社会经济发展的触动则是间接的、迂回的。表面上看，前者实施的难度较大，遇到的阻力因素较多。后者实施的难度和阻力，通常会弱于前者。但实际上后者可能起着关键作用，正确的发展战略要有合理的资源配置作为保障。以财税体制改革为突破口，顺势而上，有助于政治体制改革，实现社会经济发展的调整目标，进而推动社会体制的全面发展。由此，公共财政改革如何与社会经济发展战略有机结合，是任何时期都要研究的重点课题。

最后，公共财政改革必须与政府成本、政府绩效考核有机结合。多年来，社会公众对于公款吃喝等问题深恶痛绝，党的十八大以来各级党委、政府花了很大的精力整治。笔者认为，问题的根本不在吃喝本身，而是公共财政分配给那些体制内各部门的经费相对较多，可以归结为预算不准确，或者说预算外的收入过多。这需要在调整国民收入分配的长远战略过程中逐步解决。另外，公共财政在监督考核政府购买公共服务绩效的同时，还应当在宏观上考核财政支出与政府绩效问题。传统体制下的政府成本与绩效考核的软约束，是公共财政在国民收入分配中向政府预算倾斜的根源。政府机关希望可以支配的资金越多越好，无论是零基预算还是其他预算方式，很难做到严格控制。这样，宽泛的预算造成政府预算成本逐步膨胀，相对绩效越来越低下。只有把公共财政改革政府预算成本与绩效有机结合，政府机关才能在考虑绩效与成本的前提下节省预算支出。

5. 短期对策：公共财政改革必须把公平分配放在首位

从现实出发，应对公平分配问题，中国公共财政改革的关键是打破传统体制下的国民收入分配思维。既要考虑国民收入初次、再次以及多次分配比例，又要调整国民收入分配的内在结构，力求不同群体之间的收入、福利待遇、养老保障相对公平。

首先，调整国民收入分配结构，缩小不同群体之间的收入差距。公平享受全社会劳动成果，是化解或消除社会矛盾的主要途径。就目前中国的基尼系数看，公务员、垄断部门等高收入群体与普通劳动者之间的差距形成了国民收入分配的裂痕。有关资料表明，中国已成为全球贫富两极分化最严重的国家之一。中国社会贫富差距由改革开放初期的4.5∶1扩大到目前的接近13∶1；城乡居民收入差距由1998年的2.52∶1，扩大到2012年的3.13∶1。在全国所有人口中，收入最高的占10%的群体和收入最低的占10%的群体之间的收入差距，已经从1988年的7.3倍上升到目前的23倍。追溯人类历史，最大、最激烈的社会矛盾莫过于民生问题，而当今的民生问题主要是不同群体之间的收入差距，这种收入差距不仅体现在公开的账面上，而且更大的差距还是隐性的。例如，政府机关、垄断行业不同程度地享受着相对丰厚的住房补贴，甚至于一些行业、部门的住房是公共资金支付，经过几年以后转化为个人全部产权的财产（潘志仲，2008）。这种不公平、不合理的收入反差，凸显出公共财政在国民收入分配上的弊端。包括政府部门、垄断行业在内的高收入、高福利待遇、高养老保障等，与普通公众拉开了贫富之间的距离。从长远来看，这一重大现实问题是影响社会稳定、经济持续发展、实现中国梦的桎梏。所以，在短期内针对收入差距问题，应考虑通过调整国民收入分配结构来解决。

其次，调节收入分配是公共产品服务低成本的根本。既然最低工资标准等手段不能从根本上弥合现实的群体之间的收入裂痕，就应当寻求切实可行的途径纠正不同群体之间的收入差距问题，在理论上讲就是要兑现等量劳动享受等量劳动成果，而要做到等量劳动享受等量的社会劳动成果，就必须考虑社会不同利益群体之间的公平分配。一般地讲，判断收入是否公平有两个标准。其一是同一种岗位之间的标准。公平理论认为员工首先思考自己收入与付出的比例，然后将自己的收入付出比与相关他人的收入付出比进行比较。其基本模型是，$OA/IA = OB/IB$，式中OA为自己的收入，IA为自己的付出；OB为他人的收入，IB为他人的付出，这一理论可以判断同岗位收入是否公平。其二是不同岗位、不同行业之间判断标准，可以用市场行情判断，即通过人力资源流向判断。当人力资源流向出现明显的偏差时，说明市场在本领域已经失灵，此时政府必须通过行使调控职能来解决问题。出现同一岗位分配不公平时，应当由本组织考虑解决。当前中国在收入分配上反映出的严重不公平问题，主要是行业之间的不公平，从根本上讲是国民收入分配结构失衡，必须由政府宏观调控解决，而直接行使这一职能的是公共财政。由于调整国民收入分配的直接杠杆是公共财政，因此，必须通过公共财政改革调整国民收入分配，从而通过架构相对合理的国民收入分配格局，调整不同群体之间的收入结构，弥合不同群体之间的收入裂痕。操作途径是，增加国民收入初次分配比例以提高普通劳动者收入，梳理国民收入再分配的内在结构以消除政府、垄断行业预算外收入，建立严格的预算支出机制，并增加公共产品与公共服务支出，彻底打破现行的养老保障体系，建立全体公众平等的养老保障体制。

最后，公共产品服务的低成本应考虑增加国民收入初次分配比例。当前行业分配不公平的问题，在理论上可以概括为国民收入三次分配不合理所导致的公共资源流向不合理。可以从两个渠道梳理，第一，财政的体制性弊端是形成现有收入分配不公的根本原因，初次分配过于"亲资本，弱劳动"，二次分配中存在负福利效应和政府职能的错位。同时，劳动力市场不完善，劳资集体谈判制度缺失，劳动力价值被严重低估。另外，经济社会管理体制中存在的问题也导致分配不公，如相关制度安排的不完善导致行业、城乡差距，非法非正常收入、行业垄断及权利寻租行为的存在也加剧了收入差距。此外，我国的经济发展方式不合理、二元经济结构的存在和产业结构有待升级也是造成收入差距的原因。第二，国民收入分配现实无形地贬低了人力资本价值。生产决定分配，不同的所有制关系决定不同的收入分配制度，只有在生产资料社会占有的基础上，才能形成以按劳分配为主体的分配关系。城乡差异扩大、地区不平衡加剧、行业垄断、腐败、公共产品供应不均、再分配措施落后等，都使收入差距扩大，但这些不是主要原因。收入差距扩大的主要原因还在于初次分配不公，而初次分配的核心问题在于劳动收入与资本收入的关系，这涉及生产关系和财产关系问题。显然，财政体制改革的关键不在于体制内部中央与地方的分配比例问题，而在于如何打破传统的收入分配格局，科学合理地调整城乡、行业、不同群体之间的收入比例。由此，公共财政改革短期内必须解决的问题是如何增加国民收入分配中的初次分配比例。

第二节　国内外研究现状与本书的主要内容

一、国内外研究现状及分析

从国外理论界来看，研究公共产品或公共事物问题的代表人物是 2009 年诺贝尔经济学奖得主，美国行政学家、政治学家、政治经济学家奥斯特罗姆夫妇，其代表性成果有《多中心体制与地方公共经济》《公共事物的治理之道》等，他们提出公共事物要多中心即多元化管理，发挥社会各界的力量综合利用公共资源，从理论上解决了世界性的难题；美国前总统克林顿的特别顾问纽约城市大学的萨瓦斯教授提出民营化与公私部门伙伴关系理念，为公共产品低成本供给提出基本模式；国际著名的政府再造大师——戴维·奥斯本与彼得·普拉斯特里克的《政府改革手册：战略与工具》建立了公共产品供给的标杆；英国北威尔士大学的邓肯·布莱克、詹姆斯·布坎南和戈登·塔洛克等针对"政府过于垄断公共产品，造成效率低下"现象，创造了公共选择理论，从官僚体制上解释了公共产品成本居高不下的主要原因；新制度经济学理论（the new institutional economics）的代表：科斯、阿尔钦、登姆塞茨、张五常、菲吕博滕等，用委托代理理论（产权理论）和交易成本理论分析公共产品高成本问题，试图从制度的角度解决这一问题。

20世纪70年代以来，为摆脱传统福利国家的困境，西方发达资本主义国家普遍兴起一场轰轰烈烈的新公共管理运动，形成了新公共管理理论（the new public management）。这一理论的实质与核心是在公共部门领域内引入私营部门的管理方法和管理技术，创建一个企业化的政府，以节省政府对公共产品的管理成本。从国际研究情况看，主要解决的问题有以下几个方面。一是公共产品的政府预算成本膨胀是公共政策失误的诱因。二是政府扩张或政府垄断是公共产品成本膨胀的必然结果。三是民营资本进入是公共产品低成本供给并提高公众福祉的前提。政府部门谋求内部私利而非公共利益产生"内部效应"，这被认为是造成政府高成本的重要原因之一。政府扩张与对公共产品的垄断导致社会资源浪费，经济效益降低，资源配置低效，社会福祉减少。官员们为自身利益的需要，扩大或盲目增加多于社会需要的公共物品，扩大采购范围，造成资源的浪费。四是政府官员通过无限地垄断公共产品追求规模最大化。与公司老板不同，政府官员管理公共产品的目标并不是利润的最大化，而是规模的最大化，以此增加自己的升迁机会和扩大自己的势力范围，这势必导致社会成本膨胀，对政府官员的监督乏力。作为监督者的公民和被监督者的官员地位不对等，被监督者完全可以利用自己的优势地位强制规定某些政策措施，使之更有利于自身利益，而不利于公共利益。五是寻租。政府及其官员在公共产品垄断经营的寻租过程中未必都是被动的角色，还可以充当主动者，这就是所谓的"政治创租"和"抽租"问题。寻租活动也是政府公共产品预算成本膨胀的重要原因之一，因为它导致经济资源配置的扭曲。

从国内情况看，周志忍的政府管理绩效评价理论，吴建南的财政管理、角色冲突与组织绩效，陈振明、薛澜等的现代公共管理展望理论，马骏、卓越等的公共财政改革理论，彭国甫的地方政府管理创新的新途径，白瑞峰的城乡统筹视角下农村公共产品供给制度研究等从政府统筹角度提出供给办法；付勇的农村公共产品有效供给与融资研究——基于开发性金融融资渠道的视角提出农村公共产品供给融资办法；钟雯彬的公共产品法律调整研究，从国家干预的视野就公共产品从生产、提供至使用过程中的公共产品国家提供责任、公共产品供给主体、公共收支体系、公共生产体系及公共产品使用者权益保障所涉及的法律问题进行系统的研究；郭正平的《地方政府行政运行成本控制与核算实务全书》对公共产品的会计成本进行相应的研究；樊刚的《公共产品成本决定区域竞争力对政府决策的机会成本的研究》提出很好的思路；黄季琨、毛寿龙等学者对公共产品成本也进行了论述，提供了进一步研究公共产品成本与经营体制、机制的理论依据。

总的来看，国际上也有许多从外围研究公共产品高成本经营体制与管理机制的理论成果，也解决了公共产品生产活动中许多操作方面的问题；国内的研究主要集中在理论建设与政府绩效方面，同时一些学者就农村公共产品供给体系的统筹、融资体系建立以及预算活动的科学规律进行了探讨。这些研究对于中国公共产品低成本运作的体制与机制建设做出过很大的贡献，为进一步研究公共产品低成本服务的体制与机制创新问题铺设了很好的平台。但就公共产品服务体系应该如何建设一个能够从真正意义上降低服务成本并提高社会与公众福祉的服务体制与机制的完整体系，需要进一步深入研究。当前的相关研究还没有把公共产品的低成本供给与提高公众福祉有机结合起来，也没有把创新体制等问题直接提出来进行深入解剖，因此，不仅没有找出公共产品低成本供给应有的体制框架，使政府垄断公共产品的成本膨胀趋势得到遏制，更没有构建起行之有效的硬约束管理机制。正如 2012 年 10 月党的第十八次代表大会所指出的，要积极推进社会管理理念、体制、机制、制度、方法创新，完善党委领导、政府负责、社会协同、公众参与的公共产品服务格局。因此，本书的相关研究就是要找出一个合理规范的公共产品生产经营成本与体制、机制方面的理论模式，让公众正确判断公共产品的管理服务模式与低成本运作，力求公共资源配置的帕雷托改善效应，从真正意义上提高社会与公众的福祉。

二、本书的研究内容

本书的立论基础是应用现代预测与管理理论来探索公共产品经营管理的理论

模型与操作活动，核心是通过理论模型的建立找到公共产品低成本管理的科学方法、途径与依据。这是对我国公共产品政府垄断经营体制与软约束管理而造成公共产品成本膨胀反思的结果和为建立符合现代公共管理新理念、新体制、新机制，提高政府绩效，最大限度地降低公共产品成本，减轻纳税人负担，为社会提供低成本的公共产品并最大限度地提高社会公众福祉，重塑政府良好形象的战略选择。从现代管理的技术中获得公共产品生产经营体制与机制观念和方法上的启迪，用科学理论改善高成本的管理方式，把私人产品的管理技术和方法嫁接到公共产品领域，并通过创新观念、创新体制与机制，形成"公私伙伴"关系的公共产品竞争环境。即把控制或降低公共产品成本的支点建立在规范的理论和体制创新以及对政府与公务员的硬约束基础上。

对于我国这样一个具有悠久传统行政历史的国家而言，仅仅靠传统的思维定式、管理方式来控制或降低公共产品成本是难以从根本上解决问题的，也不可能通过软约束方式从根本上提高公共资源配置效应，更不能靠在传统的公共产品管理体制与机制上进行细枝末节的修补就从根本上提高绩效。所以，只有通过管理制度、方法、模式、思维等方面的创新，构建具有国际先进水平的约束机制，以实现控制或降低公共产品成本并提高公共资源配置效益的目标。公共产品的高成本问题，是当前迫切需要解决的问题，由于其公共性特征过于突出，公众往往以"搭便车"的态度对待，属于典型"公地悲剧"。这样，政府必须承担控制或降低公共产品成本的主体责任，这就是通过建立硬约束机制来控制或降低公共产品成本的对应选择。因此，本书在解剖个案的基础上重点研究分析公共产品低成本供给的体制与机制建设问题，争取在完善体制建设与硬约束管理机制建设等方面获得一定的突破。本书主要围绕以下观点展开论述。

一是公共产品经营管理成本的理论机理与方法。为了找到公共产品低成本服务的规律，必须首先科学界定公共产品经营管理成本的机理与研究方法，包括公共产品成本理论述评及研究的主要观点、公共产品成本的影响要素、环境及模式表达、公共产品成本的指标体系与测评方法等相关内容。

二是公共产品高成本运转解剖与原因分析。现实的公共产品高成本原因何在，这里必须回答出现实的经营体制与管理机制的缺陷，否则，说公共产品高成本，似乎缺乏依据。对此，笔者从公共产品政府垄断的高成本与多中心治道角度对公众福祉影响的解剖分析、政府垄断供给体制下公共资源低效率配置的理论机理与实践分析、政府垄断公共产品在公共治理活动中的"公地悲剧"特征与软约束管理机理等方面进行分析论证，让关注公共管理的人们充分认识到，公共产品的高成本服务问题的客观存在性。

三是现代公共管理视角下公共产品低成本服务的经营体制与管理机制模式的设计。要从根本上解决公共产品的高成本问题，就要设计出公共产品能够低成本服务的载体，通过实验观察，并借鉴私人领域的经营体制与管理机制，本书提出公共管理视角下公共产品低成本供给的服务体制模式、公共管理视角下公共产品低成本服务的管理机制模式、适应中国社会经济发展状况下公共产品低成本服务的多中心供给模式，以及民营化与公私部门的伙伴关系，给各级政府与公共产品经营者提供操作的载体。

四是对公共产品低成本服务体制与管理机制模式实证检验。为使本书的理论模式能够在实践中应用，并切实指导现实的公共产品服务过程，笔者根据不同类型的公共产品，选择了相应的载体进行实验。就公共产品低成本服务体制模式的实证检验，选择杭州、宁波、香港、喀什、重庆等，重点在医院、高等学校与中小学学校、轨道交通等领域，重点就多中心经营对低成本和公众福祉提高进行实证检验，即在已经研究获得的基本素材和公开发表成果的基础上进行理论检验。对于公共产品低成本管理机制模式的实证检验，在收集获得并研究分析中的 105 个项目中，重点选择浙江万里教育集团、山东万杰医院、新东方教育集团、杭州湾跨海大桥、南方科技大学、重庆安居房工程等项目，运用既有的资料进行模拟检验；在公共产品的"公私伙伴"关系雏形服务体制与管理机制模式方面的实证检验，在收集的 123 个项目中，选择城乡大型与中小型公共项目及杭州江干区、宁波、喀什、深圳、鄂尔多斯等的兰江街道、凤山街道、阳明街道、梨洲街道等 16 个街道中若干个社区的服务型导向项目进行模拟检验。这些检验，达到了理论来源于实践，并为实践服务的效果。

五是就公共产品服务体制与管理机制模式的推广应用问题，本书分纯公共产品、准公共产品、混合性公共产品等不同性质进行归类分析。首先，就纯公共产品经营体制与管理机制模式的推广应用讲，应当由政府垄断经营与管理；其次，在准公共产品经营体制与管理模式的推广应用上，应当采取政府、非政府组织与私人组织竞争经营，彻底打破传统的垄断体制，才能从真正意义上实现低成本服务；对于混合性公共产品经营体制与管理模式的推广应用而言，应当根据现实，政府彻底退出，所以必须找到私人领域的经营管理模式。

六是关于公共产品低成本供给并最大限度提高公众福祉的政策选择。重点考量三个方面：公共产品多维度经营模式与多中心治道，即民营化与公共部门的伙伴关系；公共产品低成本经营管理体制的战略设想，即成本指标体系与公共资源使用的绩效标杆；公共产品低成本运行机制建设及其政策选择，即从"公地悲剧"到公共福祉的转化。

三、本书的研究特色

1. 研究目标

本书总的目标是通过对公共产品传统政府垄断高成本的分析研究，找出低成本运营的经营体制与管理机制创新模式，使公共产品的提供由既往的政府垄断走向公平竞争，使政府由传统的"划桨"真正走向"掌舵"，由经验性经营管理转向科学性经营管理，在提高公众福祉的理念下确立公共产品科学经营管理的理论模型与公共资源优化配置的理念；建立低成本经营管理的体制与机制理论，设计出优化公共资源配置的方法体系和操作途径；探索公共产品多中心治道制度、方法、模式、思维的创新（以定量分析为标志的远期、近期和多维度预测为研究支点），特别要把控制公共产品经营管理中的体制与机制、操作途径完整地设计出来；构建起现代公共管理时代公共产品经营管理理念、组织结构、运行机制、效益机制、管理技术和方法，并获得对降低公共产品成本实践应用的效果，为揭示公共产品经营管理的新规律和管理思路提供理论支持。

2. 本书所解决的关键问题

首先，公共产品经营管理体制与机制理论模式建立的实证方法与模拟资料数据库的建设。这是全部研究工作的基石，只有收集到相应的数据资料，才能科学地建立研究模型，进而奠定研究基础。

其次，公共产品多中心治道案例的准确选择。要从理论上指出切实可行的途径，必须科学选择可供操作的案例进行试验，从中归纳出公共产品的治理理念。

再次，公共产品低成本及提高社会福祉的经营体制与管理机制。这是本书研究的根本目的，通过全方位研究，建设科学的经营体制与管理机制，才能指导公共管理实践。

最后，公共产品经营管理成本与社会公平之间矛盾的化解方法。如何解决长期积累下来的社会公平问题，不仅是一个学术问题，而且从长远看是一个政治问题，这也是本书研究的重要环节。

3. 研究方法

本书采用实证分析与理论抽象研究相结合、系统分析与综合集成相结合的方法。对公共产品经营管理的理论模式及其成本分析采用数学模型（Gompertz 模型、Pearl 模型)、Delphi 法、决策树法;对公共产品经营管理体制与机制的研究采用制度经济学、公共经济学分析方法;对公共产品政府垄断经营管理与多元经营管理的成本运营问题的研究采用博弈论中的纳什均衡方法;对公共产品经营管理以及体制与机制建设的政策选择采用综合集成的研究方法。同时,还要应用组织行为科学与现代公共管理理论的分析方法,以及数理统计和计算机数值模拟方法,在解剖历史与现状的基础上,通过制度建设找出控制公共产品经营管理成本和优化公共资源配置并提高公众福祉的客观规律。

4. 技术线路

第一,根据本书的命题在文献收集和理论研究的基础上,结合公共产品经营管理涉及的公众利益相对突出且政府垄断成本高的现状,设计出公共产品成本理论模型;第二,在调查研究和案例解剖基础上对理论模型进行修正、完善,并完成政府垄断对公共产品显性与隐性成本的解剖;第三,在上述工作的基础上设计出公共产品经营管理的体制与机制;第四,用以上理论框架对中国公共产品经营管理成本进行分类实证分析和计算机数值模拟研究;第五,归纳出公共产品经营管理体制与机制改革应采取的公共政策、管理制度,并提出中国公共产品成本战略管理的创新模式与操作建议。

5. 实验手段

主要采取现实实验与虚拟实验相结合的方法。就虚拟实验来讲,充分利用学校设备齐全的计算机模拟实验室,网络中心和充足的图书期刊资料,同时浙江工商大学信息学院提供了项目所需的大部分计算机模拟分析工具和技术支持,特别是公共管理模拟实验室、公共事业管理模块实验能够对本项目进行有针对性的实验分析。从现实实验而言,与浙江宁波市政府、舟山市政府、山东青岛市政府、甘肃定西市政府、黑龙江佳木斯市政府、内蒙古包头市政府、河南南阳市政府、上海南汇区政府等建立了很好的合作关系,提供了最佳的实验基地,进行实证分析与验证。

6. 关键技术

博弈论技术:运用合作博弈、非合作博弈、进化博弈模型等技术分析解决公共产品多元经营管理体制与机制下的资源配置理念,设计出可比较分析经营绩效与成本的不同类型管理模式。

函数技术:运用传递函数、线性回归预测模型等技术研究政府垄断公共产品对社会公共资源配置与管理绩效。

管理技术：运用概率统计技术，制度分析方法，组织行为科学以及现代公共管理理论的分析方法和计算机模拟技术、控制技术等研究来建立公共产品应有的经营管理体制与机制，并提出相应的公共政策。

7. 研究特色与创新之处

把自然科学中的数学、计算机技术与管理科学中的系统理论、控制理论及现代公共管理预测学有机地结合起来，所得的结果既便于操作，又便于普遍意义上的指导。这种自然科学与社会科学杂交的研究成果，从根本上改变了历史上公共产品经营管理一直延续的软约束办法和缺乏科学依据的高成本特征，建立了公共产品经营管理支出成本硬约束现代管理制度，在此基础上设计出公共产品经营管理的体制与机制，既克服了纯自然科学研究管理问题的过于色彩化，又克服了纯社会科学研究管理问题的过于抽象与过于模糊的缺陷，是本书的基本特色。

（1）首先在解剖政府垄断公共产品经营管理高成本的基础上进一步细化到公共产品的具体服务体制与管理机制，建立了公共产品低成本服务体制与管理机制的理论模型，特别设计了"公私伙伴"关系模式。为现代公共管理背景下优化公共资源配置并提高社会公众福祉提供了全新的思路和方法。

（2）突破公共管理软约束研究方法，设计出控制公共产品成本的经营管理体制与管理机制，特别是把公共产品进行分类，并就几种特殊情况下的公共产品经营管理成本进行预测，不但具有很强的针对性，而且具有方法论意义。

（3）通过对现实的公共产品经营管理成本的实证研究、理论模型与经营管理体制与机制的建立、特殊情况下的成本分析研究，提出对未来中国公共产品服务体制与机制的前瞻性、战略性方案，有助于中央和地方各级政府制定公共产品经营管理制度与政策，并从管理战略的视角把握公共产品经营管理成本发展的动态趋势，提高政府预算对社会公共资源配置的预见性和主动性。

第三节　公共治理的发展与中国定位

"治理"一词，柏拉图、亚里士多德等古希腊西方先哲早有论述[1]，若以

---

[1] 柏拉图："做了统治者他们就要报酬，因为在治理技术范围内，他拿出了自己的全部能力努力工作，都不是为自己，而是为所治理的对象。"可参见柏拉图，1986年，理想国，郭斌和等译，商务印书馆；亚里士多德："最早的城邦由国王治理。"可参见亚里士多德，2003年，政治学，颜一等译，中国人民大学出版社。

"治理"第一次出现作为公共治理理论起步阶段的开始，则显得言过其实。事实上，历史上的统治活动都可以被认为是治理（蓝志勇和陈国权，2011），但与"少一点统治，多一点治理"的公共治理相比，含义相差甚远。中共十八届三中全会关于全面深化改革的决定将"推进国家治理体系和治理能力现代化"作为全面深化改革的总目标①，定位了未来一段时间我国政治体制改革的目标和路线，对国家治理能力及其体系建设提出新的要求，同时也为公共治理理论中国化指明发展路径和研究方向。基于全球治理大环境和中国现实治理改革的需要，对公共治理理论发展的各个阶段进行界定，辩证地看待公共治理理论中国适用性存在的争论，纠正当前公共治理走向的偏差，在此基础上定位和重构基于中国发展现实的治理改革，对推进国家治理体系和治理能力现代化具有重大的理论价值和现实意义。

一、公共治理理论的发展阶段

公共产品供给的体制与机制，是社会治理模式的基本体现。建设社会治理模式，是重塑公共产品低成本体制与机制的基石。回顾国际公共治理理念的发展，可以归纳出下列特点。

（一）酝酿兴起阶段（1989~1995 年）：在公共管理改革潮流下应运而生

公共治理范畴的"治理"概念受到全球关注，发端于 1989 年世界银行发布的报告——《南撒哈拉非洲：从危机走向可持续增长》中提出的与治理有关的观点；1992 年世界银行发布年度报告《治理与发展》，系统阐述关于治理的看法，同年联合国成立"全球治理委员会"并创办《全球治理》杂志，"治理"概念迅速成为政治学、公共行政学、经济学等众多学科探讨的热点，引发延续至今的研究热潮。

"治理的重新发现有可能标志着一场新的革命——对过去由国家进行协调遭到失败的事例（特别是 20 世纪 70 年代中期起，应付大西洋福特主义危机的企图的失败）作出的简单的周期性反应；20 世纪更晚一些时候，则是对市场调节失败作出的周期性反应"（杰索普，1999），事实上，公共治理的兴起伴随着西方政治学家对传统公共行政和新公共管理的理论批判和范式重构，以西方发达国家为主的政府改革潮流，有其深层次的社会背景。

---

① 中共中央关于全面深化改革若干重大问题的决定，http：//news. xinhuanet. com/mrdx/2013-11/16/c_ 132892941. htm。

1973～1975 年，中东石油危机、美元贬值引发战后最严重的全球经济危机，西方资本主义经济进入"滞胀"期，试图满足公民"摇篮到坟墓"要求的福利国家陷入危机。政府职能、责任增加，财力资源有限，又没有获取新资源的良策，从而陷入财政危机之中；伴随着财政危机的是管理危机和信任危机，政府规模过于庞大导致管理的失调、失控和效率低下等，其结果是政府形象受损和普遍存在的信任危机。此时，对限制政府规模、寻求以市场为基础的新的公共管理运作模式诉求达到极点，几乎占整个 20 世纪主导地位的传统官僚制为核心的公共行政日趋衰落（Chandler，1991），"新公共管理"范式逐渐崛起。20 世纪 70 年代末，西方发达国家掀起"重塑政府""再造公共部门"的"新公共管理运动"，代表性的改革运动包括撒切尔政府推行的"财政管理创新"改革缩小政府规模、梅杰政府"公民宪章运动"用宪章的形式界定公共部门服务，美国则是成立了"国家绩效评估委员会"等。新公共管理运动先期在公共管理实践领域取得突破，"新公共管理"理念开始传播，以解决政府失灵为主要目的、与传统官僚形态形成鲜明对比的新公共管理（new public management，NPM）作为一种新的公共行政理论和管理模式逐渐取代传统公共行政范式。20 世纪 80 年代中后期，新公共管理在解决政府失灵问题的同时，面临新的指责和困境，主要包括其单一的经济价值取向（经济、效率和效能）、市场化导向造成公益的丧失等，这些问题与民主社会越来越关注公共利益、社会正义与公正的实现格格不入，新公共管理在管理实践中显现出越来越大的局限性。政治学家、政府官员开始认识到，完善的公共管理不得不开始考虑治理层面的问题，需要同时解决政府与市场存在的失灵现象。在这样的政府改革大背景下，公共治理应运而生。

公共治理的兴起是"西方政治学家在社会资源的配置中既看到了市场的失效又看到了国家的失效"（俞可平，1999）。"超级保姆"式的政府机构臃肿、服务低劣，导致财政税收危机四伏，同时市场机制出现分配不公、失业、市场垄断等失灵现象，社会迫切需要新的调节机制解决政府和市场失灵问题。国家与社会、政府与市场等二分法在 20 世纪后期纷纷陷入困境，追求社会科学理论的新范式，寻找国家、市场和社会的重新定位，成为实践与学术的双重迫切需求（王诗宗，2009）。沃尔夫（2007）曾指出："市场与政府之间的选择是复杂的，而且这种选择通常不是单纯地选择市场或政府，往往是两者在不同组合之间的选择，以及某种配置资源模式的不同程度之间的选择。"公共治理理论从一开始就直面传统公共行政和新公共管理存在的"政府失灵"和"市场失灵"，试图解答"如何在日益多样化的政府组织形式下保护公共利益，如何在有限的财政资源下以灵活的手段回应社会的公共需求"（陈振明和薛澜，2007）。总的来说，公共治理理论研究的兴起是西方发达资本主义国家适应外部环境变化的一种能力体现和改革（Pierre，2000），以期更好地协调和实现政府、市场和社会三者之间的有效互动。

治理概念一经提出，就引起了国内外不同学科学者的关注与探索。政治学家成了探讨的开路先锋，行政学者并没有甘于人后，管理学家也想捷足先登，经济学家更要率先研究。1995 年，治理理论鼻祖詹姆斯·罗西瑙在其《没有政府的治理》一书中把治理定义为一系列活动领域里未得到授权却能有效发挥作用的管理机制。从这一年开始，公共治理理论进入百家争鸣的阶段，众多学者从不同角度定义和解读治理概念，以期丰富和完善公共治理理论，并积极作用于管理实践。

（二）百家争鸣阶段（1995~2000 年）：公共治理概念的多重界定和解读

"治理"甫一出现，概念"含义模糊，足以包容多种用法"（戈丹，1999）的特点使其迅速受到政治学、公共行政学、管理学以及经济学等众多学科的青睐，争相对其进行定义，各种理论与实践方面的观点相继产生，出现了不同的"治理"学派。笔者将其归纳为下列代表性学派。

福柯从决策结果的角度将治理定义为"对他人行动的可能范围进行构建"（Foucault，1982）。罗西瑙（2006）将治理解读为一种只有被多数人接受才会生效的规则体系，依赖主体间重要性的程度不亚于对正式颁布的宪法和宪章的依赖。梅里安（1999）的"治理"概念则带有浓重的新公共管理色彩：治理可以看成这样的一种最低限度的国家，它把公营企业和公共事业私有化，优先发展市场和准市场作为分配服务的手段（"只掌舵，不划船"），也作为新形式的公共管理咨询权威。奥斯特罗姆突破政府与市场二分法的非此即彼的桎梏，从公共经济角度提出自主治理理论和多中心治道理论，通过多中心的制度安排解决公共事务治理困境。

同一时期，罗茨、斯托克等概括和归纳了治理的不同形态和用法。以罗茨为代表的治理六形态学说：①作为最小国家的治理，重新界定公共干预的范围和形式，利用市场或准市场的方法提供公共服务；②作为公司治理的治理，指导和控制组织的体制；③作为新公共管理的治理，更小的政府，更大的市场；④作为"善治"的治理，有效率、开放的公共服务体系，多元化的制度安排，鼓励竞争和市场的发展；⑤作为社会-控制系统的治理，公私、自愿部门间界限模糊，社会-政治-行政行动者之间的互动依存；⑥作为自组织网络的治理，市场和等级制的替代，更大的自主和自我管理。六种形态中，罗茨本人似乎更青睐最后一种，认为把治理定义为自组织的组织间网络有助于理解政府的变化。

以斯托克（1999）为代表的治理五论点：①治理提出自政府，但又不限于政府的一套社会公共机构和行为者；②治理明确指出在为社会和经济问题寻求解答的过程中存在的界限和责任方面的模糊点；③治理明确肯定设计集体行为的各个社会公共机构之间存在的权力依赖；④治理指行为者网络的自主自治；⑤治理认定，办好事情的能力并不在于政府的权力，不在于政府下命令或运用其权威。政府可以动用新的工具和技术来控制和指引，而政府的能力和责任均在于此，斯托克同时指出五个论点之间的关系是互补而不是竞争，更不是冲突。

以克斯伯根和瓦尔登为代表的治理九用法，根据不同的组织与管理对象，进行了不同的描述：①被世界银行以及其他国际组织用于经济发展领域的"善治"；②以国际或全球治理、全球民主为形式的"没有政府的治理"；③社会与社区自组织、超越市场也不需要国家的"没有政府的治理"①；④市场制度与经济治理；⑤私人部门的"善治"，主要指公司治理；⑥公共部门的"善治"，主要指新公共管理理论主张的将私人部门的管理理念引入公共组织；⑦主张通过公私组织混合的"网络治理"；⑧多层次治理，提倡不同的政府层次以及公共、私人部门在各个层次上的参与；⑨作为网络治理的私域治理。这些对治理用法的描述大都是从多中心的角度出发描述治理的过程和结构，既是理想意义上的治理，也是实证意义上的治理（Kersbergen and Waarden，2004）。

中国学者结合我国公共管理现状也从不同角度对"治理"概念进行阐述。俞可平从政治学角度提出治理一词的基本含义是指在一个既定的范围内运用权威维持秩序，满足公众的需要。治理的目的是在各种不同的制度关系中运用权力去引导、控制和规范公民的各种活动，以最大限度地增进公共利益，并提出良好治理的"善治"是政府与公民对社会生活的共同管理，是国家与公民社会的良好合作，包括合法性、透明性、责任性、法治、回应、有效和稳定等七大基本要素（俞可平，2001），这一表述集中于政治科学和行政学研究范畴的狭义领域。杨雪冬（2002）从治理技术和公民社会发展两个层次上使用"治理"概念："技术领域"的治理强调建立"发展的法律框架"和"培养能力"，包括实现法治、改进政府管理、提高政府效率等，第二个层次是支持和培养公民

---

① 例如，奥斯特罗姆通过研究不同地区、不同时期的社区管理公共资源、防止资源枯竭的能力，认为特定条件下的自组织治理安排是有效而稳定的。可参考奥斯特罗姆，2000年，公共事物的治理之道，余逊达、陈旭东译，三联书店。

社会的发展，自愿性组织、非政府组织、各种社团等都是发展的对象。陈振明（2011）从公共管理角度认为治理是一个上下互动的管理过程，主要通过多元、合作、协商、伙伴关系、确立认同和共同的目标等方式实施对公共事务的管理，实质在于建立在市场原则、公共利益和认同之上的合作。顾建光（2007）则从公共政策角度将公共治理定义为相关各方为影响公共政策的结果而开展互动的方式，"良好的公共治理"旨在改进公共政策成果和达成一致的治理原则问题（或领域），由所有相关各方参与协商，这些政策的实施以及定期评估均由参与各方进行。

纵观国内外各类学派的观点，可以总结出关于治理理论的四个侧重点：一是侧重于政治学范畴的治理理论；二是侧重于行政学领域的治理理论；三是以公共管理为主的治理理论；四是支撑于技术操作层面的政治治理理论。四个侧重点各有所长，各有特征，但均没有把公共治理作为一个有机整体，形成全方位的治理思路。

（三）共识发展阶段（2000 年至今）：基本共识下的公共治理理论细分研究

治理理论达成共识离不开实践的检验。21 世纪以来，国家治理视角下的公共治理理论达成以下几个基本共识：主张分权导向，摒弃国家和政府组织的唯一权威地位，社会公共管理应由多主体共同承担；重新认识市场在资源配置中的地位和作用，重构政府与市场关系；服务而非统治，传统公共行政模式发生变革，公共政策、公共服务是协调的产物。公共治理时代已经到来，新型的治理结构、主体间关系、公共行动机制以及新的愿景和目标，成为政府改革必须面对的新挑战（李辉，2011）。十多年来，国际公共管理领域对公共治理理论的研究进一步细化，从一般经验性研究转向公共治理的具体分支，突出表现在对网络化治理和公共治理评估的关注，分别从理论与实践方面形成了两大特点或两种流派。

1. 网络化治理：一种新型的公共治理模式

罗茨指出治理是自组织的组织之间的网络，网络视角下的治理有四个基本特征：公共、私人、自愿部门组织间的相互依存；网络成员间基于交换资源、协商共同目的需要的持续互动；以信任和规则为基础进行调节；保持相当程度的相对于国家的自主性（Rhodes，1996）。近十年来，公共管理领域的网络化治理（governing by network）成为一种颇受关注的公共治理模式，颠覆了政府治理为主的传统公共行政范式和市场化治理为主的新公共管理范式。陈振明（2003）从公共部门角度定义网络化治理是"为了实现与增进公共利益，政府部门和非政府部门等众多公共行动主体彼此合作，在相互依存的环境中分享公共权力，共同管理公共事务的过程"。陈剩勇和于兰兰（2012）从公共价值实现角度指出网络化治理是一种与等级制和市场化相对的新型治理机制，来自政府、市场和市民社会的参与者在一个制度化的框架中相互依存，并为实现一定的公共价值而展开联合行动。孙柏瑛和李卓青（2008）则专门对政策网络治理模式进行研究并提出有效管理政策网络的策略和途径。

（1）网络化治理的治理机制。斯托克在2006年发表的《公共价值管理：网络治理的一个新视角》一文中指出管理网络治理的关键在于建立和发展良好的关系。网络化治理倡导一种合作、互动的治理思路，这一思路的实现有赖于信任机制和协调机制的培育和落实。在网络治理中，信任是核心的凝聚要素，其作用等同于科层制的合法权威，同时信任也是有风险的，其培育要力求约束行动者自利的一面，弘扬行动者利他的一面；协调机制主要包括价值协同的协调机制、信息共享的协调机制和诱导与动员的协调机制，通过对话、共同商讨和共同规划来调整利益主体间的关系（鄞益奋，2007）。

（2）网络化治理的优缺点。由于网络治理更少地依靠政府雇员，更多地依靠多主体形成的网络来提供公共服务，较之于传统管理体制更具有适应性、更专业化也更能够创新性地解决问题。但网络化治理亦存在缺陷。有学者总结出网络化治理存在的三对矛盾（效率与广泛参与的抵牾、内部合法性和外部合法性之间存在的张力、灵活性与稳定性的冲突）、两个挑战（目标一致和管理的挑战）和一个问题（问责制问题），需要反思和总结影响网络化治理成败的因素并提出相应的绩效评估准则以充分发挥其治理功能（褚大建和李中政，2007）。网络化治理模式事实上是在全球化、信息化、知识化以及政府改革运动的国际治理大背景下，对公共治理理论的一种模式和框架的解读，继承多元治理主体的公共治理核心理念，要求各主体之间的有效互动，并强调制度化治理结构和治理机制在网络化治理中的重要性，最终实现全社会的共同公共价值和利益。

2. 公共治理的评估和绩效评价

公共治理指标评价作为公共治理理论体系的重要内容和组成部分，是测定治理效果、辨别治理成败的科学工具，也是考量治理水平与善治实现程度的有效手段（包国宪和周云飞，2009）。对公共治理评价及其指标体系建设作出的努力是21世纪以来公共治理理论非常大的突破，国内外专家学者试图通过评价体系的建立对国家、地方政府治理效果和质量进行定量研究，并实现对公共治理的纠偏和发展引导。

　　早期对公共治理评估标准和体系作出努力的主要是部分国际组织，影响较大的包括世界银行的"世界治理指标"、联合国人类发展中心的"人文治理指标"、联合国奥斯陆治理研究中心的"民主治理指标"以及经济合作与发展组织的"人权与民主治理测评"指标体系（俞可平，2008a）。国内学者结合中国治理改革现实，提出多套中国治理评价体系，以地方政府为主的治理绩效评估亦有诸多实践。俞可平（2005）提出"中国民主式治理的主要评价标准及指标"，涵盖法治、公民的政治参与、多样化、政治透明度、人权和公民权状况、对党和政府的监督、党内民主和多党合作、基层民主、民间组织的状况、合法性、责任性、回应性、效率、秩序、稳定等15个评价标准；何增科（2008）在吸收国际国内的治理评价体系和治理相关评价体系基础上提出三套中国治理评价体系，包括中国善治评价指标体系框架、民主治理评价体系以及中国公共治理评价指标体系，分别代表三种不同的研究思路；包国宪和周云飞（2009）结合中国转型期的特点，设计出包括公平、法治、可持续性、参与、透明度、责任、效能等7个方面的中国公共治理评价指标，以求达到善治效果。吴建南（2004）将中国地方政府绩效评价实践形式归为三类：第一类是政府内部自上而下的政绩考核，包含岗位责任制、服务承诺制、目标考评制、公共服务创新、政务公开、效能督察、绩效评估等多样化管理机制的福建省"效能建设"，如山东青岛市的"城市目标管理与绩效考评"；第二类是自下而上的有组织的评价活动，包括公众评议机关或政府评议等内容，如珠海市政府自1999年延续至今的"万人评政府"；第三类是特定意义上的外部独立绩效评价，主要指第三方评价政府，2005年兰州大学中国地方政府绩效评价中心受甘肃省政府委托进行非公有制企业、专家委员会和省政府评议组"三位一体"评议政府部门的工作是其中的典型代表，比较准确地反映了政府工作的实际，有利于政府更好地审视自己的工作。

　　目前国际范围内常用的公共治理指标体系大概在150个，但还未形成一个受到广泛认同的指标体系，有学者提出主要问题在于公共治理应当包括哪些维度或要素及如何测量公共治理绩效水平仍存在争议。笔者认为，事实上要建立一项公共治理指标体系，要求它能够对大多数国家及地方政府的治理水平和民主法治作出评价，本身是不可能的。国家之间在政治体制、经济发展方式、社会成熟度、文化历史等方面存在差异，同一个国家的地方政府间亦存在差异，试图找到一个普遍适用的评价体系，是不现实的。基于国别的国家及地方政府治理体系指标评估是未来公共治理指标评价体系发展的方向，这一方式有可能将治理评估的普遍性与特殊性结合起来，既体现国际社会和全人类对民主治理的共同价值追求，又充分反映每个民族国家各不相同的实际情况（俞可平，2008a）。

二、公共治理理论适用性的论争

荀子"明分职，序事业，材技官能，莫不治理"、孔子"吾欲使官府治理，为之奈何"大概是中国语境下"治理"概念的起源，意指国家统治机构如何有效运用政治权力巩固政权，与现代公共管理语境下广义的治理理念多有不同。公共治理理论在国际社会科学中的兴起进而成为影响全球的理论范式，均产生于西方语境，价值意义也主要体现在西方发达国家的政府管理改革，其引入国内将近二十年①，迅速风靡学界，"治理""善治"已成为中国行政管理体制改革的主流词汇。但从实践来看，似乎不得不面对许多领域"越治越乱"的现实，比如住房问题，政府治理多年，商品房价格反而越来越高；另外，环境污染、政府高成本、"三乱"、腐败现象等，与公共治理理论的目标之间形成反差。对公共治理理论采取"拿来主义"，可能引发更大的治理危机，很有必要探讨其适用性。

公共治理理论能否适用于中国并运用于行政管理体制改革，专家学者中既有持强烈质疑的，也有主张满足一定条件下适用的。李景鹏（2001）曾经提出我国官本位、权力私有化现象严重的行政管理现状和公共治理理论的要求有很大的差距，有些情况甚至背道而驰，要把中国行政管理转移到治理的轨道上，艰巨性可想而知；同时公民和社会推动力的不足也很难实现治理。杨雪冬（2001）认为在缺乏作为制度基础的现代政治秩序的情况下，如果过分夸大"治理"的效用，把本来作为长期前景的"治理"状态简单化为眼前的目标，可能破坏正在进行的现代制度建设。归纳起来，对治理理论中国适用性的质疑主要集中在以下几个方面：第一，西方治理理论要解决的问题与当下中国面临的困境不同，治理理论兴起的直接原因在于政府与市场的失灵，前提是在西方市场经济制度完善的情况下引发的资源配置低效率，中国市场经济存在的主要问题则是市场潜能的阻滞以及政府能力的低下，前者需要弥补，后者则需要强化，两者存在明显区别；第二，缺乏西方治理理论的社会基础，治理离不开成熟的多元管理主体以及主体之间的伙伴关系和民主协作精神两个前提，中国公民社会的形成还存在诸多阻碍，"强国家-弱社会"模式下公民社会组织的发展缺乏独立性和自主性；第三，对治理理论本身的顾虑，主要集中在对治理理论所倡导的政府-市场-社会三者合作如何有效整合存有疑虑。如果缺乏有效整合机制和制度设计，公共治理不但不

① 国内最早介绍"治理"概念的文章可能是 1995 年发表于《市场逻辑与国家观念》，可参见郁建兴，王诗宗. 2010. 治理理论的中国适用性. 哲学研究，（11）。

会显现三方的比较优势、实现系统最优化效应，反而会导致三者比较劣势的叠加，出现更大的治理失败局面（张力，2013；谭英俊，2008）。

何增科（2002）认为中国改革开放以来在政治、经济和社会发展方面取得的一系列成就，与治理和善治理论所倡导的理念是不谋而合的；治理和善治理论作为一种分析框架，对于研究、总结和展示我国改革开放以来的政治成就极为有用。魏崇辉（2012）则指出模糊性使得公共治理理论在当代中国具有有效适用的可能性，公共治理理论不仅具有适用的可能，更具有适用的必要，其必要性主要体现在过程意义上，关键是公民与社会组织的成长与成熟，其有效适用于中国的逻辑在于推动政治发展，核心在于法治与民主。王诗宗（2010）总结了主张将治理理论引入中国的三种理论倾向：第一种倾向主张通过发展非政府组织、第三部门以及公民社会来实现对于公共事务的治理；第二种倾向主张通过政府内部诸如沟通机制、层级结构的改革来实现治理；第三种倾向具有综合性，认为必须同时进行政府内外两个方面的改革，通过具有紧张关系的多方主体的互动实现治理。

纵观公共治理理论研究学者的不同观点，质疑论者主要关注的是中国社会缺乏实现公共治理的几大必备条件，包括完善的市场经济体制、成熟的多元管理主体以及民主法治等；相反，主张论者认为公共治理理念、方法的引入能够在解决上述问题的过程中带来积极作用，其意义更多的来源于过程中的促进作用。笔者认为，与其纠结于探讨公共治理理论是否适用而踟蹰不前，不如利用和借鉴公共治理理论破解我国政府治理能力提高和公共治理体系建设存在的阻滞因素，推动民主与法治社会的形成。对于像中国这样的发展中国家和转型国家来说，治理作为一种改革的思路具有重要的参考价值，尤其是对公民社会和市场作用的充分肯定，至少开阔了公众和管理者的视野，有利于正确认识并解决中国当前与未来必须面对的新问题，并构建合理的公共权力行使框架（杨雪冬，2002）。

三、公共治理理论何以缺乏效用：理论走向的思考

公共治理理论作为一个舶来品，要真正对我国国家治理体系构建起积极推进作用，在准确把握其核心内涵的前提下，不得不放置于中国现实政治改革中，寻找可操作性的治理改革路径，反之则很可能出现治理偏差和治理失灵。进一步思考发现，当前公共治理理论的中国走向是存有偏差的，主要在于混淆使用"公共治理"与"政府治理"，用后者代替前者，忽视市场治理和社会治理，使真正的公共治理局面难以形成。

(一) 从内涵上讲治理是多元主体治道

国内学界对公共治理理论之"治理"与传统使用的"政府治理"混淆使用，将前者仅仅看成是政府治理的基本手段与工具，与公共治理理论的基本价值理念是相违背的（魏崇辉，2013）。公共治理理论的基本价值理念在于通过多元主体共治，解决传统公共行政"政府失灵"与新公共管理"市场失灵"，公共治理主体包括政府但又不限于政府，市场、非政府组织，乃至公民都可以而且应当成为治理主体之一。政府治理是其中非常重要的部分，往往发挥着关键性的主导作用，对于处在转型关键期的中国来说更是如此，但绝不代表两者可混淆用之。将"政府治理"等同于"公共治理"的理论倾向可能造成无意识中放大政府在公共治理变革中的作用，强化政府威权，与公共治理多中心行为主体均势实现公共利益渐行渐远，终究无法改变"政府本位"的老套路，更遑论政府、市场、社会公共治理局面的出现。

在政府长期作为管理社会公共事务绝对主导力量的中国社会，市场经济与社会组织长期受到压制，未能充分发挥其作用，更难提与政府形成互动均势促进经济社会的发展。公共治理理论从西方引入中国，试图解决的核心问题之一即是超越政府本位，树立社会本位理念，推动政府管理走向社会治理，政府不再是公共管理的唯一主体，政府、市场与社会"平等协商、良性互动、各司其职、各尽其能"（陈庆云，2005），随着治理变革的深入推进，政府的作用应当逐步弱化，积极让位于市场和社会组织，充分发挥市场活力和社会力量，政府实现从"划桨"到"服务"的转变，更多地从宏观上创建法治民主环境维护经济社会的稳定运行。

(二) 从形态上讲治理是体制与机制的创新

治理与管理分属于体制与机制范畴，就中国公共治理体系来说，是公共治理体制与政府管理机制的建设，两者紧密联系、有机统一。公共治理体制实际上可认为是党的十八大报告中提出的"五位一体"的体制建设，包括经济、政治、社会、文化和生态文明等各方面的整体改革，超越传统单一的经济体制建设；政府管理机制则是通过政府内在的管理行为对社会各方面进行调节的方式和过程，建立和运行适合中国现实改革需要的政府管理机制，对于确保政府管理职能的发挥、行政管理体系的建立以及经济、社会和文化的全面协调可持续发展具有重要的意义。公共治理体制决定政府管理运行机制。一定的公共治理体制包含着一定的政府管理机制，公共治理体制是管理运行机制发挥作用的前提条件。公共治理体制要求宏观微观经济政策、国民收入分配等政府管理机制有效发挥其作用；与此同时，当前以及未来的趋势已经表明，现代政府的管理机制只有在完善的公共治理体制下才能充分发挥其治理国家和社会的作用，否则有可能出现偏差。另外，公共治理体制也只有依赖与之相适应的政府管理运行机制才能实现，若政府管理机制与公共治理体制不适应，公共治理体制也就无法有效落实，现实中的"官本位"政府管理运行机制深刻阻碍国家治理体系的构建说明了这一问题。公共治理体制的完善需要通过经济体制改革、政治体制改革、文化体制改革等一整套改革和创新来实现，政府管理机制的完善则需要机制中所有要素的优化和协调耦合来实现。公共治理体制是否合理与完善，对政府管理机制运行具有主导性规定作用。如果公共治理体制不合理，即使其他方面的制度做了合理的改革和调整，也很难使政府管理机制的总体运行状况得到根本的改善，政府管理机制的完善很大程度上取决于公共治理体制的改革和完善。

此外，需要明确的是，公共治理与政府管理虽然是体制与机制的有机统一，关系密切，体制与机制还是存在固有区别，公共治理亦不能代替政府管理。中国现实改革中，两者应是各有改革重点、协同推进、有机结合推动国家治理的进步。

四、多元治道：中国公共治理基本定位

要建立公共产品低成本供给的体制与机制，必须考虑适合中国情境的公共治理模式。从治理理论的不同思维与各自偏误分析，纯粹的政治学角度的治理难以对接解释中国治理实践，而仅仅从管理学思维提出的治理理念也无法解释现实问题。其根本原因是越来越复杂的社会现实必须要综合多维学科理念，用综合思维分析来解释社会现象，即把政治学的抽象思维优势与管理学的艺术思维有机结合，才能产生制度设计与操作活动有机结合的治理理念。结合国内外治理理论与实践研究现状，从中国社会经济发展的现实出发，建立多元治道的理论与实践体系，是中国公共治理理论研究的根本定位。

（一）国家治理是公共治理的顶层设计

从顶层设计出发，治理理论研究必须把国家治理作为一个制度体系，包括国家的行政体制、经济体制和社会体制，政府治理、市场治理和社会治理是现代国家治理体系中三个最重要的次级体系（俞可平，2013）。中国与西方国家相比，既有深厚的文化底蕴，又缺乏社会经济发展所必需的公共制度与现代文明社会下

的公众行为自治理念，快速的社会经济发展使包括环境污染、收入分配、资源配置、社会保障等各种社会矛盾较西方国家来得突然。因此，治理理论必须从顶层设计思维角度考虑综合的治理体系。在总揽国际治理理论与治理实践整体发展的前提下，思考有序推进国家经济、政治、社会、文化和生态文明的研究是治理理论研究的首要任务。基于中国政治体制现实大背景，国家本身应当承担起公共治理顶层设计这一任务和职责，通过卓有成效的政治体制改革创设公平正义、成熟理性、活力开放的公共治理环境，从而实现政府、市场与社会共治的局面。现实来看，以法治为核心的制度建设和以分权放权为主的行政管理体制改革是公共治理理论需要重点突破的两大关键问题。实现中国梦需要治理理论创新，缺乏顶层设计的治理活动，终将导致公共治理无序，社会乱象丛生。而顶层治理的理论，必须以能够直接支撑操作支点为依据，社会秩序的获得、生产与生活的正常化、交换与交往的可持续等，都来源于治理体制与机制，这种顶层设计更需要多学科交叉与碰撞。

(二) 市场治理是公共治理的核心

一切社会制度下，经济基础对上层建筑起决定作用，上层建筑依赖于经济基础，治理理论在研究顶层设计的同时，必须考虑治理的核心是什么。对确立实行市场经济制度三十多年的中国来说，市场的有效治理已成为确保经济快速发展、社会和谐稳定的重中之重，在某种程度上说其体现的是国家治理意志，毫不为过。因此，顶层设计与市场治理本身是一体的。中国政治体制改革之所以落后于经济体制发展这是基本共识，事实上市场治理也缺乏理论指导，公共治理如何研究市场主体竞争不足、垄断行业改革停滞、国民收入分配不合理等问题，是公共管理视角下公共治理理论研究的基本载体。市场经济的四项制度，包括基础经济自由、产权保护、政治和平和法治，依然是公共治理理论研究的重点与难点。党的十八届三中全会作出的决定首次确立"市场在资源配置中起决定性作用深化经济体制改革"，从实现途径来讲，必须是以公共治理为前提的。当人们摒弃严重制约经济社会发展的半市场经济、半传统经济的双重体制时，首先要从理论上建立形成竞争有序的市场体系、建设服务型政府等公共治理框架。无论是市场这只"看不见的手"在市场资源配置中发挥举足轻重的作用，还是克服了全能型政府诸多弊端的政府行为，必须有科学的活动依据，必须使市场主体成为公共治理的主体与核心。这种公共治理理论研究的标的是，找到在充分激发市场活力的同时，企业自主接受政府监管，市场作用解决存在困难的领域，如公共产品服务供给、环境污染治理等方面应更多地承担其职能，不断提高法治化水平则应当成为政府与市场作用有效发挥的基本结合点。

（三）社会治理是公共治理的基础

马克思主义政治学提出，随着社会生产力的发展，国家会逐渐向社会回归直至消亡。奥斯特罗姆也曾指出，人类社会中大量的公共事务其实并不是依赖国家也不是通过市场来解决的，自我组织和自治实际上是更为有效的管理公共事务的制度安排（毛寿龙和李梅，2000），一定程度上说明社会治理的不可或缺性及其重要性。实践早已证明，政府治理与市场治理都存在其局限性，无法实现资源配置的帕雷托最优，需要新的治理主体参与协同治理国家与社会，公共治理理论正是在这样的大背景下应运而生，也正是因为在治理主体中出现以非政府组织、公民为主的社会治理，公共治理理论才成为继传统公共行政、新公共管理之后的公共管理主流范式。社会治理下的多元利益主体能够共同参与公共管理的过程，从而有机会为自身争取利益，同时为公共事务承担输送资源的义务；国家也能够做到既还权于民，又保持自身的权威和主导能力，从而有机会获取更多的"合法性"支持（马西恒，2006），社会治理理应成为公共治理的基础。

传统中国"大政府、小社会"体制的重要特点，是国家权力的充分扩张和民间社会空间的尽量压缩，是一种缺乏生机与活力的"纤维化的硬结"，或者称为"没有社会的国家"（吴敬琏，2013）。"没有社会的国家"基础上的公民社会组织培育和发展，几乎是空谈，公共治理局面也就无法形成。我国社会治理面临的主要问题在于社会结构剧烈分化、重组的同时，社会管理方式的转变没有跟上，依然沿袭"政府本位"的行政管理方式，造成虽然制度性文件已放宽对社会组织的登记管理，但"官本位"的政府管理体制仍无法从事实上改变政府一家独大的局面，社会活力无法得到根本释放。

（四）国家、市场与社会治理是公共治理的有机统一体

国家、市场与社会治理是公共治理的有机统一体，是公共治理理论研究的根本途径。国家治理体系的有序推进和治理能力的全面现代化，其关键点终究落在形成政府、市场与社会三者的有效互动，核心在于不仅要充分完善和发展三者的制度机制建设，更在于通过改革和完善体制机制，发挥三者合力所带来的治理效应。当下中国，要确保国家治理、市场治理与社会治理有机结合发挥最大合力，必须妥善把握和处理好以下几个重点：

首先，中央政府自身解放思想非常关键，必须加快突破和改革现有政治改革存在的阻碍政治、经济、社会、文化等各个领域发展的体制机制设计，从顶层设计角度建立和完善与民生、公众福祉建设、中国特色社会主义现代化要求相适应

的治理体制及相应机制。

其次，经济体制改革是放权于市场、全面深化改革的重点，牢固树立起市场在资源配置中起决定性作用的观点，最大限度地减少政府对市场经济的行政性干预，提高市场经济自由竞争程度，政府在经济领域的角色定位应实现从"积极的经济主体"到"制度保障者、市场环境缔造者和公正仲裁者"的重心转移（周志忍，2006）。

再次，社会活力、非政府组织需要得到充分释放和培育，改变过去政府与非政府组织的对立局面，积极扶持和引导社会组织的成长，健全社会组织参与公共服务和社会管理的渠道，培育社会的自组织秩序，逐步实现从政府管理社会到政府主导下的社会协同治理转变，形成政府与非政府组织的伙伴关系。

最后，法治化应当成为实现上述共治局面的基本保障，提高对政府权力运行、市场健康发展、社会秩序稳定进步繁荣的法治化，形成科学有效的权力制约和协调机制，确保国家治理体系的法治化、科学化与规范化，实现对具有中国特色的现代化国家治理体系的有序推进。

本节从公共治理理论核心逻辑和研究内容出发，结合西方政府改革运动大背景，在梳理国内外公共治理文献的基础上，以时间序列和标志性事件为节点，将起源于西方发达国家的公共治理理论划分为酝酿兴起、百家争鸣和共识发展三个阶段，并分别概述了各阶段理论和实践的研究重点，形成公共治理理论较为清晰的理论逻辑和发展脉络。纵观公共治理理论的发展脉络，综合中国学者对公共治理理论中国适用性的探讨，本书认为公共治理理论的中国价值主要体现在推动民主与法治社会构建的过程意义。公共治理说到底就是全民治理，全体公众的自觉治理才是公共治理的根本目的。因而，在研究公共治理理论时，必须摆正学科"立场"，既不能完全就传统的政治学理论来讲公共治理，也不能完全就传统的管理或经济学角度研究公共治理学术。无论是治理理论还是中国社会实践，都必须把政治学、管理学、经济学等多学科有机结合起来，才能研究出真正意义上的公共治理理论。当前公共治理理论研究和实践层面普遍存在的混淆"公共治理"与"政府治理"的偏差，实际上是违背了公共治理理论所提倡的多元主体治道思维，其结果是持政治学观点者依赖于"政府治理"，持管理学观点者依赖于机制转变。当前以及未来一段时间的理论研究，必须考虑多元主体的公共治理，以法治化作为政治体制改革的突破口，在明确国家、市场与社会在中国公共管理环境中的地位和作用基础上，形成国家治理、市场治理与社会治理既相互支撑又相互制约的合作互动治理模式，用成熟的市场经济和繁荣的非政府组织力量缓解政府治理压力，同时在市场失灵和社会治理失败领域发挥政府统筹全局的宏观调控作用，真正实现具有中国特色的现代治理体系。

第二章　公共产品经营管理成本的
理论机理与研究方法

把公共产品分为有形公共产品与无形公共产品，本书所要研究并解决的是公共产品高成本服务问题。这里首先提出笔者对公共产品的认识和主要观点。

第一节　公共产品成本理论述评及研究的主要观点

一、关于公共产品

一般意义上的公共产品，都是指有形的公共产品。公共产品（public good），是私人产品的对称，是指具有消费或使用上的非竞争性和受益上的非排他性的产品。公共产品亦称"公共财物""公共物品"。西方经济学对公共产品的界定是，能为绝大多数人共同消费或享用的产品或服务，如国防、公安、司法等方面所具有的财物和劳务，以及义务教育、公共福利事业等。几种重要的公共产品有：国防、秩序、环保、科技、教育、医疗卫生、社会保障、文化。本书的研究认为，公共产品还包括无形公共产品，即传统意义上的公共政策，研究发现，有形公共产品与无形公共产品之间是密不可分的关系。

1. 无形公共产品

无形公共产品，即为一般意义上的公共政策。它是社会公共权威机构①在特定情境中，为达到一定目标而制定的行动方案或行动准则。其作用是规范和指导有关机构、团体或个人的行动，其表达形式包括法律、法规、行政规定或命令、国家领导人口头或书面的指示、政府大型规划、具体行动计划及相关策略等。一般的，无形公共产品具有政治性、价值选择性、层次性、阶段性、多样性、合法

---

① 传统的公共权威机构都是政府机构，在公共产品领域的角色，是主要的无形公共产品的生产者。一些特殊的公共产品，如私人领域不愿意供给的那些公共产品，都是政府所必须提供的。

性、权威性、普遍性与稳定性等特征。

无形公共产品最主要的特征有两个。其一是边际成本为零，这里所述的边际成本是指增加一个消费者对供给者带来的边际成本。例如，增加一个学习党的十八大文件的人并不会导致发生成本的增加。其二是边际拥挤成本为零，每个消费者的消费都不影响其他消费者的消费数量和质量。例如，人们从各类报告、指示、国防、外交、立法、司法和政府的公安、环保、工商行政管理以及从事行政管理的各部门所提供的公共政策都属于这一类，不会因该时期增加或减少了一些人口而发生变化。此类产品增加消费者不会减少任何一个消费者的消费量，增加消费者不增加该产品的成本耗费。它在消费上没有竞争性，属于利益共享的产品。

2. 公共产品

公共产品也称"混合产品"。与无形公共产品相比，公共产品通常不具备边际拥挤成本为零的特征。以教育产品为例，在一个班级内，随着学生人数的增加，校方需要的课桌椅也相应增加；同时，随着学生人数增加，老师批改作业和课外辅导的负担加重，成本增加，故增加边际人数的教育成本并不为零，若学校的在校生超过某一限度，学校还必须进一步增加班级数和教师编制，成本会进一步增加。因而，具有一定程度的消费竞争性。由于这类产品具有一定程度的消费竞争性，因而称为公共产品。许多公共产品具有非竞争性特征，但非排他性不充分。例如，公共道路和公共桥梁就是属于这种类型。受特定的路面宽度限制，甲车在使用道路的特定路段时，就排斥其他车辆同时占有这一路段，否则会产生拥挤现象。因此，公路的非排他性是不充分的。但是，公共道路又具有非竞争性。它表现为，一是公共道路的车辆通过速度并不决定某人的出价，一旦发生堵塞，无出价高低，都会被堵塞在那里；二是当道路未达到设计的车流量时，增加车辆数的道路边际成本为零，但若达到或超过设计能力，变得非常拥挤时，需要成倍投入资金拓宽，它无法以车辆数来计算边际成本。正因为这类产品具有非竞争性和不充分的非排他性，因此也称为公共产品。

现实中无形公共产品的范围是比较狭窄的，但公共产品的范围较宽。例如，教育、文化、广播、电视、医院、应用科学研究、体育、公路、农林技术推广等事业单位，其向社会提供的产品属于公共产品。此外，实行企业核算的自来水、供电、邮政、市政建设、铁路、港口、码头、城市公共交通等，也属于公共产品。

3. 无形公共产品与公共产品的关系

无形公共产品在观念形态上是一种欲望、理念。而公共产品是为公共服务的产品或服务，是有特定用途的产品。公共产品在经济上的意义，是总供给的一部分，体现为被政府需求所购买的那部分社会产品，是无形公共产品的使用价值形态。一般地，无形公共产品可以转化为公共产品。作为无形公共产品的价值形态的公共需求以两种形式分配出去，一种是购买性支出，从而直接转化为公共产品；另一种为转移性支出。这部分支出，在其形成结果上，可以有两种：其一还是用来购买公共产品，如中央政府给予地方政府的补贴公共政策，一般还是主要用于购买性支出；另一种虽然为了无形公共产品的目的而支出，但其最终结果归个人使用，如对企业补贴的支出，或用于社会保障救助穷人的支出，不仅转化为公共产品，最终还形成私人产品。所以，无形公共产品从根本上说，是为了满足社会公共产品，但从最终结果上，无形公共产品却转化为公共产品与私人产品两类。当然，无形公共产品的绝大部分都转化为公共产品。

由此，无形公共产品是公共产品生产的指挥棒，决定着公共产品生产、配置的结果；而公共产品为无形公共产品提供其生产经营的依据，为无形公共产品的生产起着反射作用。

二、公共产品发展与全面小康社会建设

党的十六大报告提出建设全面小康社会。从理论上讲，全面小康社会是一个历史的、动态性概念。20 世纪末我国实现的小康是一个总体小康，也就是说从20 世纪 80 年代到 2000 年，我国的 GDP 翻两番，人均 GDP 达到 800 美元。这个小康主要是以经济指标来衡量，所以又称 20 世纪末的小康为总体小康，在实现GDP 翻两番的基础上，我们的社会发展还很不均衡，地区差别、城乡差别都很大，所以党的十六大提出，到 2020 年我国要实现全面小康，全面小康的经济指标是人均 GDP 达到 3000 美元，更为重要的是还包括政治、经济、文化、环境和社会和谐等内容的要求，特别是公共产品的低成本服务，充分体现公众的福祉。

1. 全面小康社会及其建设

经常有人问：你"小康"了吗？其实"小康"标准也是一个发展完善的过程，我们今天的标准是讲全面小康的标准，全面小康是一个社会标准，不仅仅是一个个人和家庭的财富标准。所以党的十六大把全面小康的指标提出来，就是需

要社会各界对全面小康的标准有更好的理解，个人小康跟小康社会的标准既有联系又有区别，全面小康实现了，个人小康肯定能够实现，但是个人小康实现了，不等于小康社会的实现。全面小康的标准是涵盖政治、经济、科教文卫、社会和谐等内容，目前，就这个标准国家有关部门和科研机构都有自己的不同版本。国家统计局联合相关部门正在研究全面小康的指标体系，中国社会科学院最早也有相关的小康标准，各地方，如浙江和江苏也提出了自己的小康标准，这些标准总体上比原来的总体小康更完善，内容更丰富，社会发展要求更高。但是，这一标准体系还需要继续完善和提高。例如，全面小康指标体系随着时代变化，在不同地区有不同的标准。作为政府来说，重点是建设一个低成本教育、低成本医疗卫生服务，以及低成本的公共交通等的社会。

2. 公共产品与公众福祉

公共产品的低成本服务，是公众福祉的现实表现。公共福祉（welfare of commons）源于奥斯特罗姆的印第安纳研究中心所收集的现实案例和大量行为经济学实验，反映了公共资源因人们的有效合作而产生最佳使用的现象[①]。其主要含义是，现实世界的人并非是以邻为壑或实现最小最大化策略的"经济人"，而是具有或多或少的亲社会性，这种亲社会性能够以同理心来审视自己，通过追求合作实现合作剩余，尤其是增进社会性需求的满足。例如，大兴安岭的森林氧吧、从东到西的"四纵四横"高速铁路、华北平原的灌溉系统、各大中城市的轨道交通等，这些都是公共产品，也都是实现"公共福祉"的例子。称之为"福祉"还隐含着，公共资源的共同使用或集体行动不仅可以避免公共资源的滥用或闲置而实现可持续使用，而且可以为当事人带来比单独使用或单独行动更高的福利。究其原因，很多公共资源本身无法分割，或者分割后会造成"反公地悲剧"现象，富裕社会的很多有形公共品更需要集体供给。正因如此，要促进公共福祉的实现，就要从人性及其行为机理的角度探究公共产品的组织治理方式。

3. 公共产品发展与社会经济

公共产品发展与社会经济发展之间既互相促进又互相制约，社会经济发展决定着公共产品的发展，也在一定程度上受公共产品发展的制约；而公共产品发展

---

① 朱富强，2011 年 5 月 17 日，从"公地悲剧"到"公共福祉"："人"的发展经济学之兴起及其意义，光明日报（理论周刊）。

亦反过来促进或制约社会经济发展。以教育为例，教育直接决定着人才培养以及人才素质，而人才是社会经济发展最基本的要素。因此，公共产品发展制度对社会经济发展既有促进作用也有阻碍作用，一方面，与社会经济发展水平相适应的公共产品发展制度，它能促进社会经济发展；另一方面，与社会经济发展水平不相适应的公共产品发展制度，又能阻碍社会经济发展。社会经济的发展离不开健全的公共产品发展制度，公共产品发展制度能够促进经济的发展。首先，公共产品发展为社会经济发展提供了稳定的社会环境。公共产品发展有利于消除社会矛盾，从而避免社会矛盾激化，维护了社会安全和社会稳定，为社会经济发展提供了一个适宜的稳定的社会环境，从而促进了社会经济的发展。其次，公共产品发展通过其基金供需变化可以对社会总供给和总需求进行调节，从而促进社会经济健康持续发展。在中国，由于公共产品发展事业的严重滞后，降低了居民的消费预期，使消费市场难以真正启动，从而影响了社会经济健康发展。最后，公共产品发展通过对劳动者的多方面的保障也直接促进着经济的发展。例如，社会保险既是劳动力资源配置的关键性机制，又是促进劳动者身体、心理及技能素质的重要保障机制，从而对社会经济发展起着直接促进作用。从这一角度讲，公共产品发展制度还能促进劳动力的自由流动和合理配置。最后，公共产品的发展，能够促进第三产业特别是服务业的发展，解决就业问题。

公共产品发展对社会经济发展的阻碍作用主要表现在两个方面。一方面，如果公共产品超前发展，则可能构成社会经济发展的负担，损害经济增长的持续性和企业乃至国家的竞争力。另一方面，如果公共产品发展严重滞后，则可能影响社会稳定，阻碍劳动力的自由流动和合理配置，使公共产品发展不能成为政府对宏观经济运行进行调控的有效工具，这样一来也制约了社会经济发展。公共产品发展采取的是经济手段，从而在很大程度上取决于所在国家或地区的社会经济发展水平。具体来讲，社会经济发展对公共产品发展的制约表现在以下几个方面：一是制约着公共产品发展的规模，如发达国家因有发达的经济作为后盾，早已普遍建立起健全、发达的公共产品发展体系甚至福利国家，而发展中国家却因社会经济发展落后而缺乏健全的公共产品发展网络；二是决定着公共产品发展的标准，即社会经济发展水平越高，公共产品发展水平越高，反之亦然；三是制约着公共产品发展政策，如效率优先必然制约社会公平，反之，效率与公平兼顾与协调更有利于公共产品的健康发展。社会经济发展的水平对公共产品发展制度的确立与发展影响重大，任何公共产品发展制度的确立及其发展都要有相应的物质基础来支撑。但是，经济因素不是决定确立公共产品发展制度的唯一因素。考察世界上一些发达国家建立公共产品发展制度的过程可以发现，欧美等发达国家的公共产品发展制度都不是在其经济足够发达的时候才建立的。实际上公共产品发展制度要受社会因素、经济因素、政治因素乃至历史文化因素等的影响。

三、公共产品特征

1. 现阶段公共产品的基本类型

公共产品是以政府职能、公益服务为主要宗旨的一些公益性单位、非公益性职能部门等。它参与社会事务管理，履行管理和服务职能，宗旨是为社会公众服务。从类型上讲，主要有教育、科技、文化、卫生、交通运输、自来水、电力，以及其他社会保障等活动。其上级部门多为政府行政主管部门或者政府职能部门，其行为依据有相关法律，所作出的决定多具有强制力，其人员工资来源多为财政拨款。公共产品绝大多数属于政府所有，也有少部分由私人领域或非政府组织经营。

2. 公共产品国内外经营体制

从国际上看，发达国家的公共产品提供有两大模糊特征。其一是，公共产品的提供模糊。几乎不分政府还是私人领域以及非政府组织，谁都可以提供。当然，如果在经济上没有效益甚至是亏本的公共产品，政府必须承担服务社会的责任。其二是，公共产品服务者的补贴对象模糊不固定。各级政府不仅对政府所有的公共产品服务载体补贴，同时也对私人提供者给予补贴。美国的公立大学的政府补贴占总费用的约50%，而私立大学政府的补贴经费占总费用的30%～40%。这种模糊特征，造就了公共产品的竞争体制与内在科学的管理机制。以日本东京大学、澳大利亚墨尔本大学为例，大学工作人员除了教学科研与后勤保障人员之外，很少有专职的管理人员，更没有庞大的"处长、科长、科员"这样的官僚体系。一个二级学院的管理人员除了院长，就是两三个临时聘用的教学、科研工作人员。这种管理机制奠定了低成本服务的基础。

在中国，几乎所有的公共产品都由各级政府提供，政府垄断是公共产品最大的服务特征。就政府补助而言，对于政府所属的公共产品服务载体分为全额拨款、差额拨款；也有为数不多的私人组织所有的提供公共产品的载体，政府没有任何意义上的补贴，因此享受私人所有的公共产品的成本是非常昂贵的。例如，公立初中都是义务的，而私立初中的学生家长每年要提供数万元的学费。政府对于个别私人领域的公共产品也是有补贴的，如技术学校之类，但是其性质并非真正意义上的私人所有，而是政府部门的附属组织。因此，可以说政府对于私人所有的公共产品提供者几乎没有任何补贴①。

3. 公共产品的国际化享有特征

随着公共管理的发展，公共产品也与无形公共产品一样，出现了国际化享有或服务的特征。以学校教学为例，无论是大学，还是中小学，都出现了国际化趋势。不仅发达国家的教育资源为全世界所享有，而且发展中国家的教育资源同样为全世界所享有。进入 21 世纪以来，中国去国外读书的学生以几何级数增加，2001 年为 76 052 人，到 2010 年增加到 284 700 人。其实在文化领域、医疗卫生领域、旅游等领域亦然。公共产品国际化特征，对公共产品发展也起到非常大的促进作用。

第二节 公共产品成本的影响要素、环境及模式表达

研究公共产品低成本服务问题，必须首先弄清楚其影响因素、影响环境等，从而有针对性地建立相应的管理体制与机制。

一、公共产品成本影响要素

公共产品与其他产品一样，其影响成本的因素也是一组函数。根据一般产品的影响因素，结合公共产品的特殊性，可将主要因素归纳如下。

1. 公共产品的服务体制

制度是决定一个国家或地区发展的根本性因素，一切对社会、公众潜在的有害行为都可以通过制度将其扼杀在萌芽状态。一般地讲，制度是由体制体现的，科学的体制是科学制度的基本体现。体制是一个总的框架，公共产品的供给体制即为公共产品的供给或服务制度。广义的供给体制，就是在一定条件下形成的公共产品供给的政治、经济、文化等方面的体系，如政治制度、经济制度、社会主义制度、资本主义制度等。就狭义来讲，是指某一政府在某一公共产品渠道范围内制定的系统性的服务办法，要求公共产品的所有服务活动共同遵守的办事规程

---

① 一些城市的技术学校，以民办非企业组织的形式，也得到政府补贴，但是几乎都是与劳动部门内部有千丝万缕联系的特殊组织，并非完全意义上的私人所有的公共产品提供者。

或行动准则，如生产制度、财务支出制度、分配制度等。

从根本上讲，体制是一个国家或政府对某一事物在制度上的顶层设计。公共产品服务体制，就是国家或政府对于公共产品制度建立的顶层设计，它决定公共产品的生产、服务以及公众享有的公平等问题。因此，公共产品的供给体制因素，是影响公共产品服务成本的前提因素。

与其他任何事物一样，体制、制度也是有其生命周期的，一种制度或体制在一定时期内非常之好，但随着环境的变迁，这种制度或体制也会逐渐演变为落后的，甚至阻碍事物发展的桎梏。因此，人们必须把握环境与客观事物变化的规律与特征，不失时机地改革调整，以建立适应客观环境的、优化的制度或体制，公共产品的体制亦然。

2. 公共产品的服务体系

公共产品服务体系，就是指广义上的一个完整的系统，其中包括一些小的系统，构成一个个具有某种功能的结构。就像人体的循环系统、呼吸系统等小系统构了一个完整的人体体系一样。具体来讲，就是公共产品服务形式的总和。例如，学校作为公共产品，从管理层次讲，有国家层面教育部所属的，有省教育厅所属的，有市、县、乡镇（街道）所属的，等等。就所有者成分而言，有政府所属的，有私人组织所属的，也有非政府组织所属的，还有国际组织（如联合国）所属的，等等。从逻辑上讲，公共产品的服务体系是由公共产品的服务体制所决定的，一个国家或政府建立了什么样的公共产品体制，就会生产出什么样的服务体系。例如，中国政府规定高速公路、民航运输、铁路运输等由国家垄断，就形成了单一的服务体系；在公共产品技术领域适当放宽了进入政策，就出现了除绝对多数的政府所有之外，存在少量的私人组织所有与非政府组织所有的现象。公共产品的服务体系，在操作层面上影响着其服务成本。

一般地讲，服务体系完整，标志着不同的服务载体可以通过竞争，取长补短，降低各类交易成本与技术成本，从而降低了公共产品的成本；反之，当服务体系不完善，甚至公共产品只有少数机构垄断经营，就会产生垄断利润。一方面，垄断者可以抬高价格，致使公众高成本消费；另一方面，垄断者并不积极考虑降低交易成本与技术成本，本质上抬高了公共产品成本。因此，一个完善的公共产品服务体系，是控制或降低公共产品成本的基础。

3. 公共产品的服务机制

机制概念最早是植物学中对于各类枝丫的解释，后来引入物理学中专指机器的关键部位。20 世纪 80 年代，其概念得到推广，指一个组织内部的关键环节，如价格机制、财务管理机制、人事组织机制等。从公共管理角度讲，机制泛指一个系统中，各元素之间的相互作用的过程和功能。公共管理学主要理解为公共管理的机构和职能。

在理论上，机制和方式或方法是有区别的。第一，机制是经过实践检验证明有效的、较为固定的方法，作为一个组织的工作机制，不会因组织领导人的变动而随意变动，而单纯的工作方式、方法是可以根据个人主观随意改变的。第二，机制本身含有规律性因素，并且要求所有相关人员遵守，而单纯的工作方式、方法往往体现为个人做事的一种偏好或经验。例如，监督机制，不仅指人人必须遵守的制度，而且应该包括各种监督的手段和方法，只有把两者结合起来才能发挥作用。第三，机制是在各种有效方式、方法的基础上总结和提炼出来的，而方式、方法往往只是做事的一种形式和思路。机制一定是经过实践检验有效的方式方法，并经过一定的加工，使之系统化、理论化，这样才能有效地指导实践。而单纯的工作方式和方法则因人而异，并不要求上升到理论高度。第四，机制一般是依靠多种方式、方法起作用的，而方式、方法可以是单一起作用的。例如，建立起各种工作机制的同时，还应有相应的激励机制、动力机制和监督机制，保证工作的落实、推动、纠错、评价等。当公共产品的体制、体系设计确定后，建立完善的机制，才能使公共产品服务过程建设稳步发展，保持长久的活力。因此，公共产品的服务机制，是构成公共产品具体服务活动中最为现实的因素，这种影响公共产品服务成本的因素不在于一个国家或政府机关，而是每个公共产品服务单位自身能够直接控制的因素。

机制作为公共产品的成本因素，是非常重要的。例如，在同样环境与条件下，有的组织生存发展，而有的组织一蹶不振，最终倒闭破产。这在很大程度上就是因内部管理机制的差异造成的。因此，研究公共产品低成本因素，不能忽略提供公共产品的组织的管理机制。

4. 公共产品的交易成本因素

公共产品的交易成本是公共产品酝酿服务活动中所要花费的成本，也指服务过程中所花费的全部时间和货币成本，包括传播信息、广告、与市场有关的运输以及谈判、协商、签约、合约执行的监督等活动所花费的成本，其模型如图 2-1 所示。这个概念最先由新制度经济学在传统生产成本之外引入经济分析中。

公共产品的交易成本（transaction costs）又称交易费用。交易成本理论是由

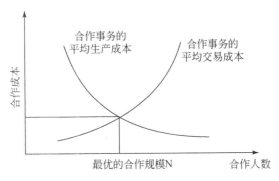

图 2-1　公共产品交易成本模型

诺贝尔经济学奖得主科斯（Coase，1937）所提出的。他在《企业的性质》一文中认为公共产品的交易成本是"通过价格机制组织生产的，最明显的成本，就是所有发现相对价格的成本""市场上发生的每一笔交易的谈判和签约的费用"及利用价格机制存在的其他方面的成本。从本质上说，有公共产品服务活动，就会有交易成本，它是人类社会生活中一个不可分割的组成部分。公共产品的交易成本可以分为如下类型。

（1）搜寻成本：公共产品提供信息与享受对象信息的搜集。

（2）信息成本：取得公共产品享受对象信息与和提供对象进行信息交换所需的成本。

（3）决策成本：进行相关决策与签订契约所需的内部成本。

（4）监督交易进行的成本：监督交易对象是否依照契约内容进行交易的成本，如追踪产品、监督、验货等。

（5）违约成本：违约时所需付出的事后成本。

公共产品的交易成本发生的原因是人性因素与交易环境因素交互影响下所产生的市场失灵现象造成交易困难（Williamson，1975）。威廉姆森指出 7 项公共产品的交易成本来源：

一是有限理性（bounded rationality）：指交易人，因为身心、智能、情绪等限制，在追求效益极大化时所产生的限制约束。

二是投机主义（opportunism）：指参与交易进行的各方，为寻求自我利益而采取的欺诈手法，同时增加彼此不信任与怀疑，因而导致交易过程监督成本的增加而降低经济效率。

三是资产专用性（asset specificity）：在不牺牲生产价值的条件下，资产可用于不同用途和由不同使用者利用的程度，它与沉入成本概念有关。

四是不确定性与复杂性（uncertainty and complexity）：环境因素中充满不可预期性和各种变化，交易双方均将未来的不确定性及复杂性纳入契约中，使得交易过程增加不少制定契约时的议价成本，并使交易困难度上升。

五是少数交易（small numbers）：某些交易过程过于专属性（proprietary），或因为异质性（idiosyncratic）信息与资源无法流通，使得交易对象减少并造成市场被少数人把持，市场运作失灵。

六是信息不对称（information asymmetric）：因为环境的不确定性和自利行为产生的机会主义，交易双方往往握有不同程度的信息，使得市场的先占者（first mover）因拥有较多的有利信息而获益，并形成少数交易。

七是气氛（atmosphere）：指交易双方若互不信任，且又处于对立立场，无法营造一个令人满意的交易关系，将使得交易过程过于重视形式，徒增不必要的交易困难及成本。

5. 公共产品的生产与技术成本因素

公共产品的生产成本，是公共产品生产单位为生产产品或提供劳务而发生的各项生产费用，包括各项直接支出和制造费用。直接支出包括直接材料（原材料、辅助材料、备品备件、燃料及动力等）、直接工资（生产人员的工资、补贴）、其他直接支出（如福利费）；制造费用是指企业内的分厂、车间为组织和管理生产所发生的各项费用，包括分厂、车间管理人员工资、折旧费、维修费、修理费及其他制造费用（办公费、差旅费、劳保费等）。其理论模型如图 2-2 所示。一般情况下，人们所说的公共产品成本指生产成本，忽略了公共产品结构的复杂性。

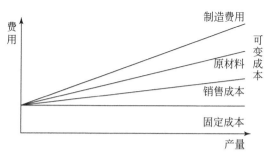

图 2-2　公共产品生产成本

理论上讲，公共产品的技术成本可以分解为公共产品的技术开发成本和技术服务成本。技术开发成本即指公共产品生产经营载体为开发新技术、新产品、新工艺发生的研究开发费用。技术服务成本则是指公共产品生产经营载体按社会公众或者政府要求，派遣具有一定技术专长和知识的专业技术人员、专家、教授或管理人员，为承担项目的技术指导、咨询，提供设计文件、技术资料，进行可行性研究、传授技术、培训人员、参与管理等发生的费用。在教育、医疗卫生、科学研究以及服务性能较强的领域，公共产品的技术成本比例在总成本中的比例是非常高的。总体而言，公共产品的技术成本绝大多数属于固定成本的范畴。

二、公共产品影响环境

影响公共产品的环境应当分为自然环境与社会环境两大方面。

1. 影响公共产品的自然环境

影响公共产品的自然环境，是环绕公共产品周围的各种自然因素的总和；是一切直接或间接影响公共产品的自然形成的物质、能量和现象的总体。它是人类出现之前就存在的，是人类赖以生存和发展所必需的自然条件和自然资源的总称，即地球的空间环境、阳光、地磁、空气、气候、水、土壤、岩石、动植物、微生物以及地壳的稳定性等自然因素的总称。这些是人类赖以生存的物质基础，也是公共产品生产活动的基础条件。人们通常把这些因素划分为大气圈、水圈、生物圈、土壤圈、岩石圈等五个自然圈。人类是自然的产物，公共产品也是自然的产物，而公共产品的活动又影响着自然环境。

当人类处于原始社会时，由于生产力极其落后，人类对于自然环境只能处于被动的适应状态，对自然界的改造力量很微弱。人类对自然环境真正产生影响，主要是有文明史以来的几千年时间，尤其是资本主义工业革命以来的200多年。20世纪以来，科学技术突飞猛进，工业发展的速度大大超越以往任何历史时期。人类从开垦荒地、采伐森林、兴修水利，到开采矿藏、兴建城市、发展工业，创造了丰富的物质财富和灿烂的文化。现在人类的足迹上及太空，下至海洋，然而人与自然环境是相互依存、相互影响、对立统一的整体。公共产品属于人与自然环境关系的一个方面，因此，公共产品的活动与自然环境也是融为一体的。人类对环境的改造能力越强大，自然环境对人类的反作用就越大，在人类改造环境的同时，人类的生活环境随之发生了变化，环境问题就是这种反作用引起的必然后果。当人类向自然界索取的物质日益增多，抛向自然环境的废弃物与日俱增，一且达到大自然无法容忍的程度时，大自然在漫长岁月里建立的平衡就遭到了破坏。在公共产品生产活动中，环境影响主要包括资源状况（自然资源短缺）、生态环境（生态环境日益恶化）、环境保护（对自然资源和环境的保护加强）等。

从自然环境的内涵可以看出，环境因素对公共产品的影响是不可忽略的。一方面政府在配置公共产品资源时，必须考虑不同区域的环境特点，例如，由于自然环境的影响，在中西部配置教育资源时，相对于东部地区要投入更大的人力、财力、物力。再如，当衡量公共产品建设与使用绩效时，也应当充分考虑环境影响所带来的差异。另一方面，人们应当针对环境影响的重要性，考虑保护并进一步建设好的环境。在环境保护方面，主要有环境保护法、水污染防治法、大气污染防治法、固体废物污染环境防治法、环境噪声污染防治法、海洋环境保护法；在资源保护方面应当包括森林法、草原法、渔业法、农业法、矿产资源法、土地管理法、水法、水土保持法、野生动物保护法、煤炭管理法，等等；就环境与资源保护方面，主要有水污染防治法实施细则、大气污染防治法实施细则、防治陆源污染物污染海洋环境管理条例、防治海岸工程建设项目污染损害海洋环境管理条例、自然保护区条例、放射性同位素与射线装置放射线保护条例、化学危险品安全管理条例、河流流域水污染防治暂行条例、海洋石油勘探开发环境管理条例、陆生野生动物保护实施条例、风景名胜区管理暂行条例、基本农田保护条例，等等。

从根本上讲，建设或保护环境，其本身就是公共产品的生产经营活动，是任何政府或社会公众责无旁贷的职责。20 世纪 90 年代以来社会和公众面临的主要问题之一是日益恶化的自然环境。自然环境的发展变化对社会经济的发展产生越来越强烈的影响。所以，各级政府以及不同组织的最高管理层必须分析研究自然环境的发展动向。首先是某些自然资源短缺或即将短缺。地球上的资源包括无限资源、可再生有限资源和不可再生资源。目前，这些资源不同程度上都出现了危机。就无形资源讲，如空气和水等从总体上讲是取之不尽、用之不竭的，但污染问题严重，亟待解决。此外，近几十年来，世界各国尤其是城市用水量增加很快（估计世界用水量每 20 年增加一倍），与此同时，世界各地水资源分布不均，而且每年和各个季节的情况也各不相同，所以目前世界上许多国家和城市面临缺水问题。中国随着城市化的发展，像北方的济南、天津和北京等 300 多个城市也开始为水资源不足的问题所困扰。最后，可再生有限资源，如森林、粮食等。中国森林覆盖率低，仅占国土面积的 12%，人均森林面积只有 0.8 亩①，大大低于世

---

① 1 亩约为 666.67 平方米。

界人均森林面积 3.5 亩。中国的耕地也少，而且由于城市和建设事业发展快，耕地迅速减少，近 30 年间中国耕地平均每年减少 810 万亩。再次，不可再生资源，如石油、煤和金属等矿物，由于这类资源供不应求或在一段时期内供不应求，这些资源快速枯竭或面临枯竭必须寻找代用品。在这种情况下，就需要研究与开发新的资源和原料，公共产品的开发本身是资源或原料开发的重要途径之一。例如，在中国西北部建设太阳能发电基地，开辟一条"电力丝绸之路"；在内蒙古推广风力发电，充分利用了草原上丰富的风力资源。

在一定程度上，环境污染治理是最主要的公共产品。在许多国家，随着工业化和城市化的发展，环境污染程度日益增加，公众对这个问题越来越关心，纷纷指责环境污染的危害性。这种动向对那些造成污染的行业和企业就是一种环境威胁，更是对社会治理的挑战，各国政府不得不采取措施控制污染，治理污染；另一方面，这种动向给控制污染、研究和开发污染环境的公共产品行业和组织带来了新的市场机会。

2. 影响公共产品的社会环境

所谓社会环境，就是对我们所处的社会政治环境、经济环境、法制环境、科技环境、文化环境等宏观因素。社会环境对公共产品生产活动与产品本身的生命周期乃至未来发展都有重大影响。狭义上讲，仅指公共产品的直接环境，如社会经济发展、劳动组织、学习条件和其他集体性社团等。社会环境对公共产品的形成和发展进化起着重要作用，同时公共产品作为人类活动，也给予社会环境以深刻的影响，而公共产品本身在适应改造社会环境的过程中也在不断变化。

社会环境的构成因素是众多而复杂的，但就对传播活动的影响来说，主要有四个因素。一是政治因素，包括政治制度及政治状况，如政局稳定情况、公民参政状况、法制建设情况、决策透明度、言论自由度、媒介受控度等；二是经济因素，它关系到经济制度和经济状况，如实行市场经济的程度、媒介产业化进程、经济发展速度、物质丰富程度、人民生活状况、广告活动情况等；三是文化因素，它是公共产品服务现实中的教育、科技、文艺、道德、宗教、价值观念、风俗习惯等；四是信息因素，它包括信息来源和传输情况，信息的真实公正程度、信息爆炸和污染状况等。如果上述因素呈现出良好的适宜和稳定状态，那么就会对公共产品的生产经营并为人们提供服务的活动起着促进、推动的作用；相反，就会产生消极的作用。

国家经济的发展和科技的进步会导致公共产品结构的变化，新的公共产品会出现，还有一些公共产品会衰退，或是有些公共产品虽然存在，但其相关属性或内涵已经发生了变化。

是否能预测一种公共产品的发展趋势，是否能预测公共产品内涵的演化，对一种公共产品是否有深刻的认识将关系到我们能否在把握社会环境变化的基础上，为社会的综合发展找到或创造适宜的公共产品平台，有效地规划公共产品战略。

如果人们希望抓住机遇，建立明确的公共产品目标，有效降低机会成本和降低选择的风险，那么对于公共产品环境分析是必不可少的一环。

社会发展趋势对于目前存在的公共产品有何影响和需求，你选择的这个公共产品是不是社会越来越需求的公共产品，在行业里，组织是否具有竞争力和发展机会，如何让自己的组织在选择的公共产品中保持核心竞争力，可能的风险是哪些，我们可以通过有效的公共产品环境分析得到启示或答案。

三、公共产品供求模型及其表达

1. 公共产品的供需机理

公共产品的供需机理是一个价格与提供者及公众对该公共产品需求之间的博弈互动平衡，其原理如图 2-3 所示。下面，将其机理进行表述。

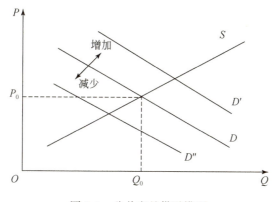

图 2-3　公共产品供需模型

1）公共产品需求

与一般意义上的产品需求一样，公共产品的需求是指公共产品消费者在一定价格条件下对公共产品的需要量。它包括两个条件，即公共产品消费者愿意购买和有支付能力。如果公共产品消费者没有支付能力，即使有获得某种使用价值的愿望，也不能形成公共产品的有效需求。

2）公共产品需求函数和影响需求的因素

一种公共产品和服务的需求数量，受许多因素的影响和制约。为此，用一个函数式来表示，即：

$$f(P, T, I, \cdots, e, A)$$

为此，对影响公共产品社会需求的基本因素作些具体分析：

（1）公共产品自身价格（P）。一般来说，一种公共产品的价格越高，该公共产品的需求量就会越小；相反，一种公共产品的价格越低，其需求量将会越大。

（2）公共产品消费者偏好（T）。偏好是公共产品消费者对公共产品的喜好程度。很显然，公共产品消费者的偏好与公共产品需求量之间呈同方向变动。例如，有的人喜欢教育投资，有的人则喜欢其他方面的投资。

（3）与使用该公共产品相关的公众收入（I）。对于大多数公共产品来说，当公共产品消费者的收入水平提高时，就会增加对公共产品的需求量。这类公共产品被称为正常品。而对另外一些公共产品而言，当公共产品消费者的收入水平提高时，则会使得需求量减少，这类公共产品被称为低档品。2000年以来，随着人们收入水平的提高，对高等教育的需求普遍上升。

（4）替代品的价格（I）。所谓替代品，是指使用价值相近、可以相互替代来满足人们同一需要的公共产品，如城市租用自行车与公交车、国内教育与国际教育、火车和飞机，等等。一般来说，在相互替代公共产品之间，某一种公共产品价格提高，公共产品消费者就会把需求转向可以替代的公共产品上，从而使替代品的需求增加，被替代品的需求减少；反之亦然。

（5）互补品的价格（$I/$）。所谓互补品，是指使用价值上必须相互补充才能满足人们某种需要的公共产品，如医院与药价、家用电器与电，等等，在互补公共产品之间，其中一种公共产品价格上升，需求量降低，会引起另一种公共产品的需求随之降低。

（6）对未来价格的预期（e）。如果公共产品消费者预期价格要上涨，就会刺激人们提前购买；如果预期价格将下跌，许多公共产品消费者就会推迟购买。

（7）其他因素（A）。公共产品的品种、质量、广告宣传、地理位置、季节、气候、国家政策、风俗习惯等，都会影响公共产品的需求量。但是，在实际经济生活中，某公共产品的市场需求量及其变化是诸因素综合作用的结果。

3）公共产品需求曲线

为了简化分析，假设 T、I、e、A 等因素不变，集中考察公共产品自身的价格对需求量的影响，由此，需求函数可简单地表示为：

$$f(P)$$

但是，需求曲线也存在例外，具体为：

（1）某些公共产品的价格越下降，需求越小。例如，体育俱乐部、剧院等，是代表一定的社会地位与身份的，如果价格下降，它们不能再代表这种社会地位与身份，对它们的需求就只会减少。

（2）某些公共产品的价格越高，需求就越大。例如，娱乐场所、古籍文物、名贵邮票等珍品，往往是价格越高，越能显示出它们的珍贵性，从而对它们的需求就越大。

（3）某些公共产品，小幅度的降价，需求按正常情况变动；大幅度升降价，人们就会采取观望的态度，需求将出现不规则的变化。例如，在有价证券、黄金市场上就常有这种情况。

4）公共产品供给的含义

供给是指在某一特定时期内，经营者在一定价格条件下愿意并可能出售的产品量。其中包括新提供的公共产品和已有的存货。一种公共产品或服务的供给受许多因素的影响和制约。为此，也可以用一个函数来表示，即：

$$f(P, t, r, I, e, B)$$

式中，P 为公共产品的自身价格；t 为生产技术水平；r 为生产过程中投入品的价格；I 为相关公共产品的价格；e 为经营者对未来价格的预期；B 为其他因素。

5）公共产品供给曲线

为了简化分析，假定其他因素保持不变，集中考察公共产品自身价格变动对供给量的影响。在此，可将供给函数简化为下式：

$$f(P)$$

公共产品或服务的供给量与价格呈正比关系。这也被称为供给规律。一般来说，价格越高，供给量越大；价格越低，供给量越小。

但是，供给曲线也存在例外。某些公共产品的供给不一定与价格呈正比关系。如劳工的供给最初会随工资的提高而增加，但当工资上升到足以维持其生活水平的额度后，劳工对货币的需要将不那么迫切，而希望有较多的闲暇和较少的工作。因此，工资水平如再上升，劳工的供给也不会增加，甚至还有可能减少。又如，古董、字画、名贵邮票等珍品价格上升到一定限度后，人们意识到这是值钱的东西，于是不再卖出，供给反而减少。再如黄金、有价证券等公共产品价格小幅度变动，供给按正常情况变动，如果大幅度变动，人们就会观望，待价而沽，供给将出现不规则变化。

6）公共产品需求价格弹性

（1）需求价格弹性的含义。需求弹性包括需求价格弹性、需求收入弹性、需求交叉弹性。在经济学中，弹性总是有同样的含义。它是因变数的相对变动和一个自变数的相对变动之比。需求价格弹性往往简称为需求弹性。需求价格弹性是指需求量对价格变动的反应程度，是需求量变动百分比与价格变动百分比的比例，即：

$$需求的价格弹性系数 = -（需求量的变动率/价格的变动率）$$

需求的价格弹性可以分为弧弹性和点弹性。

如果设 Ed 为需求价格弹性系数，Q 为需求量，ΔQ 表示需求增量，ΔP 为价格增量，那么：

$$Ed = -\Delta Q/\Delta P$$

例如，某公共产品价格上升 1%，使需求量下降 2%，则该公共产品的需求价格弹性为 -2。由于需求量变动的方向总是与价格变动的方向相反，因此需求价格弹性系数为负数。但为使用方便，一般省略负号而用其绝对值来表示。

（2）需求价格弹性的种类。根据需求量对价格变动的反应程度，需求价格弹性可分为五种类型。

第一，需求富有弹性，Ed>1。也就是说，需求变动的百分数大于价格变动的百分数。例如，价格下降 2% 使需求量增加 4%。在实际生活中，奢侈品多属此类。

第二，需求单一弹性，Ed=1，需求量变动的百分数等于价格变动的百分数。在实际生活中，这种情况比较罕见。

第三，需求缺乏弹性，0<Ed<1，需求变动的百分数小于价格变动的百分数。在实际生活中，生活必需品多属此类。

第四，需求完全弹性，Ed=∞，需求曲线为水平线。也就是说，需求量的变动对于价格变动的反应非常灵敏。在实际生活中，这种情况不多见。

第五，需求无弹性，Ed=0，需求曲线是一条与纵坐标轴平行的直线。也就是说，无论价格如何变化，需求量却不会变。在实际生活中也罕见，通常认为火葬费就属此类。

（3）需求价格弹性的测算。测算需求价格弹性的方法主要有：点弹性计算方法、弧弹性计算方法和数理统计方法。相对来说，数理统计方法要复杂一些。故此，我们主要介绍点弹性和弧弹性。

第一，点弹性。它是指需求曲线上某一点的弹性。设 P_1、P_2 分别为时期 1、时期 2 的价格，Q_1、Q_2 分别为时期 1、时期 2 的需求量，那么价格增量为 $\Delta P = P_2 - P_1$，需求增量 $\Delta Q = Q_2 - Q_1$，因而其计算公式为：

$$Ed = (\Delta Q / \Delta P)$$

但是，同一种公共产品在不同的价格范围，它的点弹性系数存在着差别。

第二，弧弹性。它是需求曲线两点之间即一段弧的弹性。运用弧弹性计算方法来测算需求价格弹性主要是为了解决点弹性计算因资料数据缺乏所造成的问题，是点弹性计算方法的发展。弧弹性的计算公式为：

$$Ed = -(\Delta Q / Q) \div (\Delta P / P)$$

（4）需求价格弹性与总收益的关系。由于需求价格弹性是用于衡量价格变动比例所引起的需求量变动比例，它直接涉及价格和需求量两个因素。而总收益等于价格乘以销售量。所以，需求价格弹性与总收益之间存在着密切的关系。需求价格弹性不同，价格的变动对销售量的影响程度也不同，因而总收益的变化也将会不同。

第一，当 Ed>1 时，价格下降会使总收益增加，反之会使总收益减少。

第二，当 Ed=1 时，价格无论如何变动，总收益都不变。这是因为价格变化所增减的收益恰好为销售量减增的收益所抵消。

第三，当 0<Ed<1 时，价格下降会使总收益减少，反之会使总收益增加。这是因为降价后销售量的微小增加不足以抵消降价带来的损失，故总收益减少。

第四，当 Ed=∞ 时，价格下降会使总收益无限增加，反之，会使总收益无限减少。

第五，当 Ed=0 时，价格升降会使总收益同幅度地增减。在这种情况下，销售量是固定常数，价格增减多少，导致总收益也增减多少。

但是，对需求价格弹性大的公共产品，并非降价越低总收益就越大；对需求价格弹性小的公共产品，并非提价越多总收益越大。也就是说，价格变动是有极限的，否则，会使总收益减少。

7）公共产品的供给价格弹性

（1）公共产品的供给价格弹性的定义和公式。公共产品供给价格弹性通常被简称为供给弹性，用 Es 表示。它反映价格与供给量的关系，和需求弹性类似，它的定义是：供给弹性是价格的相对变化与所引起的供给量的相对变化之间的比例。其计算公式为：

$$Es = \Delta Q / \Delta P$$

式中，Es 为供给价格弹性；Q 为供给量；ΔQ 为供给变动量；P 为价格；ΔP 为价格变动量。

由于供给规律的作用，价格的变化和供给的变化总是同方向的，所以，Es 的符号始终为正值。

（2）供给价格弹性的类型。根据 Es 的大小，也可分为几个范围，即：若 Es>1，称为供给富有弹性；若 Es <1，称为供给缺乏弹性；若 Es =1，称为供给单元弹性；若 Es =0，称为供给完全缺乏弹性；若 Es = ∞，称为供给弹性无穷大或供给有完全弹性。一般来说，受自然条件影响小、生产周期短、生产技术设备简单、投资少、公共产品产量增加比成本增加快的商品，供给弹性都比较大。反之，供给弹性较小。

（3）公共产品供给价格弹性与总收益的关系。对一个公共产品经营者来说，其总收益同样取决于两个基本因素，即该公共产品的价格与供给量。一般来讲，市场价格越高，经营者愿意供给的数量就越多，总收益就越大，反之亦然。总的来说，不管公共产品供给价格弹性富有或缺乏，其总收益与价格的变动总是同方向运动的，只是变动的幅度因弹性的大小而有所不同罢了。

2. 公共产品的垄断机理

无论在中国还是世界上主要国家与地区，公共产品的生产经营大多处于垄断状态。这种垄断有如下方面的机理。

首先，公共产品政府垄断的必然时期。公共产品由传统的政府管理活动及其职能演变而来，自从有了政府，就有了公共产品，包括税收的使用、国防及政府的各类救济活动等。随着社会经济的发展，传统的公共产品由单一逐渐向越来越丰富过渡。因此，公共产品的产生一般是由政府垄断开始的。由于公共产品的公共特性，一方面私人领域不愿意生产，另一方面私人领域缺乏相应的经济能力去生产。在封建社会里，公共产品几乎都是由各级政府生产经营的，到了资本主义社会初期甚至很长的时期内，公共产品的生产与供给都是政府的职责，政府垄断是其特定社会条件下的原始行为。

其次，公共产品政府垄断的必要阶段。随着社会经济的发展，公共产品也越来越丰富，但公共产品相对于私人产品其所带来的资本增值率远远低于私人产品，许多私人资本虽然有能力生产经营公共产品，由于利润相对低廉，故不积极涉猎。这样，公共产品还是由各级政府承担生产经营的职责。新中国成立相当长的时期内，政府承担着全部公共产品的生产与供给职责，为解决民生问题作出社会主义国家应有的贡献，保障了人民对子女就学、医疗卫生、交通运输等的社会需求，这种保障作用直到 21 世纪初仍然是很有价值的。在中国，我们将其称为公共产品政府垄断的必要阶段。

最后，公共产品政府的集团利益垄断。进入现代社会，公共产品极大丰富，社会资本市场范围逐渐无边界①。社会资本市场之所以无边界，是因为无论是私人产品，还是公共产品，只要人们遵守相关的法律法规，任何组织、集团、个人，都可以投资任意领域。由于公共产品生产经营传统的政府垄断惯例，以及政府集团的现实利益驱使，公共产品的生产经营政府持续垄断。这种持续的垄断造就了当今不同群体之间的收入、福利差距。例如，政府垄断领域，如交通运输、金融、民航、医院、学校，以及国有大型企业和公务员系统，都有相对高于竞争性行业的工资待遇、养老保障等福祉。这个时期，政府就成了体制改革的"阻碍"者。

3. 公共产品的决策

公共产品的垄断机理告诉人们，如果公共产品由某一集团垄断，对于社会来说，必然有垄断利益，垄断利益只能是一部分人占有另一部分人的福祉，垄断集团之外的群体变相地受到垄断集团的剥削。同时，也造成了社会资源的浪费，使用效益低下。按照决策原理，公共产品的生产经营在竞争中才能产生最大的资本投资效益。图 2-4 是公共产品决策方案的简单模型。图中 C 表示投入资本，E 表示投资效益，A 表示不同的投资方案。

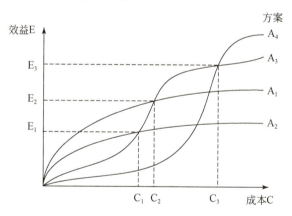

图 2-4　公共产品方案选择

① 这里所说的社会资本市场无边界，是指无论是私人资本、政府资本，还是国际资本，都可以在法律许可的范围内投资任何领域，即包括私人领域与公共产品领域。

图 2-4 给出了 A_1、A_2、A_3、A_4，4 个可供选择的方案，相应的有 3 个效益体现标准 E_1、E_2、E_3。同时，出现了 3 个资本的盈亏平衡交叉点，即 E_1 与 C_1 交叉于方案 A_2、A_3；E_2 与 C_2 交叉于方案 A_1、A_3；E_3 与 C_3 交叉于方案 A_3、A_4。人们应当根据所要投入资本的大小选择最优或者最为满意的方案。

当你的投入资本相对充裕，即有一定的经济实力，选择方案 A_3 为好，有相对长远的投资效益。

当投入资本相对受限，缺乏充足的实力，选择方案 A_2 为好，可以收到投资成本小，见效快的效果。

当投入资本既不是非常充裕，同时也具备一定的实力时，选择方案 A_4 为宜。

从公共产品的决策图像解析可以推论，公共产品与私人产品一样，投资必须讲究科学决策，不一定要"贪大求洋"，而是要掌握科学规律，选择正确的决策方案才能体现资源的投资效应。

因此，政府垄断公共产品本身是不科学的体制，本身无法避免高成本弊端，同时更造成了社会群体之间享受社会福祉的差距。

第三节　公共产品成本的指标体系与测评方法

建立公共产品成本的指标体系与测评方法，是科学判断与控制公共产品成本的前提，当我们不考虑公共产品的公共性时，公共产品的成本指标体系应该与私人产品的成本指标体系没有多少出入。为研究问题的方便，必须建立公共产品的指标体系。

一、公共产品成本指标体系

公共产品成本主要体现在哪些方面，从根本上分析，远比私人产品要复杂得多。总体上讲，公共产品成本可以分为交易成本与技术成本两大类，根据现实特征，这里将公共产品成本的指标体系概括为如下方面。

1. 体现公共产品经济利润的机会成本

如果不考虑与社会发展相关的其他问题，只考虑经济利润，是任何有形实体首先面对的问题。这一问题就成本而言，人们称为机会成本。一般的，机会成本所指的是人们在两个或者两个以上可供选择的方案中相互比较的成本。例如，我们假定有一经济资源 M 为 3 亿元，有两个可供选择的方案 A_1 和 A_2，但前提是由于资源有限（3 亿元），只能选择其中的一个方案决策。其中 A_1 可以产生 4 亿元的利润，A_2 可以产生 4.2 亿元的利润。这样，选择方案 A_1 的机会成本就是放弃方案 A_2 的经济利润（4.2 亿元）；同理，选择方案 A_2 的机会成本是放弃方案 A_1 的经济利润（4 亿元）。

公共产品的机会成本是一种决策行为，世界上任何决策都是有机会成本的，但是，相对科学的决策所产生的机会成本小，相应的有经济利润；反之，则机会成本大，没有经济利润。例如，上述在选择 A_1 与 A_2 两个方案时，选择方案 A_1 的机会成本大于选择方案 A_2 的机会成本。即选择 A_1 的机会成本为 4.2 亿元，而选择方案 A_2 的机会成本是 4 亿元。这样，所产生的经济利润也就不同，选择方案 A_1 的经济利润为 $4-4.2=-0.2$（亿元），选择方案 A_2 的经济利润为 $4.2-4=0.2$（亿元）。政府垄断体制下，对于机会成本往往是忽略的，但无形中浪费了很多公共资源。

2. 体现公共产品生产经营水平的会计成本

公共产品的机会成本是决策行为之必然，当人们已经决策了某一公共产品时，与本项目相关的一切行为所产生支出就是公共产品的会计成本。他与私人产品的会计成本一脉相承，故这里不再赘述。

3. 体现公共产品生产经营活动中不确定因素的风险成本

世界上几乎所有的问题的存在与解决都是不确定的，公共产品生产经营活动中的成本、绩效亦然。试想，在一个社区或者城市里适宜于建设足球场的任何地方建设一个公共足球场，对于建设者来说，起码有三种可能。即建设好后会吸引非常多的足球爱好者参与该项运动，这样，该公共产品的生产经营会非常顺利，不仅为社会带来相应的福祉，而且经营者绩效也会非常突出；另一种可能是，足球场建设完好，但来这里参与足球运动的爱好者比较少，经营者始终处于勉强维持生计状态，我们将这种状态称为绩效平庸状况；还有一种可能是，足球场虽然建设完好，根本就没有人来光顾，最后经营者只能破产处理。把这三种无法确定的成本称为公共产品的风险成本。公共产品的风险成本是不确定的因素所造成的，造成不确定的因素是多维的，既不能认为是决策失误，也不能归结为经营不善，实际上是国内外各种政治、经济、人们行为的全面反射。建立公共产品的分析成本指标，可以判断公共产品生产经营活动中预测水平与智慧。

4. 由于公共政策与市场原因产生的沉没成本

研究公共产品问题时，不能忽视沉没成本。沉没成本是指由于过去的决策已经发生了的，而不能由现在或将来的任何决策改变的成本。人们在决定是否去做一件事情的时候，不仅是看这件事对自己有没有好处，而且也看过去是不是已经在这件事情上有过投入。我们把这些已经发生不可收回的支出，如时间、金钱、精力等称为"沉没成本"（sunk cost）。由于公共政策、各级政府换届等原因，一些过去已经发生的成本总是挂在空挡上。虽然无法挽回，但对于社会公众来说，是公共产品高成本的源泉。对此，必须通过科学的预测，避免或者尽量控制。

5. 纸面上体现不出来的隐性成本

隐性成本隐藏于组织总成本之中，是游离于财务监督之外的成本；是由于组织的行为而有意或无意造成的，具有一定隐蔽性的将来成本和转移成本；是成本的将来时态和转嫁的成本形态的总和。隐性成本主要包括如下几个方面的内容：

（1）决策者权威失灵成本。在组织内部，权威必然是健康有效的。但是，有时这种权威在组织内部可能失灵，由此造成不同程度的混乱，给组织带来损失，甚至会使组织误入困境。这种因权威失灵而增加的支出称为决策者权威失灵成本。

（2）信息失真成本，即信息不符合实际情况或对实际情况反映不完全。信息失真成本应包含于信息成本中，属于信息成本的一方面。

（3）人力资源成本。组织总是通过控制企业的人员来调配和生产企业的物质资源和信息资源。但组织大多只把物质资源和信息资源的耗费作为成本来进行核算，而忽略了控制人员付出的成本。人力资源隐性成本可以造成更大的危害，其主要的表现就是人员离职成本和人才的浪费。

（4）影响力成本。当组织达到一定规模时，其内部结构复杂、矛盾交织，这时处在不同部门的中层管理负责人之间冲突自然形成了。他们为了部门的小范围利益（有时是个人利益）把自己相当多的时间与精力放在游说高层主管以及建立人际关系网等非生产性活动上，以期按照自己的利益去影响高层决策，这种成本称为影响力成本。

相对于成本制度中规定的原材料、工资、各种费用等显性成本来说，决策者权威失灵成本、信息失真成本、人力资源成本、影响力成本等这些成本隐蔽性大、难以避免、不易量化。这些关系到公共组织长期发展的隐性成本具有隐蔽性、爆发性和扩大性等特点。

二、公共产品成本测评方法

1. 传统的盈亏分析法

盈亏分析方法，主要是针对会计成本而言。下面我们从理论与实践角度介绍盈亏分析方法测评公共产品成本问题。

1）盈亏平衡分析法评价政府公共产品生产经营绩效的基本原理

在传统的管理学中，盈亏平衡分析方法主要用于私人领域的效益分析，它是通过盈亏平衡点（BEP）分析生产经营活动中成本与收益的关系。科学技术的嫁接是完全可能的，同理，人们可以用盈亏平衡方法来评价政府绩效。一般地讲，政府在公共产品的生产经营中客观上存在成本与收益平衡关系，也可以按照盈亏平衡点（BEP）分析某一公共产品的绩效，因此，盈亏平衡分析也是评价政府绩效的一种方法。

所谓盈亏平衡点（BEP）是公共产品生产经营盈利与亏损的分界点，它是公共产品生产经营不盈不亏的临界水平，反映了政府对公共产品生产经营达到一定规模、水平时收益（TR）与成本（TC）的平衡关系，即 TR＝TC。盈亏平衡点通常用公共产品的产品产量来表示，这样 TR 和 TC 就都成了产品质量的函数，即：

TR＝某政府的公共产品单位产品价格(1–单位产品所需要的维护以及其他费用)×产量
　　＝$P(1-T)Q$

TC＝固定成本+可变成本＝固定成本+某公共产品单位产品可变成本×产量＝F+VQ

设：R 代表某公共产品的绩效（假定以盈利为标志），则

$$R = TR - TC$$

当 $Q = Q^*$（Q^* 为盈亏平衡产量）时，则

$$TR - TC = 0$$

即

$$P(1-T)Q^* = F + VQ^*；$$

$$Q^* = \frac{F}{P(1-T)-V}$$

政府决策公共产品盈亏平衡模型的解析图形如图 2-5 所示。

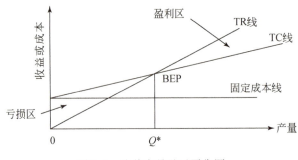

图 2-5　公共产品盈亏平衡图

2）盈亏平衡分析法测评公共产品成本应用

政府决策公共产品，在诸如方案筛选等一系列不确定性分析中，盈亏平衡统计分析法可以在非常广泛的领域应用，可以说只要是有形的公共产品决策，通过盈亏平衡分析，能够预先估计方案对公众需求变化情况和适应生产经营的规模，有助于了解公共产品决策方案可承受的风险程度，还可对政府决策者确定公共产品方案对社会的合理经济规模及对方案的投资抉择起到一定的参考与帮助作用，从而充分体现政府决策的绩效和公共产品生产的有效性。例如，某市政府公安机关要安装一条某居民防盗报警器生产线，现有三个备选方案，需要选择其中一个。三个方案的基本情况是：

A 方案：计划从国外引进生产高公共产品的全套产品生产线，估计年固定成本为 1480 万元，单位产品可变成本为 1950 元。

B 方案：打算生产线的主机从国外引进，其余采用国产并在国内进行组装，预计年固定成本为 1150 万元，单位产品可变成本为 2100 元。

C 方案：完全采用国产的报警器产品生产线，年固定成本约为 780 万元，单位产品可变成本约为 2390 元。

如果三个方案的产品生产能力都相同，产品价格为 3000 元件，单位产品所需要的维护以及其他费用合并占销售额的 5%。依据盈亏平衡统计分析原理，在分析该决策的政府绩效时可将各个方案生产总收益（TR）和总成本（TC）与产量 Q 的关系分别表示为：

$$TR = 0.3 \times (1-5\%)Q$$

$$TC_A = 1480 + 0.195Q, \quad RA = 0.3 \times (1-5\%)Q - (1480 + 0.195Q)$$

$$TC_B = 1150 + 0.21Q, \quad RB = 0.3 \times (1-5\%)Q - (1150 + 0.21Q)$$

$$TC_C = 780 + 0.239Q, \quad RB = 0.3 \times (1-5\%)Q - (780 + 0.239Q)$$

这样，就可以 Q 为变量，先分别作出三个方案的总成本线（TC）和总收益线（TR），可以用图 2-6 表示。

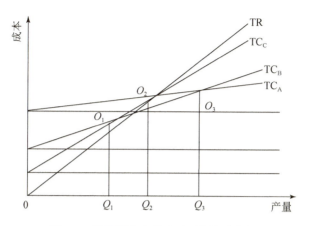

图 2-6　报警器生产的盈亏平衡统计分析

可以看出，TR 线分别与 TC_B、TC_A 和 TC_C 相交于 O_1、O_2、O_3 三点，这三个点分别代表了生产报警器公共产品各个方案的盈亏平衡点，其对应的产量 Q_B^*、Q_A^*、Q_C^* 就是每个方案的盈亏平衡产量，即

$$Q_B^* = \frac{F}{P(1-T)-V} = \frac{11\,500\,000}{3000 \times (1-5\%) - 2100} = 15\,333（件）$$

$$Q_A^* = \frac{F}{P(1-T)-V} = \frac{14\,800\,000}{3000 \times (1-5\%) - 1950} = 16\,444（件）$$

$$Q_C^* = \frac{F}{P(1-T)-V} = \frac{7\,800\,000}{3000 \times (1-5\%) - 2390} = 16\,957（件）$$

另外，三条 TC 线又分别两两相交于 O_1、O_2、O_3 三点，这三点分别代表了相应两个方案的盈亏平衡点，其对应的产量 Q_1、Q_2、Q_3 就是两个方案的盈亏平衡产量。具体来说就是：

TC_A 和 TC_C 相关于 Q_2 点，则 Q_2 点就是方案 A 和方案 C 的盈亏平衡点，Q_2 就是方案 A 和方案 C 的盈亏平衡产量，即 $TC_A = TC_C$，则

$$Q_2 = \frac{F_C - F_A}{V_A - V_C} = \frac{780 - 1480}{0.195 - 0.239} = 15\,909（件）$$

TC_B 和 TC_C 相关于 Q_1 点，则 Q_1 点就是方案 B 和方案 C 的盈亏平衡点，Q_1 就是方案 B 和方案 C 的盈亏平衡产量，即 $TC_B = TC_C$，则

$$Q_1 = \frac{F_C - F_B}{V_B - V_C} = \frac{780 - 1150}{0.21 - 0.239} = 12\,759 \text{（件）}$$

TC$_A$和TCB相关于Q_3点，则Q_3点就是方案 A 和方案 B 的盈亏平衡点，Q_3就是方案 A 和方案 B 的盈亏平衡产量，即 TC$_A$=TC$_B$，则

$$Q_3 = \frac{F_B - F_A}{V_A - V_B} = \frac{1150 - 1480}{0.195 - 0.21} = 22\,000 \text{（件）}$$

也就是说，当产量水平为Q_2时，从政府绩效或成本分析角度看，方案 A 和方案 C 是完全相同的两个方案；当产量水平为Q_1时，从政府绩效或成本分析角度看，方案 B 和方案 C 是完全相同的两个方案；当产量水平为Q_3时，从政府绩效或成本分析角度看，方案 A 和方案 B 是完全相同的两个方案。这里将上述有关统计数据可列表 2-1 进行比较。

表 2-1　某市政府公安机关生产公共产品（报警器）的绩效或成本比较

方案		单位	A 方案	B 方案	C 方案
固定成本 F		万元	1 480	1 150	780
公共产品（报警器）单位产品变动成本 V		元	1 950	2 100	2 390
公共产品（报警器）单位产品价格 P		元	3 000		
单位产品销售税金及附加的合并税率 T		%	5		
盈亏平衡点	Q^*	件	16 444	15 333	16 957
	$TR = P(1-T)Q^*$	万元	4 687	4 370	4 833
	$TC = F + VQ^*$	万元	4 687	4 370	4 833
	$R = TR - TC$	万元	0	0	0
Q	$Q_1 = 12\,759$（件）	$TR = P(1-T)Q_1$	万元	3 636		
		$TC = F + VQ_1$	万元	3 968	3 829	3 829
		$R = TR - TC$	万元	−332	−193	−193
	$Q_2 = 15\,909$（件）	$TR = P(1-T)Q_2$	万元	4 534		
		$TC = F + VQ_2$	万元	4 582	4 491	4 582
		$R = TR - TC$	万元	−48	43	−48
	$Q_3 = 22\,000$（件）	$TR = P(1-T)Q_3$	万元	6 270		
		$TC = F + VQ_3$	万元	5 770	5 770	6 038
		$R = TR - TC$	万元	500	500	232

由表 2-1 和图 2-6 可知：由于公共产品报警器的各条生产线的生产能力是相

同的，因此确定各方案适用的生产规模也就是比较在各种生产规模下各个方案的成本（政府绩效）高低情况。

因此，当产量水平 Q 等于 12 759 件时，由于未能达到三个方案的盈亏平衡产量，所以，三个方案均出现亏损，其中 A 方案亏损 332 万元。B、C 两个方案各亏损 193 万元，而产量水平若低于 12 759 件时，三个方案的亏损情况依次是：A 方案亏损最大，B 方案亏损次之，C 方案亏损最小，所以 C 方案是最有政府绩效的。

当产量水平 Q 大于 12 759 件、小于 22 000 件时，三个方案将随产量水平的扩大而相继从缺乏政府绩效逐步过渡到有政府绩效，其中 B 方案将率先扭亏增盈产生政府绩效，紧接着 A 方案进入盈利区有了政府绩效，最后 C 方案也摘掉了亏损的帽子，有了政府绩效。但是，必须指出的是：无论从缺乏政府绩效还是有政府绩效来看，B 方案始终是首选方案，因为 TC_B 一直在 TC_A 和 TC_C 线的下方，也就是说这个方案在缺乏政府绩效的情况下所体现的亏损是最小的，在有了盈利时所体现出的政府绩效却是最大的。

当产量水平 Q 等于 22 000 件时，由于远远超过三个方案的盈亏平衡产量，所以，三个方案均出现盈利或有政府绩效，其中：A、B 两个方案均盈利 500 万元，C 方案盈利 232 万元，而产量水平突破 22 000 件时，每个方案虽然都盈利，但唯独 A 方案盈利最大，即政府绩效最好，是最合理的方案。

2. 决策树法

应用决策树方法分析预测公共产品成本，其针对指标主要是机会成本与风险成本。决策树法在公共产品成本决策中有着广泛的应用价值。下面举一实例说明其应用。某政府在下年度有甲、乙两种公共产品方案可供选择。每种方案都面临滞销、一般和畅销三种市场状态。各状态的概率和损益值如表 2-2 所示。

表 2-2 某政府公共产品可供选择的方案情况

市场状态 损益值方案	滞销	一般	畅销
	0.2	0.3	0.5
甲方案	20	70	100
乙方案	10	50	160

这里根据给出的条件运用决策树法选择一个最佳决策方案，如图 2-7 所示。

决策树法测评公共产品成本具有许多优点：条理清晰，程序严谨，定量、定性分析相结合，方法简单，易于掌握，应用性强，适用范围广等。人们逐渐认识到，在投资方案比较选择时考虑时间因素，建立时间可比原则和条件的重要性。当今的社会经济活动中，竞争日趋激烈，公共产品的经营方向面临着许多可供选择的方案，如何用最少的资源，赢得最大的社会福祉以及最大限度地降低公共产品的经营成本，是决策者经常面对的决策问题，决策树法能简单明了地帮助各级政府决策层分析经营风险和经营方向。随着社会经济的不断发展，人们需要作出公共产品决策的数量会不断地增加，而公共产品决策成本取决于决策质量，决策质量的提高取决于决策方法的科学化。决策水平提高了，公共产品的管理水平就一定会提高，从而成本就会降低。

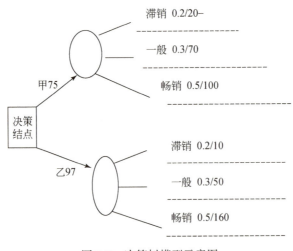

图 2-7　决策树模型示意图

由图 2-7 可以看出，人们最终选择乙方案是科学的。决策树法的决策过程就是利用了概率论的原理，并且利用一种树形图作为分析工具。其基本原理是用决策点代表决策问题，用方案分枝代表可供选择的方案，用概率分枝代表方案可能出现的各种结果，经过对各种方案在各种结果条件下损益值的计算比较，为决策者提供决策依据。

3. 多变量预警法

多变量预警方法通过多个变量的组合来综合确定公共事物发生财务风险的可能性，其从全国的宏观角度出发运用多个财务指标衡量公共事物风险，为管理决策提供帮助，进而规避风险或延缓危机的发生。相对于单变量模型而言，多变量模型预警财务指标能多方位反映组织经营状态，揭示产、供、销各环节可能存在的风险，适合政府垄断事业的财务预警系统的要求。多变量模型又可以分为静态统计模型和动态非统计模型。这里主要选择静态状况下的多变量模型。

（1）线性判别模型。多元线性判别模型是运用多元统计分析方法中的判别分析建立起来的，它是根据一定的样本资料，建立判别函数、确定判定区域，以对组织财务状况进行预测。这种模型以美国 Atlman 教授的 Z 模型最具代表性。

（2）主成分预测模型。该模型也形成一个线性判定函数式，其形式类似判别分析模型。不过该模型是运用多元统计分析中的主成分分析方法，通过提炼综合因子形成主成分，并利用主成分建立起来的。我国学者张爱民、杨淑娥等曾运用主成分分析方法对我国上市公司的财务预警模型进行研究。

（3）简单线性概率模型。该模型是利用多元线性回归方法建立起来的，其形式是：$y = c + \beta_1 x_1 + \beta_2 x_2 + \cdots + \beta_k x_k$。其中 c、β_1、β_2、$\cdots$、β_k 为系数；x_1、x_2、$\cdots$、x_k 为 k 个预测变量，即财务指标；y 为组织财务失败的概率。该模型以 0.5 为危机分界点，y 值越大，组织发生财务失败的可能性越大，y 值越接近于 0，说明组织财务越安全。

（4）logit 模型和 probit 模型。它们也分别称为对数比例模型和概率单位模型，都属于概率模型，是在克服简单的线性概率模型的基础上并分别用 logit 和 probit 概率函数建立起来的。logit 模型的形式为：

$$\ln\left[p \div (1-p)\right] = \alpha_0 + \beta_1 x_1 + \beta_2 x_2 + \cdots + \beta_k x_k$$

其中，p 取值为 0、1；p 为概率；x_1、x_2、$\cdots$、x_k 为 k 个预测变量，即财务指标；α_0、β_1、β_2、$\cdots$、β_k 为系数。probit 概率模型的预测效果一般与 logit 模型预测的效果相差不大，在此不多加介绍。

4. 单变量分析法

单变量预测模型，是通过单个财务比例指标的走势变化来预测组织财务危机。单变量预测模型最早是由威廉·比弗（William Beaver）提出的，后来经过众多学者、实务专家的研究，认为资金安全率也是一个非常实用的单变量指标。比弗认为债务保障率能够最好地判定组织的财务状况（误判率最低）；其次是资产负债率，并且离失败日越近，误判率越低。结合某自来水公司相关资料，有关比例如表2-3所示。

表 2-3　自来水公司相关年度有关比例　　　　　　（单位:%）

财务指标	1998 年年末	2002 年年末	2006 年年末	2010 年年末	2013 年年末
债务保障率	24.18	-38.94	-12.47	7.53	-28.42
资产收益率	5.31	15.21	7	21.90	21.24
资产负债率	30.47	33.18	27.30	25.16	26.60
应收账款/总资产	0.99	0.30	0.46	0.53	2.27

注：应研究对象的要求，对该单位本表资料以外的其他一切资料保密

（1）由于资产市场价值无法得以客观评价，所以考虑取得成本，分析中略去资产安全率指标。而应收账款作为流动资产的重要内容，对决定短期偿债能力至关重要，因此，增加应收账款/总资产指标。

（2）鉴于表2-3中所需的现金流量数据，自2013年年末才可获取，故均计算1998年年末~2013年年中共5个时点的指标。

（3）表2-3中指标计算所需资料来源于该公司内部资料。

通过分析可知：2002年年末、2006年年末、2013年年末，现金净流量为负值，导致债务保障率为负数，现金流量不足应引起足够重视，而各年资产收益率大体呈下降趋势，组织由于盈利和现金流量的不足，为维持生产经营的继续进行，通常会大量负债，从而使偿债能力降低而偿债压力加大。2002年年中报告中，其短期借款已达近290万元，可以说明这一点。在同行业对比中，其短期偿债能力也最低，该公司应收账款规模过低，应收账款比例已远远低于同行业水平。

单变量预测模型虽然比较简便，但其缺点在于一个组织的财务状况是用多方面的财务指标来反映的，没有哪一个比例能概括组织的全貌。因此，这种方法经常会出现对于同一个公司，使用不同的预测指标得出不同结论的现象，招致许多批评，而逐渐被多变量方法所替代。

第三章 不同体制下公共产品经营理念论争

之所以把公共产品分解为有形与无形两大类，就是为便于研究并解决体制与机制建设方面的问题。传统的公共产品经营管理理念，主要是缺乏制度规则，容易出现高成本。

第一节 传统体制下公共产品成本的认识问题

在许多经典性文献中，人们重点关注的是公共预算或者公共财政，却很少有人研究公共产品成本，这其实对深入研究公共财政或预算增加了难度。政府支出作为公共预算支出最为重要的方面，其成本在很大程度上左右着公共预算的走势。在中国，中央集权的基本政治体制，决定着行政支出，公共产品成本的大小或者科学与否，决定着财政决策或公共预算的科学性。因此，公共产品成本问题在研究公共预算中起着基础性作用，而公共预算或财政决策从总体上控制着公共产品成本。随着现代社会的发展，公共产品成本已经成了不能回避的重大社会问题。近年来，人们都把关注民生、公众福祉看成是研究公共管理的最重要内容，如果仔细分析，其实民生、公众福祉建设与公共产品成本之间存在着非常密切的关系，民生、公众福祉的建设需要一个低成本的政府，同时，低成本运转的政府是实现民生、公众福祉的前提。

一、关于公共产品成本

如何理解公共产品成本与民生、公众福祉的关系，是理论研究与实践上必须澄清的问题。因为，在认识方面的偏颇，很大程度上影响公共管理与决策，给公众造成无形的损失。也由于公共产品成本对社会的影响程度越来越大，所以人们对公共产品成本的重视程度也越来越高，近年在研究公共产品成本方面也出现了不少成果。现在的问题是，如何界定公共产品成本，还很不明确。随着现代政府管理与执政绩效观念的改变，如果不从根本上研究解决公共产品成本问题，必然影响到政府的执政能力、民生、公众福祉的构建以及重塑公共管理的基本职能等事关战略全局的问题。

毛泽东在《矛盾论》中指出，生产力、实践、经济基础，一般表现为主要的决定的作用……然而，生产关系、理论、上层建筑这些方面，在一定条件之下，又转过来表现其为主要的作用，这也是必须承认的。公共产品成本作为上层建筑领域的问题，虽然对社会造成了普遍意义上的危害，由于它具有非常强的公共性特征，公众普遍存在"搭便车"的思想，同时，由于政府管理的特殊性，公共产品成本大都是转嫁给公众或后继政府承担，因此，人们对于公共产品成本的研究与治理欲望大大降低了。但是，到了现代公共管理时代，这一课题已经是无法回避的问题。

20世纪40～70年代，公共选择理论（public choice）学派诞生并获得发展英国北威尔士大学的邓肯·布莱克、詹姆斯·布坎南和戈登·塔洛克等针对"政府过于庞大，效率低下"现象，创造了公共选择理论，从官僚体制上解释了公共产品成本居高不下的主要原因。新制度经济学理论（the new institutional economics）的代表科斯、阿尔钦、登姆塞茨、张五常、菲吕博滕等，从委托代理理论（产权理论）和交易成本理论涉足公共产品成本，试图从制度的角度论述公共产品成本问题。20世纪70年代以来，为摆脱传统福利国家的困境，西方发达资本主义国家普遍兴起了一场轰轰烈烈的新公共管理运动，形成了新公共管理理论（the new public management）。这一理论的实质与核心是在公共部门领域内引入私营部门的管理方法和管理技术，创建一个企业化的政府，以改善公共部门的管理绩效，这为公共产品成本概念的提出并深入研究提供了理论基础。

20世纪90年代到21世纪初，公共产品成本问题受到关注。美国人保罗·纳特出版了《决策之难——15个包括政府重大决策失误案例分析》，从真正意义上开了研究公共产品成本问题的先河。该研究对政府在公共产品决策的成本问题进行了深入讨论，但是就公共产品成本问题存在的原因没有深入讨论。总的来看，国际上也有许多从外围研究公共产品成本的理论成果，也解决了许多实践中的问题。但是还没有把公共产品成本问题不断膨胀的原因直接提出来进行深入解剖，公共产品成本膨胀的趋势远没有遏制。其根本原因是，一方面既往的研究虽然也在一定范围涉及与公共产品成本相关的问题，但研究的切入点就公共产品成本并不明确；另一方面，在公共产品成本理念的界定上还存在一定的偏颇①。

---

① 有的研究并没有明确提出公共产品成本理念，而有的研究把公共产品成本仅仅局限于公共财政领域。这样，许多政府在重大战略决策以及社会经济发展方面的综合问题都被掩盖了。

　　在传统的政府管理思维中，公共产品成本指的是政府最终消费支出，其实，公共产品成本与政府最终消费支出这两者并不等同。政府最终消费支出是指各级政府一年内购买、使用、消费的全部产品和服务的价值。尽管各国列入政府最终消费支出的内容不完全相同，但其主要内容一般包括政府雇员的报酬、公路、桥梁、医院、学校等的建筑费用，购买军用物资、进行科学技术研究等开支，以及一些专项拨款，如教育补助拨款等。有的国家（如美国）还把各级政府对企业的投资也包括在政府最终消费支出中。这样，无论政府最终消费支出包括的项目多少，它都只是公共产品成本中的一部分，而不等同于公共产品成本。公共产品成本不仅应当包括政府最终消费支出，更主要的应包括政府决策和政府行为引起的政治文化、社会经济发展和生态环境等方面的成本。分析这部分成本比分析政府最终消费支出更为重要。不规范的决策和行为在各级政府中大量存在，不仅造成直接资源的大量浪费，而且破坏长远的社会经济、生态平衡，其成本代价十分巨大，也在一定意义上遏制了政治文明的发展。这种成本代价是传统的政府最终消费支出理念所不能界定和涵盖的，表面上是社会问题，而实质上体现的是政府执政能力问题。

　　在我国，由于政府决策和政府行为的失误曾经使我们支付了昂贵的"学费"，既损害了人民群众当期的生活福利，又大大影响了后来的社会生活效应。如"大跃进""文化大革命"之类的重大失误性决策所造成的直接和间接的经济损失及资源浪费，不可能直接反映在政府最终消费支出的会计账务上，但可作为政府管理决策活动中的机会成本或风险成本来考察，由于政府管理决策的一般都是影响社会的重大问题，因此，公共产品成本在这一领域所表现出的问题也更加重要。过去人们大都看到并在乎的问题是有形产品或者政府的直接消费支出，而不大关注无形的公共产品成本问题。这是因为，政府的直接消费支出是公众的直接负担，政府决策所造成的各类无形成本或无形损失，并没有直接兑现在公众个人支出中。但是，随着现代社会的进步，这一问题日益凸现出来。这样，公共产品成本理论的提出与深入研究也成了社会重大课题。所以公共产品成本提出的一个假设是，在政府决策和政府行为活动中，除了政府最终消费支出外，肯定还存在给社会和公众带来的负担或成本。对于这种因政府决策和政府行为引起的社会负担和社会成本问题，当今的一些理论将其归属于可持续发展问题，我们认为这种归属缺乏相应的理论针对性。当量化的分析无从着手时，定性的一般理性分析在解决具体问题时必定遗漏许多重要的分析依据。公共产品成本范围的界定不仅利于社会公众监督政府，而且利于政府自身控制不规范行为。只有从理论上确立公共产品成本概念，才能就政府决策和政府行为对社会、经济、生态等方面的发展所带来的效应作出正确评估。

由此，对公共产品成本作出如下定义：公共产品成本是政府及其行政过程中所发生的各种直接费用和开支，以及其所引发的现今和未来一段时期内社会的间接性负担，这些直接的或间接的费用开支和负担是可以通过优化决策和优化行政行为加以适当控制的。公共产品成本概念，使人们对于约束政府行为，规范公共管理以及提高政府公共服务能力等，有了可供操作的判断依据或标准。

二、公共产品成本与民生、公众福祉

民生、公众福祉的内涵是什么，其与公共产品成本之间究竟是一种什么关系。我们认为，和谐就其本质讲是阴阳结构对称，是阴阳流行运作，是转化革新。这就是说，所谓的民生、公众福祉，必须体现在社会政治、经济和文化结构的对称性和开放性的构建上，同时，这些对称和开放的社会运作体系的动力源不是来自于官方的主观意志，而是来自于公众社会主体、人类与自然之间的和平发展，社会应该不断革新那些不符合以人与自然和谐生存、人类内在和谐生存为中心的社会结构。帕森斯认为，政治、经济、社会、文化四个子系统，共处于一个大系统之中，功能互补，良性互动，那不就是"民生、公众福祉"吗？现在提民生、公众福祉是有针对性的，是针对现阶段频发的各种不和谐现象、各种社会失衡甚至社会冲突来谈的，因此其内涵，应特别强调两个层面：一是经济和社会的关系，这两者要找到一个均衡点；二是社会内部的各种群体之间的关系，也就是如何达成使不同的利益群体能够和谐共处，使他们之间能够达成权利的均衡而非失衡。

无论是就人与自然的和谐，还是人类社会内在的和谐，公共产品成本的影响是不能忽略的。首先，从人与自然和谐分析，各级政府的政策选择，一定程度上决定着诸如循环经济问题、可持续发展问题等。例如，我国20世纪80年代以来在某些领域的盲目开发，造成了社会资源的大量浪费，破坏了自然生态的平衡，这不能不说是政府在决策方面没有机会成本或风险成本问题。这种公共产品成本，人们一旦忽略，就会对社会造成不可估量的危害，我国近年来的 GDP 增长率基本为8%～9%，而由于循环经济问题所造成的成本损失也在这个范围，还没有考虑由于循环经济问题所影响的未来社会经济发展方面的问题。其次，就人类内在和谐分析，由于公共产品成本（或公共产品生产活动中的成本、无形公共产品生产活动中的公共产品成本[①]），直接造成社会、政治、经济、文化等方面

---

① 本书把政府在基本建设项目方面的产品称为有形的公共产品，把政府在管理活动中包括决策产生的政策、工作过程中处理的问题等，称为无形的公共产品。

发展的不和谐。例如，城市与农村的差别、不同集团之间的利益差别、行业之间的差别，以及公众当前与未来时期的基本福利预期的减少等。一般地讲，公共产品成本在人与自然和谐以及人类内在之间的和谐是不能分割的。这样，人们可以从中找到公共产品成本与建立民生、公众福祉的关系，就这一角度认识公共产品成本问题，其所应有的意义非常深远。如果把公共产品成本与建立民生、公众福祉割裂开来，就会掩盖公共产品成本对社会的危害性，也会在民生、公众福祉制度建立方面出现"播龙种、产跳蚤"的状况。因此，必须认识到公共产品成本与民生、公众福祉建立之间是一种制约互动的关系，才能从根本上控制公共产品成本的膨胀。

三、公共产品成本中最主要的问题

在公共产品成本问题的研究方面，存在许多问题，诸如研究方法问题，研究范围问题，研究思路与研究程序等方面的问题。但是，从目前看，许多学者及从事政府管理工作的人，把公共产品成本的概念仅仅局限于政府最终消费支出或者财政支出问题上，是有失偏颇的。我们不能说政府的最终消费支出不是公共产品成本，但它是公共产品成本的一部分而不是公共产品成本的全部，进一步地，也仅仅是公共产品成本的小部分而不是公共产品成本的大部分。当然它是从一个方面统计公共产品成本的，可以概述为政府的消费成本或者是体现在政府管理活动中的直接成本。但是这种界定公共产品成本最大的缺陷是掩盖了更大意义上的公共产品成本。

我们不妨把政府作为一个组织来考虑，由于这个组织的庞大规模是其他任何社会组织无法比拟的，并且组织在活动过程中都会产生成本或效应。在一个组织的活动中，既有具体的活动工作，也有决策及其因决策所产生的在未来执行期间并更长时期的工作，而政府是以决策为主要职能的组织，所以政府工作最主要的成本应该是决策活动给社会带来的成本，而不仅仅是最终消费支出所造成的成本。无论是菲尔麦皇权神授式的政府，还是封建世袭式的政府，以及现代合法型政府，其最为主要的职能是决策其管辖区域的包括社会发展、政治文明、文化发展等方面的大事。例如，在上古时代人们评价的是大禹治水这种决策大事；在我国封建时代所器重的是都江堰、大运河的决策以及制度变迁等影响社会经济发展的重大举措；现代人最为关注的是改革开放、社会经济发展、民生、公众福祉建立等。如果研究公共产品成本的立足点不能从战略规划与决策方面来考虑，就会导致人们在观念与实践中的研究抓芝麻丢西瓜，真正意义上的公共产品成本不能得到理论与实践的重视，政府的绩效问题是难以科学评价的。事实已经雄辩地告诉我们，政府在重大决策中由于缺乏科学性所造成的成本是政府最终消费支出这种成本无法比拟的。现代循环经济问题、人与自然的和谐等成本对社会、对公众的影响是非常大的。"大跃进""文化大革命"影响中国的成本是社会经济发展倒退几十年，循环经济问题、人与自然的和谐问题已经属于全球性问题，其成本是不可估量的。一项好的战略决策可以把一个国家或地区引导到崭新的境界，同样，一个违背科学规律的政府战略可以把一个国家或地区推向深渊。因此，研究公共产品成本的核心是要抓住政府的基本职能，根据政府在社会中的角色定位来研究，通过主观概率方法、趋势外推方法以及公共管理理论与逻辑推理方法进行深层次分析，才能彻底透析公共产品成本的内涵，在公共产品成本的重大问题上取得突破。

四、现代管理活动中公共产品成本的影响范围

政府是现代公共管理的主体，是社会委托的管理者，政府既然管理社会，理所当然地要产生成本，无论是合理的成本，还是不合理的成本，都客观存在。研究控制公共产品成本，必须首先弄清公共产品成本的影响范围，从现代政府管理的职能与角色出发，公共产品成本的影响范围可大体归纳如下。

一是影响社会发展的公共产品成本。从目前国际范围的情况看，影响社会发展的公共产品成本主要是民生、公众福祉问题，特别是人与自然的和谐相处问题。过去，人们对于此类问题大为忽略，即使在人们重视循环经济、可持续发展以及科学技术的当今，似乎对于这些问题的解决还没有真正找到合理的方式，大家都认为这些问题给社会带来了不可估量的成本，但并没有找到对应的责任者。试想，政府是理所当然的社会管理者，对于社会发展中所造成的成本就应当责无旁贷地控制。一个有远见的政府组织，就不容易作出影响社会发展问题的决策，影响社会发展的公共产品成本应当是人们研究公共产品成本最关键的环节。

二是影响政治文明方面的公共产品成本。现代政治文明，是国际社会越来越重视的重大问题，一个腐败的政府必将给政治文明建设摸上污点，而缺乏政治文明的社会必将为社会经济发展付出昂贵的代价。政府在影响政治文明方面的成本是一种母性成本，具有滋生公共产品成本的功能。

三是影响经济建设的公共产品成本。经济建设永远是国家或地区的主旋律，政府的重大战略决策不仅反映眼前的社会经济发展问题，而且往往要渗透到未来一个发展周期，包括经济结构、产业结构、国际收支、物价指数、就业机会、财

政收支等一系列与社会经济发展密切相关的问题。我国学者樊刚也支出，公共产品成本影响区域竞争力。随着现代市场经济的发展，人们对影响经济建设的公共产品成本的认识不仅不断明确，而且制度考核体系也日益健全。

四是影响公共福利方面的公共产品成本。公共福利是现代社会制度下政府调节社会收入的重要手段，现代发达国家特别是北欧国家的公共福利发展迅速，在很大程度上起到了调节社会财富分配不公平现象的作用，政府可以通过公共经济或国民经济再分配手段消除过于悬殊的收入差距。如果一个国家或地区的收入差距悬殊，财富集中在个别人手中，可以说政府管理的成本就高。当前我国一些暴富者将中国的社会财富以移民的手段转移到美国等发达国家，不仅在公共福利方面造成公共产品成本，而且也增加了政治文明方面的成本。

五是影响纳税人负担的公共产品成本。政府的最终消费支出是政府活动中的显性的、直接性支出成本，由于政府没有能力直接创造社会财富，所以，这部分成本同样转嫁为纳税人的直接或者间接支出，从而增加纳税人的经济负担。当政府支出不断膨胀时，如果不增加现行的税率，政府会出现财政赤字，而税率的提高必然地增加纳税人的负担，同时，当纳税人的负担过大时，根据拉弗曲线理论，直接影响到国家或地区的社会经济发展，所以，政府消费成本也是非控制不可的。

五、公共产品成本与公共管理之间的关系

所谓公共产品成本与公共管理之间的关系，实际上就是要明确公共产品成本的重要性。概括地讲，公共产品成本是制约公共管理制度确立的障碍，而现代公共管理理念的确立能够从制度上控制公共产品成本的膨胀或者一定程度上抵消公共产品成本。

现代公共管理，是政府改革的必由之路，是国际政府管理发展的潮流。现代公共管理最流行、最基本的模式是推行并建立企业家政府，按照企业家政府模式，运用企业管理的技术、方法、制度来硬性约束公共产品成本。同时，政府行为市场化也是现代公共管理的基本特征，把政府决策、管理的正确与否放到市场上让公众检验，能够从制度上建立公共产品由传统的政府垄断经营转化为不同主体之间在市场上的竞争经营，竞争的结果必然是公共产品成本或价格的低廉化，这种机制的建立，会使政府产生一定程度的危机感、责任感，高价政府不仅受到公众的质疑，而且还会引起公众对政府的重新选择，控制公共产品成本理所当然地成了政府考虑的重要问题。实际上，公共管理在各国的实践，在很广阔的领域

控制或降低了公共产品成本。例如，在现代公共管理理念下，政府决策由一心关注 GDP 增长转向绿色 GDP 增长，社会治理的意识深入人心，人们特别关注循环经济问题、可持续发展问题、人与自然的和谐问题等，这种观念的转变实际上充分体现了对公共产品成本的控制。

当然，现代公共管理也渗透了民主管理意识，在一个充分体现民主管理的国家或地区，必然地约束公共产品成本的膨胀。例如，许多地区的政府重要决策采取听证会制度，让公众理解并分析判断政府的所作所为是否对社会、对公众有利。这种政府管理在性质上的变化，必然地带来了对社会资源的优化配置并增加公共福利。管理体制、管理制度本身是有其生命周期的，传统的行政管理为维护官僚体制的生存与发展起到了很好的作用，但是随着市场经济体制的建立与发展，它又日益体现出无法回避的劣根性，无法控制私人领域在争夺经济利润活动中产生的社会资源枯竭、环境污染、政治生活腐败等，这些弊端最终都是公共产品成本膨胀的基本要素。至此，我们称传统的政府管理制度、管理体制的生命周期逐渐衰退或趋于结束。要控制或消除因传统体制所造成的公共产品成本问题，必须首先建立符合现代市场经济体制的充满生机与活力的政府管理新体制、新制度，现代公共管理成了国际社会公认的理性选择。

六、对政府绩效评估机构的看法

政府绩效与公共产品成本之间是风雨同舟的关系，可以说控制了公共产品成本，就会提高政府绩效；反之，公共产品成本膨胀了，政府绩效就会降低。时下，一些科研院所成立了政府绩效评估机构，其目的是为了对地方各级政府在某一特定时期内的工作政绩进行科学估计，以便客观、准确、合理、科学地反映其管理社会的能力与对社会的贡献。这种机构的出现，从机制上理顺了评价政府的渠道，把政府管理社会的实绩由既往的上级政府评价变为社会中介组织评价，充分体现在体制上评价政府绩效的科学性与公正性。现在的问题是，政府绩效评估机构从哪些方面评价政府的绩效，运用什么工具、采用哪些指标来评价，即如何评价政府绩效的问题。

如果不确立公共产品成本理念，政府绩效很难客观地反映出来。只有当科学合理地分析判断公共产品成本时，才能在此基础上评估政府管理社会的绩效。假定没有公共产品成本理念或者忽略公共产品成本，人们往往会被一些表面现象或者虚假繁荣掩盖政府管理中的另一面，把一些没有政绩或者绩效较差的政府评估为绩效突出的政府。例如，在不考虑公共产品成本的情况下，对于政府在重大决策方面的失误无法纳入评估政府绩效的内容，如"大跃进""文化大革命"，以及一些地方政府在经济建设中大量出现的违背科学规律的决策等影响社会的重大问题就会被虚假现象所掩盖。因此，正确判断政府绩效，必须首先考虑并深入解剖公共产品成本，把绩效评估建立在分析公共产品成本的基础上。

有的政府绩效评估机构，把传统的考核指标仍然当成政府绩效的主要标杆，这是政府绩效评估失去科学性的重要原因。社会经济的发展是一个永远不间断的历史车轮，它要求政府管理社会以及对管理社会绩效的尺度不失时机地作出相应的调整才能体现政府绩效的科学性。回顾人类社会不同的社会经济发展阶段，人们可以从中找到各个历史时期对循环经济、环境污染、生态平衡、民生、公众福祉、可持续发展政绩的考核结果。现代社会已经进入后工业时代或知识经济时代，评估政府绩效必须以后工业时代或知识经济时代的基本内涵确立考核政府绩效的基本标杆，一方面必须考虑政府在任期间对社会经济发展贡献大小，另一方面还必须考虑政府在循环经济、环境污染、生态平衡、民生、公众福祉、可持续发展等方面的贡献大小，这两个方面应该是相辅相成、辩证统一的关系。在现代公共管理体制下，政府职能从过去的分配为主变为以社会治理为主，关键看社会经济发展程度以及管理机制如何。传统的政府绩效考核标杆仅仅考虑了经济增长等方面的指标，忽略了循环经济、环境污染、生态平衡、民生、公众福祉、可持续发展等方面的考核。这是一些政府绩效评估机构缺乏公共产品成本观念所造成的偏颇，应当进一步完善。

七、公共产品决策中的机会成本问题

公共产品成本在现实生活中表现是多维的，但是，公共产品成本影响社会、公众最为严重的是政府决策的机会成本。所谓政府决策的机会成本，就是政府在一些重大问题决策中所选择方案而产生的成本。例如，某政府要确定今后十年的社会经济发展战略，备选的方案有两个。其一是以发展现代农业为主的方案，我们称为X；其二是以发展现代工业为主的方案，称为Y。在这两个备选方案中，当人们选择了X，就不能选择Y，反之，当选择了Y，就不能选择X。我们假定选择X，而没有选择Y所失去的效应就是选择X的机会成本。由于政府管理一般为公共产品性质，从机会成本的角度研究公众的反映不怎么强烈，但是政府决策的机会成本是影响国家或地区社会经济最重要的成本，我国历史上的"大跃进""文化大革命"决策都可以归结为机会成本。

研究政府决策的机会成本问题，对于社会、公众是非常重要的，研究政府决策中的机会成本问题不仅相关的学者、专家责无旁贷，而且各级政府应当大力支持。任何组织的决策都应当有专家学者的预测分析。政府决策的机会成本问题是当今社会发展中最为重要的问题之一。例如，我国 20 世纪 80 年代选择改革开放的战略决策的机会成本是非常小的，由于其机会成本小，所以对社会的影响非常大。如果进一步分析，就可以发现，无论是民生、公众福祉问题，还是循环经济问题，以及自然生态与可持续发展等重大问题，都离不开政府在各个时期的决策，这些由于历史上不同的政府决策管理造成的问题逐渐地演变为社会、公众当前或未来要承担的成本。

必须正视的问题是，循环经济问题、民生、公众福祉问题、生态平衡问题、环境污染问题等由于政府决策中产生的机会成本，是一个公共性质特别强的问题，虽然现代文明的发展使几乎所有的人都认识到了它的严重程度，但是又由于其缺乏私人性质而往往使许多人视而不见。所以，社会各界必须本着从长远战略着想的观念认真研究，使之能够随着社会经济的发展产生应有的意义。

八、公共产品成本的控制问题

公共产品成本的控制是研究公共产品成本的根本目的，由于政府是公共产品成本的制造者，也是公共产品成本的治理者，这种集矛盾的两个方面为一体的问题是最难解决的，从本质上就存在医不自治的缺憾。那么，公共产品成本问题也不能因为其难以治理而放任自流，现代公共管理为控制公共产品成本创造了体制保障。

从现代公共管理的基本特征看，无论是有形的公共产品，还是无形的公共产品，都必须强调对社会的贡献大小或者由此而消耗的社会资源，这样检验社会、公众的利弊得失的结果是，把公共产品生产经营由传统的政府组织垄断转入市场竞争。就一些重大的战略决策而言，也不仅仅是政府的专利，还必须有社会各界的直接或者间接参与。例如，人民群众的参政议政能力越来越强，各级政府都不同程度地引入了民主管理与民主决策制度。而企业家政府作为现代公共管理重要管理与决策理念，把政府行为以及由此而产生的公共产品成本从传统的软约束管理转向硬约束管理，人们可以用企业管理的技术、方法、机制来控制公共产品成本。因此，现代公共管理为公共产品成本的控制提供了操作支点与平台。

从现代公共管理建立的框架分析，它可以为控制公共产品成本提供体制上的方便，具体体现是，既有社会公众的监督，又有市场竞争的压力，也有政府绩效的动力，更有舆论监督与政府自身的监督。如果能够充分发挥上述监督渠道的作用，公共产品成本的控制就会有一个崭新的局面。由于人们对公共管理理念的内涵并不十分熟悉，还没有彻底摆脱传统管理的禁锢，似乎对于控制公共产品成本的方法与能力还显得不足，这并非公共产品成本本身的问题，而是人们缺乏对现代公共管理内涵深入理解的问题。只有当人们的理念彻底转变，才能充分利用管理体制的特征控制公共产品成本，当然，理论研究应当充分显示它应有的价值，必须走在实践的前面，在引导人们正确认识公共产品成本重要性的基础上，指出如何控制公共产品成本的渠道与方法。当然，作为公共管理主体的政府，必须首先建立政府的生命周期概念，对社会贡献大、绩效好的政府生命周期长，反之，公共产品成本高、绩效差的政府生命周期短。作为政府自身来讲，控制公共产品成本就是延长政府的生命周期，这就是政府应当重视公共产品成本的根本原因。发达国家为控制公共产品成本，普遍地建立了企业家政府，通过改变既往的单纯依靠定性考核政府为定性、定量有机结合的考核，在客观上建立价值取向与结果评价来硬性约束政府行为，也是控制公共产品成本具有积极意义的探索。

第二节　传统体制下公共产品的决策之难

公共产品的决策之难是一个国际普遍存在的问题，之所以"决策之难"，是由公共产品的管理特征与体制特征所决定的。一方面，公共产品大都是各级政府之所为，其产权没有像私人产品那样到位，缺乏精打细算的直接责任者；另一方面，公共产品的公共特征分散了对决策失败风险的职责，人们对于决策的责任压力相应地分散了。

一、公共产品决策思维剖析

剖析公共产品决策的思维，必须从公共产品基本属性出发，根据公共产品属性与决策现实，可以将当前公共产品决策思维剖析如下。

通过若干案例的观察发现，公共产品与私人产品在决策活动中最大的区别是私人产品的决策非常谨慎而细致，在经过严格的市场分析、技术分析、资金市场分析、生产经营环境等，还要选择不同的方案进行预测分析，最后经过反复论证、判断后作出决策，决策者本人要亲自参与各项重要的调查研究活动[①]。表3-1是6个

[①] 笔者曾经选择了6个私人产品决策的典型案例，8个公共产品决策的案例，对其决策过程进行了仔细分析、对比。私人产品的决策活动要比公共产品的决策活动严谨、认真。像山西忻州大型设备经营公司的决策，每个环节都是董事长亲自参与完成的。

私人产品决策活动的基本情况。相对于私人产品的慎重、仔细、严格、规范决策，公共产品的决策显得十分宽泛。我们选择了8个典型案例进行分析，基本情况见表3-2。

表3-1　6个私人产品的决策情况①

序号	国内外市场调研与分析	生产经营技术状况分析	资金状况分析	原材料市场调研与分析	人员素质情况分析	生产经营环境状况分析	备选方案数
A	决策者亲自参与	委托专家	委托专家	决策者亲自参与	委托专家	决策者亲自参与	3
B	决策者亲自参与	委托专家	决策者亲自参与	决策者亲自参与	委托专家	决策者亲自参与	2
C	决策者亲自参与	决策者亲自参与	决策者亲自参与	决策者亲自参与	决策者亲自参与	决策者亲自参与	4
D	决策者亲自参与	委托专家	决策者亲自参与	决策者亲自参与	委托专家	决策者亲自参与	3
E	决策者亲自参与	委托专家	决策者亲自参与	决策者亲自参与	决策者亲自参与	决策者亲自参与	3
F	决策者亲自参与	委托专家	委托专家	决策者亲自参与	委托专家	决策者亲自参与	3

注：6个企业规模为1000万~12 000万元。其中1个光伏产品、3个化妆品、1个宾馆服务、1个重型设备

表3-2　8个公共产品的决策情况②

序号	国内外市场调研与分析	生产经营技术状况分析	资金状况分析	原材料市场调研与分析	人员素质情况分析	生产经营环境状况分析	备选方案数
A₁	人大议案	委托专家	财政部门	委托专家	决策者亲自参与		1
B₁		委托专家	财政部门	教育局	决策者亲自参与		1
C₁	群众建议	委托专家	财政部门	委托专家	决策者亲自参与		1

① 应6个私人组织中5个组织的要求，这里不能将其真实名称反映出来，只能以代号称呼。
② 被调研单位不愿意公开其真实名称与身份，只能以代号称呼。

续表

序号	国内外市场调研与分析	生产经营技术状况分析	资金状况分析	原材料市场调研与分析	人员素质情况分析	生产经营环境状况分析	备选方案数
D_1		委托专家	财政部门	宣传部	决策者亲自参与		1
E_1		委托专家	财政部门		决策者亲自参与		1
F_1		委托专家	财政部门		决策者亲自参与	委托专家	1
G_1		委托专家	财政部门	委托专家	决策者亲自参与		1
H_1		委托专家	财政部门	委托专家	决策者亲自参与		1

注：8 个公共产品规模为 1.8 亿～2.3 亿元。其中 2 个体育馆、2 所中学、1 个公园、1 个行政超市、2 条地方公路

由表 3-1、表 3-2 可以看出，公共产品与私人产品在决策意识上有很大差距。私人产品的决策，除了生产经营技术环节委托专家分析之外，其他环节决策者本身几乎都亲自参与。例如，在国内外市场调研分析、原材料市场调研分析、生产经营环境状况分析等环节，全部样本企业的决策者百分之百亲自参与。而 8 个公共产品单位的决策，在各环节与私人产品决策差别非常显著。在国内外市场调研分析、原材料市场调研分析、生产经营环境状况分析等环节，决策者几乎都没有亲自参与。但公共产品的决策者对于人员素质非常重视，8 个单位的决策者都亲自参与。对于有私人产品与公共产品在决策中决策者重视程度的截然不同状况，我们通过走访私营企业主以及地方政府公务员、公共产品单位的负责人等，基本上得出以下决策思维。

1. 不怕失败的决策意识

与私人产品的决策者相比较，公共产品的决策者几乎不怕决策的失败。首先是公共产品没有盈利的指标，公共资源的使用绩效难以考核，也几乎没有人去考核。由此，许多地方政府的决策者把面子工程与执政政绩既有地结合起来，似乎决策的公共产品项目越多，政绩越突出。至于项目决策中所体现的公共资源配置效应如何，没有人追究，毕竟是公共产品。这样，决策者一般不大会考虑决策失败以及失败后有什么后果。某市准备建设一个国际机场，在前期的论证时，也有人提出可行性问题，按照城市规模与社会经济发展水平，该机场的建设规模最终

是大马拉小车。然而，决策者还是决策了，结果是建成之日就是倒闭之时。我走访了全国 40 多个中大型城市，几乎每个城市的公务员、事业单位的管理人员，都有公共产品的决策不怕失败的认识。

2. 宽松预算的决策思维

随着地方财政收入的不断增加，无论是靠本级财政的地方政府，还是依赖于转移支付的地方政府，在遇到建设公共产品需要筹集资金问题时，几乎都有足够的预算资金。对比发现，私人企业在扩张规模或者新建经营设施时，一般不会超预算，确实需要追加预算时，经过评审之后才增加投入。地方政府在公共产品方面的预算几乎都是宽松的，经过对 2000 ~ 2013 年建设的 21 个公共产品案例的调查，发现有 18 个资金预算非常宽松，有 1 个处于西部贫困地区的项目预算吃紧，当地农民投入了很多义工才解决了基金问题，有 2 个项目基本上处于科学预算状态。经过有关部门审计，21 个建设项目中，有 26 个或多或少地存在资金使用问题，也没有人专门讨论这些项目的资金使用绩效。

3. 照顾部分人利益的决策目标

公共产品本身体现的是各级政府管理半径范围内全体公众的福祉。有很多人反映，在一些公共产品项目决策中，也存在着照顾部分人利益的嫌疑。首先在选择中标者方面，企业资质好、投标价格低的不一定中标，往往会出现企业资质一般、投标价格相对高的投标者中标的现象。其次，当遇到项目地址选择问题时，往往也会出现与大多数人的选址相悖的现象。例如，公路、铁路在某一区域避近就远，新建的学校也有类似的问题。

4. 个别人借机寻求租金的决策目的

许多公众认为，一些公共产品项目建设中存在着少数人借机寻租现象。有为数不少的人认为，公共产品项目建设就是决策者寻求租金的机会。现在许多高校的领导很愿意搞大型项目建设，却尽可能压缩教学、科研资金投入。当然，如果说所有的决策者决策的目的是为了寻求租金，也不客观，但通过调研发现一些决策者谋求租金的兴趣还是比较浓厚的。个别人借机寻求租金的决策目的，是公共产品决策之难的重要方面。在公共产品领域，如果仔细观察，就不难发现，只要有决策的地方，都可能产生租金或寻租。对此，必须建立完善的公共管理制度，包括从预算源头上不能留有寻租余地，在事前、事中、事后严格地监管，等等。

5. 由谁生产经营的决策定向

公共产品究竟由谁来生产经营，是体制改革的风向标，也是正确决策的基础。决策之难之所以如此广泛而司空见惯，根源在于公共产品的生产经营体制。传统的公共产品几乎都是由政府垄断的，从根本上无法使公共资源的产权到位，财政资金使用的特征是，政府既是决策者又是监管者，普通公众对于一切贪污腐败虽然恨之入骨，但他们没有能力抑制。因此，公共产品最好的生产经营决策应该来自于市场。中共十八届三中全会指出，要把资源配置的决定权交给市场，根据这一思路，完全可以设想将公共产品的生产经营由传统的支付垄断体制转向完全放开的市场竞争体制。如果要彻底消除公共资源的低效率配置问题，让有限的公共资源发挥出无限的社会福祉，就必须与国际公共管理的理论与实践接轨，把公共管理的视角从重结果转向重视前提，即要彻底解决公共服务领域的政府垄断问题。必须建立一个科学的理论模型来引导政府转变公共服务的体制与管理机制。

二、解剖决策制定过程

从管理理论角度而言，科学的决策制定必须遵循其科学规律。一般地讲，科学的决策一般要通过以下几个步骤得到：对问题的精确界定；详细界定此项决策必须满足的要求；找出所有备选方案；分析每种备选方案的风险与后果及其边界条件；作出并执行决策；建立反馈；跟进与后续行动（马利克，2009）。通过调研发现，几乎是所有的公共产品决策都没有完全遵循这一科学原理。为解析公共产品决策制定过程，我们就 8 个公共产品典型案例进行分析，将决策过程详细资料列表 3-3。

表3-3　8 个公共产品的决策制定过程

序号	对所决策问题的精确界定	详细界定此项决策必须满足的要求	找出所有备选方案（方案数）	分析备选方案的风险与后果及边界条件	作出并执行决策	建立反馈机制	跟进后续行动
A_1	界定不够精确	缺乏	1	委托专家	决策者亲自参与	没有	追加投入

续表

序号	对所决策问题的精确界定	详细界定此项决策必须满足的要求	找出所有备选方案（方案数）	分析备选方案的风险与后果及边界条件	作出并执行决策	建立反馈机制	跟进后续行动
B_1		缺乏	1	教育局	决策者亲自参与	没有	没有
C_1	界定不够精确	没有	1	委托专家	决策者亲自参与	没有	追加投入
D_1		委托专家	1	宣传部	决策者亲自参与	没有	
E_1		委托专家	1		决策者亲自参与	没有	
F_1		委托专家	1		决策者亲自参与	有	
G_1		委托专家	1	委托专家	决策者亲自参与	有	追加投入
H_1		委托专家	1	委托专家	决策者亲自参与	没有	追加投入

注：被调研单位不愿意公开其真实名称与身份，只能以代号称呼

1. 对所决策的问题缺乏精确界定

从表3-3的资料可以看出，8个单位对所决策问题很少有精确界定，即决策者本身不清楚这些决策可能会遇到哪些方面的问题。德鲁克曾经分析过20世纪的美国汽车业，这是研究"对问题理解失误"的一个典型案例。其他值得研究的例子还包括几乎所有的军事冲突，引用塔奇曼（Barbara Tuchman）的观点，从特洛伊战争到越南战争，都是源于这方面的失误，我们还可以加上当今的一些其他冲突。在这些例子中，大部分情况都是至少一方错误理解了真正的问题。人们很难认清真正的问题，有些人甚至完全没有弄清楚怎么回事（马利克，2009）。不能精确界定所决策的问题，可能是公共产品成本膨胀的根本原因。

2. 难以找到决策所必须满足的要求

尽可能正确地指出这个决策所必须满足的要求。那么，什么才是正确的。这

里有两点特别重要。

对于具体要求的界定不应着眼于必须满足的最高要求，相反，应该是最低要求。我们必须把某项决策必须满足的最低要求清楚地界定出来。正确的思路应该是：如果所作出的决策连最低要求都不能满足，那么还不如不作出这个决定。原因很简单：每个决策都会涉及大量工作、风险和难题，它会影响组织的正常运作。如果事先就能确定这个最低要求不一定能满足，那么显然相对而言，这项决策中包含的风险就太大了。

人们应该牢记的第二点是关于妥协的应对方法。这里有一个陷阱，在决策中过早地考虑妥协问题。真正的问题必须是，什么最适合我们、什么可以接受、什么是最令人高兴的或是最容易的，最有利于我们实施的是什么。首先，必须考虑什么是正确的，真正能解决问题的是什么。特别是在政治领域，人们很少能正确领会这条原则。在最后几乎总是要作出妥协，这一点是很清楚的，而且不需要进行特别强调。然而，这并不意味着我们一开始就需要作出妥协。在界定具体要求时必须体现这两个要点，并且界定决策应当带来的所谓"最低要求的理想状态"。之所以界定这个理想状态，正是因为在决策的后期（尤其是在实施过程中）不得不作出妥协，所以这样界定是非常必要的。

根据这一原理，很难找出 8 个项目决策过程中是如何精确界定所决策的问题的。只有 A_1、C_1 两个单位勉强有寻找问题的活动，其余 6 个单位在这方面都是空白。

3. 缺乏可供选择的备选方案

决策过程中第三步是对备选方案的搜寻。这里可能会犯两个错误。首先，我们可能会满足于找到的第一个备选方案。然而有经验的管理者知道，总会有更多的备选方案，因此他们强迫自己和下属不要立刻停止寻找。第二个错误就是不相信"零选项"。当前的状态自然也是一种备选方案，虽然通常它不是最好的，所以需要制定决策去改变，但并不总是这样。许多公共产品管理者放任自己被迫制定决策来对身边的事物进行改变。他们认为，只有当他们经常采取行动改变事物或引入新鲜事物时，他们才能算是完成工作，其实这有可能是完全错误的。现状也许会有一些缺陷，并且存在一些难题。但它最大的优点在于人们至少了解这些困难。新的备选方案也许会给人们一种印象，它会消除所有问题。也许它能做到这一点，但人们应该假定，它还会带来新的困难和问题，只是我们现在还不知道这些困难和问题是什么。正是这个原因使它看起来很完美，但这些困难和问题会在实施阶段慢慢显露出来。非常有必要投入时间精力去查证备选方案是否实际上会使事情变坏，而不是变好。但问题在于，当决策者所面对的条件唯一时，就只能被动接受，这是当前公共产品决策者所面临的悲哀。我们调研的 8 个单位，无一例外地都只有一个方案。没有两个以上的方案，在唯一面前还有什么可供论证呢？这种决策过程中的硬伤，在私人组织中已经基本解决了。

4. 决策不考虑风险后果

考虑备选方案的风险与后果，通常是决策中劳动量最大的部分，需要对每个备选方案所包含的结果和风险进行系统、全面、仔细地分析。其关键点是：首先，必须考虑组织愿意在每个备选方案上所花的时间长度，以及这个过程的可调整程度。只影响组织一小段时间，或很容易就能调整的决策，也许随便制定一下就可以。但是，对于那些会决定组织长期发展方向的决策，或者制定以后很难调整的决策，就需要非常谨慎了。组织的投资决策就是一个很明显的例子。其次，重要的决策不可避免地涉及风险。因此，了解它可能涉及的风险类型是很重要的。当然这并不意味着我们需要进行非常复杂的概率分析，并把它作为风险分析的基础，这种分析方法在实践中的运用不像专家们认为的那样频繁。重要的是区分出四种类型的风险。即所有组织都有的风险、可以承担的风险（也就是说一旦它发生了，并不会对组织产生严重的负面影响）、不能承担的风险（因为这个决策一旦作出，它引发的变化将带来很大的灾难）、不得不承担的风险（因为别无选择，简而言之，无论这种风险带来何种后果，都不得不接受）。此外，必须为每个备选方案界定出所谓的边界条件。他们也可以被称为假定或假设前提。在寻找和分析备选方案的过程中，必须在某个时点上停止。在实践中，人们不大可能纯粹为了作出一项理性的决策，而去了解所有的信息，这是毫无疑问的。尽管在经过全面分析之后，仍然会有我们不知道的东西，但是，只能对这些东西作出假定。这些假定构成了每个备选方案的边界条件。

非常遗憾的是，对 8 个案例调研后得知，公共产品的决策没有备选方案，那些最重要、最需要智慧的劳动不得不省略，也就成了公共产品决策过程最大的不足。

5. 作出决策

如果人们认真地采取了以上步骤的话，就必须并且能够作出决策了，因为我们为了这个决策已经做了一切力所能及的努力。作出决策的基础并不是分析方法，而是因为这个问题的详细要求、备选方案以及结果都已经被详尽、谨慎地分析过了。因此，人们有理由相信，再多作一些分析和研究并不会得到更多的重要信息。自然也会有人到这个时候还无法决策。犹豫不决、优柔寡断是管理者身上经常会有的弱点。他们总想进行更多的分析和研究，希望聘请更多的咨询顾问，并总想和更多的专家探讨这个问题。从 8 个被调研的单位来看，公共产品的决策者还是具备决策的能力的，他们都亲自参与决策。但是，不得不指出的是，缺乏备选方案以及其他前提论证，没有作出精确的决策，不排除隐含的盲目行为，即还不能断定是一个管理者的科学决策行为。

6. 决策环节断裂

大多数人认为，一个决策在它制定出来时也就算是决策过程结束了。在这一点上，甚至连教科书也没有提供多少相关内容。但是，决策的真正重要部分只有在第六步和第七步之后才会出现。遗憾的是，公共产品领域，大多数的管理者在做完前五步后，却在后两步出现了失误。德鲁克认为，刚制定出决议时，不应该将它称为决策，只有到这个决议已经转化成明显的正确结果时，才可以这样说。因此，执行决策应当包括如下内容。即确定并记录在执行决策过程中需要的重要措施；要让每一项措施都有一个负责人；确定最终截止期限。

公共产品领域的决策几乎都没有这种执行过程，同时，也由于公共产品一般都不考核经营绩效，盈亏不会影响后续发展与生存，故在机制上也就没有建立。但人们应当认识到，这种放纵式决策，在整体上是浪费公共资源的，该有的机制还是应当建立。

7. 只注重追加投入的决策反馈

有效的管理者亲自检查进度，他们会持续跟进，直到这项工作最终彻底完成。他们不时地通知所有相关人员，让大家都能看到结果和成功，即使这种成功在开始时微不足道，但他们知道成功的希望将会是巨大的推动力。他们不是抽象地讨论反馈，而是将反馈具体化。有效的管理者对抽象的沟通很不放心，他们会亲自到场，和人们交谈；他们想亲眼看到进展，如果可能，还会参与其中。这样，过了一段时间之后，他们就能掌握一定程度的专业知识，并且对当前决策进展比较熟悉，这是用任何其他方式都无法做到的。调研发现，公共产品的管理者对于这些跟踪反馈并不十分重视，除了那些没有反馈决策资料的单位外，其他有反馈资料的单位，都是为追加投资而进行的反馈追踪。因此，距离科学的决策反馈还有一段路程要走。

第三节 全面深化改革情境下公共产品经营思考

但是，政府为了组织社会管理活动的目的而行使严肃的委托权力，在各类活动中存在非常大的自由裁决权力。人们往往幼稚地认为，既然政府是委托代理行使决策活动，理所当然地受到社会公众的监督与约束。决策权力意味着在一种社会关系里哪怕是遇到反对也能贯彻自己意志的任何机会，不管这种机会是建立在什么基础之上。决策应该称之为在可以标明的一些人当中，命令得以服从，政府的命令能够得到公众不假思索地执行，实际上在任何时期这都是做不到的，民主社会更是如此。一方面，社会上各类组织（如行业协会、学会等）也可以通过自己的行政班子和成员有计划地采取行动，力争保障其目标的实现；另一方面，一个国家、地区的政治目标往往对于政府决策起关键作用。只有当政治团体的利益与政府决策合拍时，才能在一个地理区域内持续地通过行政班子使用有形的强制或以协同理念作为保证（韦伯和温克尔曼，1997）。

一、人类的一切决策活动以改善社会现状为前提

之所以说人类一切决策都是以改善社会现状为前提，是因为在所有实现目标的理性决策过程中，人们很难找到哪一个决策者主观上想把事情办糟。理性决策是在决策过程中，决策者为了达成某个特定的目标、使用适当而合理的手段所作出的决定。理性决策并不难，但是要真正操作化地检测这种决策理性的程度却并非易事。总的来说，有创造力的人对事情会产生许多新的、不同寻常的想法，为事业发展作出更大贡献，与此同时，他们也可能会给组织带来难题。但凡是管理人员都知道，变化不一定到是好的，变化也常常产生意料不到的副作用（韦里克等，2008）。这主要是因为，在信息不对称条件下，人们往往难以清楚地区分出决策的手段与决策的目的是否与客观现实相吻合。人类的一切决策活动都是以改善社会现状为前提的，无论是个人劳动活动，还是国家层面的战略定位，其目的都是为了改善现状。一旦人类的决策活动停止，人们对于改变现状的活动随之而止，人类社会也就静止了。

现在我们结合人们非常熟悉的改革理念来讨论，在某一领域改革，就是在该领域所作出的决策活动。试想，任何人都不可能认为决策不会改善现状。实际上决策也是资源的重新配置，只有当某一事物在某一方面让人们感到不满意时，人们才因此而求变，通过求变或改变现状或收获某一效果。决策虽然是为了改善现状，但不意味着所有的决策对于所有的群体、个人都会带来正面的效应。这是因

为，收获资源是有限的，而人们追求某一方面或多个方面的欲望是无限的。一个在边际上对所有人都非常好的社会变革，在实施过程中必然地具体伤害部分人的现实利益。例如，从传统的计划经济决策为市场经济，对于多数人带来了好处，但对于少数人来说是一个相对难以割舍的转变。因为他们虽然经过若干年后获得了国家强大、社会福祉的全方位提升，而改革初期，这些人似乎失去了体制内部特殊的优厚待遇，肯定是不大痛快的。十一届三中全会所确立的改革开放决策已经过了三十多年，现在没有任何人会说这个决策是不好的，但在当时还是遭到一些人的质疑甚至反对。之所以所有的公共决策都可能出现拥护者与阻碍者，是因为人们所急需的精神与物质资源是有差别的。

人类的一切决策活动都是以改善社会现状为前提的，人们总是想通过决策让现状改善，使决策后比决策前好，这就是所谓的向前看理论，实际上就是为改善现状所进行的决策。当然，人们所作出的改善现状的决策能否百分之百地改善现状，那就另当别论。在决策活动中之所以出现决策后的现实很好或者很糟或者一般等可能，是因为客观事物始终要受到理性化的局限（韦里克等，2008）。决策者应该对有限理性或"有界的"理性感到知足，换句话说，即使政府决策者试图竭尽全力地做到完全理性化，他们也会受到信息、时间以及其他不确定因素的限制，总之决策的信息永远不会完全对称。由于决策者在实际工作中不能做到完全理性，所以有时候决策者也会讨厌风险，他们在很多时候也主张谨慎行事，在这种情况下，就会影响他们作出最佳决策，这也是旁观者往往看到各级政府为什么不能在最佳时期决策改善某一领域现状的原因。赫伯特·西蒙（Herbert Simon）把这种情况称为使人满意，也就是说，在一些情况下，挑选令人满意的或者足够好的方案。虽然在作出很多决策时，人们都怀着尽可能安全、稳妥的愿望，以最大限度地改善某一领域的现状，但是多数政府决策者确实力图凭他们的能力，在合理性限度内，根据风险的规模和性质制定最佳决策。

2014年8月3日，中国云南鲁甸市遭遇6.5级地震，救灾迫在眉睫。险恶的环境会带来什么结果，特殊的地质环境、暴雨倾盆带来了意想不到的难题，由此引发了许多决策①。让我们从山体滑坡的角度来讨论这个问题。需要与被

---

① 2014年8月3日云南省鲁甸市发生6.5级地震，由于那里的地理位置、自然环境、人口密度等原因，出现了一般情况下难以预料的许多问题。余震不断，山体滑坡频繁，道路严重阻塞，山上落石不断滚落。特别是牛栏江红石岩两岸山体发生塌方形成大型堰塞湖，堰塞体位于红石岩水电站取水坝下游600米。堰塞湖库容2.6亿立方米，回水长度25千米，堰塞体方量约1200万立方米，直接影响上游会泽县两个乡镇1015人，堰塞体直接威胁下游沿河的鲁甸、巧家、昭阳三县（区）10个乡镇、3万余人、3.3万亩耕地，以及下游牛栏江干流上天花板、黄角树等水电站的安全。

地震摧毁的房屋废墟里的人们得到信息；必须要从气象专家那里获得相应信息；还要检测余震会带来什么样的山体滑坡；堰塞湖的水位；灾区人员的安全转移与安置；哪些车在哪些道路上车辆暂时不能通行，凡此种种，不一而足。可以想象全力救灾并重新安排数十万灾民的难度巨大。灾民的心情同样会影响救灾的效果，政府指挥决策中心必须考虑各种不可测定的因素。诚然，政府有各种现代科学技术的支持。然而，许多决策必须由人的判断作出，某些人的正常工作肯定会受到影响，考虑到这些决策的复杂程度，一般道路阻塞或限制通行，公众应该多体谅一些。改善现状是决策者的根本目的，也是政府决策的前提。但具体的决策能否改善现状或者说是否为正能量的改善，不仅受决策者的能力与水平等限定因素影响，可能更多的还是受客观因素影响。从主观上讲，很难找到故意让自己的决策产生负面效果的决策者。一个行为，只要当它根据其所认为的意向，以设法满足对有用效益的欲望为取向时，就应该称为"改善社会现状"取向。科学的决策行为应该称为目的合乎理性的、有计划地行使以改善社会现状为取向的支配权力。改善应该称为一种自主安排的持续的改善行为（韦伯和温克尔曼，1997）。任何一种决策行为，包括暴力的，如侵略者发动的战争行为，都可能以改善现状为取向，当然并非所有的决策都是理性的，也不是所有的决策都是能够产生改善社会现状正能量的，改善社会现状的价值取向也是多维的。但是，归根结底，决策都是为改善社会现状所作出的某一个人或者某一群体的意志行为，普遍意义上的支付决策都是其管理半径范围内所有公众或者绝大多数公众意志的体现。

二、社会对政府公共决策的边际影响

任何时期的任何社会制度下，政府决策或大或小地要受到社会的影响。如果从单个组织或个人来看，社会在政府组织面前始终处于弱势地位，但当社会不同群体联合在一起的时候，就成了洪水猛兽，通常是任何强大力量都无法抗衡的。

1. 社会是政府组织天然的非正式组织

通过观察发现，几乎是任何 10 人以上的正式组织内部都有非正式组织的存在。就全社会的角度而言，其实整个社会都是由非正式组织构成的。整体而言，社会与政府之间是由政府领导下的庞大体系性组织，政府当然地成为正式组织，而数量庞大的社会组织都是政府组织中的非正式组织。无论是正式组织还是非正式组织，其共同的特征是有信仰、有价值观、有组织内共同的利益。一般情况下，正式组织中的非正式组织对正式组织的决策不会去影响甚至干预，但当正式组织中的决策明显地伤害了某一个或者多个非正式组织的利益时，非正式组织就会想方设法维护该集团的利益。

社会是政府组织天然的非正式组织，表现在无论是公众委托谁来管理社会，社会同样是存在的，社会中所有合法的组织运转方式也从来不会改变。就政府而言，社会上的非正式组织是人们相互关联而形成的人际关系网络，它可能是政府之外的其他所有的一切组织，也可能还包括政府组织内部个体或团体。例如，工作时间必须为政府组织所安排的工作竭尽全力，下班后可能与政府组织之外的其他朋友一起打保龄球、喝咖啡等（韦里克等，2008）。对于政府组织来说，社会作为其非正式组织，对政府决策在边际上起影响作用，这种在边际上的影响既有正能量，也有负面能量。社会组织过于庞杂而多元，决定了政府组织与社会组织之间的博弈是非常复杂的活动，政府组织既要维护一些公众的利益，同时很可能伤害了另一部分公众的利益，这使得政府决策活动始终处于为难之中。然而，作为一个有作为，一心为全体公众服务的政府决策，必须在掌握尽可能多的信息条件下，超然决策。可以说，最合理的决策应该是尽量避免受到社会的影响。

2. 政府决策对于作为非正式组织社会来说无法完全协调到位

对于政府决策来说，并非所有的非正式组织都是起积极作用的。从理论上讲，非正式组织可以概括为积极型非正式组织、兴趣型非正式组织、消极型非正式组织与破坏型非正式组织。在政府决策活动中，这些类型的非正式组织同样是相互存在并起着相应作用。对于政府组织来说，数以千万计的非正式组织属于没有共同宗旨的群体活动，即使是有助于共同的结果，也不能成为政府的正式组织[1]。一定程度上讲，弱势阶层（如农民、工人）命运既受到大自然、企业主的强大约束，也十分依赖于政府组织，当他们的诉求无处表达时，政府就是他们的唯一依靠，当然，他们的诉求有时候或许是不理性的（韦伯和温克尔曼，1997）。尽管社会上有强弱势群体的区别，但总体都可以归类于非正式组织之中，强势群体一般情况下在制度决策活动中有很大的发言权，这种强势虽然不一定都是影响

---

[1] See also Catherine Teuss, Complexities and Controversies in Linking HRM with Organizational Outcomes, Journal of Management Studies, December 2001.

政府决策的正能量，但往往会在边际上起到很大的作用，有时候直接左右政府决策[①]。政府决策究竟应当主要参考哪些人的意见较为妥帖，这是一个很难把握的问题，一般情况下应该是以符合多数公众的利益为前提，但是多数公众不可能被政府所了解，在群体中，一般都有群众领袖[②]，这些群众领袖是政府听取公众意见的唯一途径。群众领袖虽然不可能改变公众的思想、精神、价值观，但他们有群体的话语权。一个精神境界低下、根本没有大局观念的领导，政府部门在听取其相关的意见时，不可能找到不在这个职位上的其他人员讨论，所谓不在其位不谋其政。党的十八大以来落马的高官中，有国家顶层层面的决策者，他们之所以能够给国家带来如此大的损害，是因为他们在形式上有了决策的地位，不是他们凭借自己的德性、能力应该来决策党和国家的事务。可想而知，这些腐败分子代表政府作出的决策很难做到科学公正，也很难做到从根本上代表绝大多数人的福祉。如果政府决策连内部人都无法做到正面协调，那么怎么能够做到对于作为非正式组织的社会的完全协调到位。

当然，不可否认的是，社会福祉强烈地以农民、工人为取向，如发达国家的民主与公平，中国的社会保障全覆盖，城乡一体化。正是社会经济文化的发展，使弱势群体在政府决策的天平上越来越有分量，社区的作用也越来越大，这种随着社会经济文化发展而带来的社会不同群体之间的变革，也在边际上左右着各级政府的决策。另一种值得关注的因素是，社会经济文化以及政治的国际一体化发展的趋势，也从社会、政治的角度影响着政府决策（韦伯和温克尔曼，1997）。当欧盟保护农业的政策不到位时，农民就会有组织地罢工，向欧盟以及相关政府示威；安倍晋三作出解禁集体自卫权的决定时，就遭到国际社会的谴责。由此，社会是政府无法协调到位的作为政府组织的非正式组织，它在边际上影响政府决策的作用是永久的，而且是非常大的。

3. 社会对政府决策的边际影响是永久的

从古至今，都是政府围绕社会而决策，没有任何意义上的社会围绕政府而变革。这是因为，无论政府如何决策，社会对政府决策的边际影响是永久的。周幽

[①] 各级政府在许多领域决策之前的调查研究、听证会、专家意见等，其代表都是强势群体，很少有弱势群体的面孔。这是因为一方面弱势群体本身缺乏相应的组织，另一方面他们在一定程度上缺乏参政议政能力。

[②] 尽管这些群众领袖有的是公众认可的领袖，有的是通过各种手段获得的在群体中的地位（如许多企事业组织中的负责人，凭借手中的行政权力、资源配置权力等办法控制着这个群体），但他们毕竟形成了形态上的领袖地位。

王逆社会而动，就有了其快速灭亡，殷纣王抛弃了人民，人民才最终抛弃了他。这些举不胜举的历史的、现实的佐证，都证实了社会对政府决策的边际影响的永久性。人们可能最认可法律的效用，司法与立法以及执法的途径对于社会与政府决策究竟能够产生多大的影响，这是不言而喻的，但也都是形式上的。潜规则侵入到社会各个角落后，再也没有任何武器能够阻碍其破坏正常的游戏规则了，因为形式上的正确没有任何手段能够促使其与实质上画等号。政府决策对于社会所要负责的形式，就是社会委托政府代理的契约，这种契约的约束功效远不及企业的委托代理契约，即便如此，企业也常常被企业家所套牢，出资人要花很大的精力监督企业家，以直接或间接的方式影响企业家的决策①。对于社会来说，虽然监督政府决策的力度没有企业主那么强，监督本身也是客观存在的，其边际影响是非常广泛的。

任何个体组织都是有生命周期的，社会本身不是一个组织，但它是永久存在的，其生命周期是无限的。虽然社会本身不是个体的正式组织或非正式组织，但它是各类组织产生发展的载体，就像土地本身不是粮食，却是生产粮食的载体一样。由此，只要有政府，必然就有影响政府决策的非正式组织。一个建立在委托代理基础上并按照一定的宗旨，即为了保护社会而行动的政府，虽然是公共事务的最终决策者，其余一切非政府组织都是而且在决策中处于从属地位，但决策权既然是为了某种目的而行使的一种受委托的权力，当人们发现决策行为与他们的利益相抵触时，他们就会通过各种途径维护自己的利益（洛克，1982）。当这种行为显然被政府忽略或者遭受打击时，政府就会与社会上的某些群体发生或明或暗的对抗，当这种与政府对抗的群体占全社会多数人时，就会形成一种潮流，形成强大的势力。20 世纪 70 年代末期，由于受到两个凡是的影响，邓小平无法出来工作，全国上下出现了一个声音，要求邓小平同志出来主持中央工作，就是一个典型案例②。假设在自然状态中，社会绝对地公平，社会就不需要政府的决

---

① 20 世纪 80 年代，企业家对企业的套牢现象遍及全世界，委托代理方式受到非常大的挑战，但很难找到能够替代委托代理的更好的规则，当企业主对此一筹莫展的时候，美国许多大企业流行起"金降落伞"，即让那些已经建立了委托代理契约关系的企业家，通过谈话劝说的方式，让他们退居二线，由年轻有为的人行使企业家权力，为此企业主给予那些让位的企业家很多的酬金。此举在干预企业家决策方面起到很大的作用，从长远看，也是影响企业家决策的重要手段，被理论界称为"金降落伞"理论。

② "两个凡是"源于 1977 年 2 月 7 日的两报一刊社论《学好文件抓住纲》，表述为："凡是毛主席作出的决策，我们都必须拥护，凡是毛主席的指示，我们要始终不渝地遵循。"社论是汪东兴提议写的，也是经过了当时的政治局同意。"两个凡是"有特定的指向，目的是"强调了高举毛主席的旗帜，稳定局势"，从而否定了邓小平的复出工作，同时，也否定了拨乱反正，纠正文化大革命错误的举措。

策，但这种假设可能是不存在的。然而，有了政府的决策，就必然地存在公正与反公正之矛盾，社会影响政府决策就成了永久问题。

三、社会与政治活动在互动中形成对公共决策的约束机制

政治在许多情况下与政府决策之间是统一的，但政治活动往往无法与理性的政府决策活动相一致。现代国家几乎在任何时候都必须考虑政治问题，如政党之间的选举、一党制国家的政治核心利益都是制约政府决策的重要因素。

1. 社会与政治组织在互动中演变发展

社会反响的背后往往是政治活动的结果，各类政治集团的利益大都是通过公众的行为体现的。实践证明，社会与政治组织是在互动中演变发展的。任何人也不能这样认为，只要有一个多事的人或者好乱成性的人，随心所欲地不时变更政府决策，就可以随时引起祸害。诚然，这种人可能随时任意地煽风点火，制造骚乱，但这只会使他们自作自受，陷于灭亡①。然而，这种现象往往引起政治警觉，社会的个别现象如果不能及时治理，就会演变为政治行为，如 2014 年 3 月在台湾地区发生的学生为反对海峡两岸服务贸易协定进行的示威活动，除了个别人的支持之外，真正的幕后操控者是台湾民进党，社会不良现象与政治目的沆瀣一气，往往也不是偶然的。在非法企图危及人们的权利或财产时，就会群起而攻之；同时，当人们发现政府官员过分的贪污腐败，从边际上侵害其财产，辜负公众所授予的委托，而这种现象愈演愈烈并得不到治理时，就会演变为内部争斗或公众对立。社会上的一些有企图的活动必然要从政府、统治者那里寻找强有力的支持者或代言人，而政府集团或政治集团也要通过各种渗透方式，在社会上寻找其孕育者。假使无辜的老实人为了享受和平乖乖地把他们的一切诉求权力放弃，也难以避免被动参与各种社会或政治活动（洛克，1982）。社会与政治组织之间的互动有时候是相向的，有时候也是冲突的。经过不断演变，相向可能变为冲突，冲突变为相向。这种演变有可能是利益博弈的结果，也有可能是相互妥协的结果。无论如何演变，最终都会对政府决策产生影响，有时候由此而促使政府不能理性决策。例如，在城市拆迁问题上，某一群体势力可能非常强硬，出现诸如

---

① 例如，新疆的暴乱分子，对社会造成了很大的破坏性影响，也给社会治安造成了很大的负面效应，但都没有逃脱覆灭的下场。

上访、游行、静坐等情况，以至于影响到社会稳定。在这种情况下，由社会滋生最终互动到政治领域，影响或者说左右了政府决策，也就是社会与政治互动的非理性战胜了政府决策的理性。

2. 各类组织与政府组织之间的制约关系

现代合法性政府都是在社会作用下由某一政党所支持的，这就从根本上决定了社会的各类组织对于政府决策的制约关系。非政府组织与政府组织之间的制约关系，一般情况下在大的方面决策都是政治决策，小的方面是政府的具体活动。政治组织与政府组织之间的制约与反制约关系，都是由以社会文化为基础的。霍夫斯泰德的研究结果表明，无论是个人主义还是集体主义文化思维，政府决策在很大程度上都受制于政治组织，在现实中，一个不考虑政治利益的政府决策往往是没有立足之地的①。地方政府的决策同样受到政治活动的制约，因为无论是中央集权制度，还是联邦制度，都存在一致的政治目标。以美军驻日本、菲律宾等国的军队、军事基地为例，无论日本、菲律宾等国家的地方政府与公众怎么反对、排斥，地方政府最终妥协于他们的最高政府。在政治利益面前，公众的诉求与政府的正确决策理念就荡然无存了，所谓的民主也不过是向他人炫耀的幌子而已。可以说，抽象思维在世界上的对错之分，完全取决于人们所持的立场与看问题的角度。日本的个别右翼说侵略在理论上没有定义，甚至于把世界公认的灭绝人性的行为修饰成为解放亚洲做贡献，在日本的独特环境里也是有市场的。如果界定在一个相对的政府管理半径或者活动范畴内，当政治需要与政府决策需要产生矛盾时，可能政治始终比理性科学的政府决策重要。经过与不同阶层、不同群体的讨论，所得出的几乎一致的结论是，政府组织以及政府组织的决策，基本上都要从属于政治组织的目标。这在城市和农村，实践活动都是司空见惯的。

从多年来的实践观察，对于政府的旧城改造，农村城市化建设，以及高速公路建设，等等，地方政府可以从中收取相应的税金，如果所收取的税金是为了更好地服务于这些领域，从纯经济学角度分析，实际上是最为理性、合法的。但如果真的从完全意义上这样做了，可能会引发社会矛盾，这就不是政府在书面上的科学决策问题了（斯密，1997）。社会矛盾都需要上升到政治角度来考虑，由此，政府组织天然地受到社会其他组织的制约，这种制约机制的形成并没有规则范式，也没有有机的机制形式，是完全意义上在边际上起着重要作用的无形机制。

---

① For a discussion of the global transfer of management knowledge see the special issue on this topic in The Academy of Management Executiue , May 2005.

当然，从形式上看，在多数情况下，除了那些执政的政治组织之外，其他社会组织总体上受到政府组织活动的制约。政治组织与政府组织之间的制约活动，同样是互动的，随着社会现实、政府管理半径内外环境的变化而产生变化，但总体而言，在一定情况与环境下，政治组织制约政府组织的活动。

3. 社会对政府决策的无形约束机制最终演变为有形的约束机制

在历史的长河中，经过不同群体、不同组织之间的无数次博弈，逐渐地建立了一种约束机制。最初是政治组织建立了对政府公共决策的约束机制，公共决策活动从属于政治活动，却很少考虑社会非正式组织的诉求与意志，社会处于弱势的并且可以忽略的地位。随着社会的不断进步，公众不断觉醒，以非政府组织为标志的社会群体的作用越来越显著。一方面它在某一领域代表专业规范，这种规范包括技术、生产经营、贸易以及融资方式与游戏规则，等等；另一方面，它在边际上起到政治作用，即必要时诉求某一群体的各种利益[1]，如联合国、公会组织、妇女联合会等，已经是非常成熟的约束机构与机制。在传统时期，社会对政府的改革决策所体现的是无形约束机制，它们大都是被动地传达某一方面的祈求，强势的政府组织往往对此是忽略的，但终将在边际上起到相应的作用。例如，企业损害劳动者的权益，工会组织出面与有关机构交涉，如果不成功，也能够对于政府或当事企业起到警示作用。随着现代社会的发展，各类社会组织在公共决策面前从既往的无足轻重逐渐地发挥重要作用，对政府的公共决策形成了真正意义上的约束机制，其中一个标志性的变化是，社会组织对政府公共决策的机制由传统的无形机制演变为有形机制，政府的公共决策在一定程度上离不开社会性组织。分析个中的具体原因，人们会发现，律师事务所的活动约束了司法决策，会计师事务所的活动约束了财政政策，各类行业协会约束了成业政策，等等。

社会对政府公共决策的约束机制最终由无形演变为有形，是公共决策的一大进步。在政府活动与政治活动交织在一起并陷入僵局时，使决策者不再轻易抛弃科学。这是因为，发展壮大起来的非正式组织，也产生了特别的，按照薪水、晋升、职业义务特殊的生活作风管理的并且与传统"世俗"不入的职业群体，他们是不同形式的自愿者（韦伯和温克尔曼，1997）。但无论如何，社会对政府组织的公共决策机制，永远是边际上的，因为他们永远不可能代替政府的公共决策

---

[1] 因为无论政治组织，还是政府组织，他们不可能把社会上所有的问题公平、公正地解决，这就需要非正式组织在一定的情况下出面与政府组织、政治组织谈判交涉。

功能。需要明确的是，社会对政府公共决策的机制由无形约束演变为有形约束后，从进步的角度观察，使公共决策发生了如下变化：一是在一定程度上克服了公共决策纯政治意图，很大程度上接了地气；二是公共决策可能会从盲目走向科学，从封闭走向开放，从而最大限度地体现各个阶层、不同群体的利益或公平；三是避免了社会问题始终由强势群体说了算，如果一切决策都是强势机构的专利，难免固化这些群体的政治与经济利益，社会就会周而复始地陷入颠覆被颠覆的泥潭。

四、社会对政府公共决策的边际影响效应及其不可替代性

纵观社会在政府公共决策中的边际影响，随着历史的发展与社会进步，其效应越来越无可替代。无论是合法性政府还是其他形式上存在的政府，都离不开其生长的土壤——社会，而且社会所影响的政府公共决策的效应也从传统的被动地位逐渐趋于主动。

1. 公共决策之难及其正能量的释放

仔细观察的人们会发现，公共决策失误在各级政府司空见惯，由于错误的决策方式与方案导致了许多失误和损失，被人们概述为"决策之难"。卡罗尔和梅振家曾经发现，失败通常不是源于执行不力，也不是时机不对或运气不好，而是策略错误。纳特的结论与其不谋而合。纳特也发现所有的决策中有三分之二是建立在容易导致失败的策略基础上的。但奇怪的是，决策者却总是忘却那些决策方法的斑斑劣迹，一次次地做相同的事情，却指望着有不同的结果（纳特，2003）。公共领域之所以在普遍意义上出现了决策之难，我们认为，决策者忽略最有发言权的社会组织的见解，是其根本原因。决策者们或许也会想到在制定决策过程中所经历的无数成功与失败，然而他们却很少对接社会，与非正式组织一起进行系统研究。由于没有接近地气的学习、分析，决策方法和结果之间的联系就很容易被忽视。于是他们就丢弃了许多更完美的决策方法，继续使用闭门造车、出门不合辙的拙劣决策。历史上请教于社会组织而有着良好记录的决策方法，虽然被津津乐道，但却很少被采用。

由此，主动地体现社会对于政府公共决策的边际影响是摆脱政府决策之难的根本途径。社会诉求，非正式组织对于各自利益的维护，可能是政府公共决策正能量的释放。问题是，政府在公共决策活动中始终没有把社会组织作为程序化决策规定环节。由于政府的根本职责是服务社会，它所涉及的决策一般为最大限度

地获得社会利益，保证这一宗旨的落实兑现，社会组织应该有很大的作用，这就是社会对政府公共决策的边际影响效应。这种影响效应，在多数情况下释放正能量。

2. 政府的程序化和非程序化决策

一般地讲，政府的公共决策分为程序化和非程序化两大类型。政府的程序化决策主要是用于解决规律性的或者普遍意义上的问题。例如，各级公务员都有岗位职责，使他们知道所作出的决策或者服务活动是否符合规则，是否社会成本低廉。自己的行为哪些是受社会欢迎的，哪些需要纠正，或者重新定位。程序化的另一个实例是，各级政府的简政放权，废除已经不适宜社会需要的条条框框，十八届三中全会所提出的把资源配置的决定权交给市场，是典型的政府公共决策程序化顶层设计的范例。这类决策一般用于政府管理活动中日常的具有重复性质的工作，主要依赖先前确定的制度标准。事实上，政府的程序化决策是基于规则而制定的决策。尽管说起来比较简单，但实施起来往往忽略了个中的环节。例如，按照现代决策的程序规则，政府决策需要社会相关组织参与配合，但许多情况下政府往往是有意无意地自动放弃了这一必不可少的程序。之所以放弃，进一步的原因是传统的政府决策很少反思失败的责任。社会组织在政府公共决策中作用的边际影响效应究竟如何，应该参照患者与医生之间的关系，因为政府决策的目的不是为自己解决问题，而是为社会解决问题。这样，人们就会明确在一个程序化的公共决策活动中，为什么必须要有社会组织的参与。

政府的非程序化公共决策，是指对于那些以前没有遇到的新问题的决策，危机性决策也应该是非程序化的范畴。战略性决策一般都属于非程序化决策，如社会制度的变革，面对国内外新的挑战，等等。最为常见并被人们所熟知的是改革开放，调整产业结构这样的决策。这类决策的特点是新颖，没有规律性，没有明确的定义，非重复性（纳特，2003）。中国20世纪80年代初期的改革开放，之所以被称为"摸着石头过河"，是因为根本没有规律可循。公共决策本来就是程序化与非程序化混合存在的，既要根据程序化特征充分发挥社会组织的作用，也需要决策者的创造力。约翰·考（John Kao）认为，给有创造力的决策者留有足够的自由度实践他们的想法，但不能因为自顾自而忽视他人的智慧。同时指出，决策者应该视自己为爵士音乐作曲家，不能偏离总谱，但在节奏上有很大的自由度。总之，政府的无论程序化决策，还是非程序化决策，都既要有创造力，又要接地气，这就是现代社会对政府公共决策的基本制约。

3. 社会对公共决策边际影响效应的不可替代性

无论是什么形态下的社会制度，社会对公共决策必然地进行着边际影响，这种边际影响对于整个社会无疑是正面效应。古罗马起义、中国历代的农民起义，在历史长河里占有很重的地位，都不同程度地影响了政府决策，但从真正意义上讲，影响甚微，即使推翻了一个朝代，换来的并非完全意义上的民主，也不是为全体公众谋福祉的政府决策。随着历史的不断推进，社会事务逐渐演变为以社会为主导以政府为主体的决策活动，在社会面前强势政府也演变为相对于社会来说的公平政府（当然这种公平还远没有达到真正意义上的公平），但一点不顾及社会的政府在世界上应该说永远消失了。实践证明，现代社会的政府决策无处不存在社会组织影响的边际效应，人们从表面上很难找到离开非政府组织的公共决策（即使一些决策是政府保密条件下所作出的，但不敢公开承认离开了社会）。其说明的问题已经非常清楚，即社会对公共决策边际影响效应的不可替代。作为各级政府组织而言，必须坚信社会对公共决策的正面效应，把国家的顶层设计与社会非政府组织的智慧有机地结合起来，探求决策思路，是充分体现公共决策正能量的必由之路。

第四节　道　德　风　险

由于公共产品的公共性特征，决策人员的道德风险是值得研究的。道德风险往往是体制与机制建设方面的漏洞。

一、道德风险机理

在经济学里，道德风险（moral hazard），也称道德危机。道德风险是指参与合同的一方所面临的对方可能改变行为而损害到本方利益的风险。比如说，当某人获得某保险公司的保险，由于此时某人行为的成本由那个保险公司部分或全部承担，此时保险公司面临着道德风险。如果此人违约造成了损失，他自己并不承担全部责任，而保险公司往往需要承担大部分后果。此时某人缺少不违约的激励，所以只能靠他的道德自律。他随时可以改变行为造成保险公司的损失，而保险公司要承担损失的风险。亚当·斯密（1776）在《国富论》中就已经提出道德风险的存在，只是没有采用这样一个名词。在经济活动中，道德风险问题相当普遍。获 2001 年度诺贝尔经济学奖的斯蒂格里茨在研究保险市场时，发现了一个经典的例子：美国一所大学学生自行车被盗比例约为 10%，有几个有经营头脑的学生发起了一个对自行车的保险，保费为保险标的的 15%。按常理，这几个有经营头脑的学生应获得 5% 左右的利润。但该保险运作一段时间后，这几个学生发现自行车被盗比例迅速提高到 15% 以上。何以如此，这是因为自行车投保后学生们对自行车安全防范措施明显减少。在这个例子中，投保的学生由于不完全承担自行车被盗的风险后果，因而采取了对自行车安全防范的不作为行为。而这种不作为的行为，就是道德风险。可以说，只要市场经济存在，道德风险就不可避免。

二、道德风险分类

1. 社会风险与个人风险

从受损主体来划分，"道德风险"可分社会（包括他人）道德风险与个体道德风险。经济学意义上的"道德风险"应该是指社会道德风险。因为相对于个体而言，败德行为者在践踏道德准则时，其自身利益非但不受损，反而有所增进，因而对他来说，并不存在什么"风险"。然而，相对于社会（他人）而言，败德行为者个体利益的增进恰恰是建立在他人和社会整体利益受损的基础上，败德行为者的净收益恰恰是他人和社会整体利益的净损失，因而对社会和他人来说，败德者的行为的确存在使社会和他人利益受损的某种"风险"。

2. 哲学伦理道德风险

其实，除了经济学意义上的"社会道德风险"以外，从哲学和伦理学层面来看同样还存在着另一种"个体道德风险"。例如，见义勇为者，为了维护社会秩序，伸张社会正义，在危急关头，勇于挺身而出，与败德行为者和违法乱纪者作斗争，不惜牺牲个人福利，甚至是生命。相对于社会和他人而言，由于见义勇为者的舍身忘我，捍卫了社会正义，维护了社会整体利益和他人正当利益，消除了社会道德风险存在的可能。但是，相对于自身而言，其个人的福利和生命安全可能会受到败德者和不法者的侵害，因而存在着个体利益受损的"道德风险"。由此可见，作为哲学和伦理学意义上的"道德风险"范畴比经济学意义上的"道德风险"涵盖面要宽。经济学意义上的"道德风险"范畴是哲学和伦理学意义上的"道德风险一般"在经济领域中的"特殊"体现，两者的关系从学理上讲是一般与特殊的关系。

然而，在日常语境中，经济学意义上的"道德风险"范畴与哲学和伦理学意义上的"道德风险"范畴在意思表达上是正好相反的，也就是说，在日常生活中，经济学意义上的"道德风险"是指社会道德风险，而哲学和伦理学意义上的"道德风险"多指个体道德风险，因而经济学意义上的"道德风险"正是哲学和伦理学意义上的"道德不风险"，而哲学和伦理学意义上的"道德风险"范畴正是经济学意义上的"道德不风险"。因此，笔者认为，在进行学术研究时，不能将不同学科中具有不同含义的特定范畴和概念直接移植到另一学科，这样会引起误解和导致学术研究上的困惑，应在移植前先进行本学科的概念诠释，明确界定其适用范围。

三、道德风险的特征

1. 风险的潜在性

政府决策者逃避社会责任，明知有些事情不可为而为之。例如，那些借助于公共事务贪污受贿者，在思想上没有考虑把权力关进制度的笼子，也没有意识到会给社会造成什么样的风险。近年来，国家反腐败的力度加大，但是如果不从制度上彻底规范，那么会潜藏很大的风险。

2. 风险的长期性

观念的转变是一个长期的、潜移默化的过程，尤其是在当前深化改革，把资源配置的决定权交给市场，这一过程将是漫长。切实培养各级政府与社会之间的"契约"规则，建立有效的信用体系，需要几代人付出努力。

3. 风险的破坏性

思想道德一旦败坏了，事态就会越变越糟。公共活动中的不良行为形成以后，如果社会公众本着合作的态度，双方的损失将会降到最低；但公众在此情况下，往往会选择不闻不问、能躲则躲的方式，使社会耗费大量的人力、物力、财力，也不能弥补所受的损失。

4. 控制的艰巨性

当前对政府行为的监督措施，都具滞后性。这与对政府、非政府组织、普通公众的权力界定有关，同时还与国家管控风险的预测机制、转移机制、控制机制没有完全统一有关。各类不负责任的决策出现后，再采取种种补救措施，结果往往是于事无补。

四、原因分析

由于社会与政府之间普遍存在没有约束意义的契约，公共决策领域信息的非对称性，诱发了公务员的机会主义行为，个别公务员会尽可能选择付出较少的努力换取较多的收入或报酬。假定决策者的目标是以个人租金最大化为准则的，那么他希望辅助者多努力以增加租金。如果契约是完备的、信息是对称的，个人的行为及目标选择都置于组织的监控之下，那么个人只有通过完成组织目标并在组织目标的约束下才能实现个人目标。但是，政府与社会之间的契约实际上是不存在的，并不能明确规定未来所有可能出现的状态及各方的责权利关系，决策者并不能完全观测到社会的工作方式和努力程度。那么，对于一个理性的公务员来说，他就有动机利用契约的"漏洞"和行为的不可观测性为谋求自身效用最大化而背离社会所希望的目标。公务员可以采用偷懒或"磨洋工"的方式，甚至利用组织资源为个人谋取福利。这样，个人目标偏离组织目标，道德风险也由此而生。

在经济领域，普遍存在的契约的不完备性。由科斯开创的被称为"企业的契约"理论（Coase，1937）中一个基本命题是：企业是一系列契约（合同）的组合，是个人之间交易产权的一种方式，相对于市场而言，企业是一种不完备的契约（Grossman and Hart，1986）。一个完备的契约是指这种契约准确地描述了与交易有关的所有未来可能出现的状态，以及每种状态下契约各方的权力和责任。具体到人力资源管理，契约的完备性意味着劳动合同不仅要规定工人上下班的时间、每月的工资，还要说明工人每天在什么地方干什么具体的工作；不仅要规定工人通过努力达到预定产出水平时应该得到的报酬，还要规定在未达到预定产出时对应于每一项努力水平应该获得的报酬等。但非常明显的事实是，这样的完备性契约在企业中不可能存在，它源于未来世界的不确定性。在一个不确定的世界里，要在签约时预测到所有可能出现的状态几乎是不可能的，对每种状态下契约各方的权力和责任也不可能得到完全的明确。实质上，一个完备的契约无异于否定企业的存在。劳资合同的不可避免的"漏洞"表明：仅仅依靠契约不能形成对工人的有效管理。

同样，政府决策中普遍存在着信息的非对称性问题。对称信息是指每一个参与人对其他所有参与人的特征、战略空间及支付函数有准确的认识。各方所拥有的个人信息都成为所有参与人的"共同知识"。在人力资源管理中，对称信息要求管理者明确知道每个员工在工作中的知识、技能、努力程度、努力所花费的成本、从事其他工作的机会成本。但一般来说，政府决策者对每个公务员或社会公众在其所从事的业务范围内所拥有的知识和信息并不能清楚地了解，公众的工作方式和努力程度也是很难被观察到的，即使能被观察到，也往往因搜集信息所需成本太高而不可行。

五、道德分析的影响因素

影响公共产品决策的道德风险的因素较多，主要的可概述为以下几个方面。

1. 社会环境因素

社会环境因素的差异，对道德的评价标准不同，这在很大程度上影响着公务员的职业道德。如东西方国家、发展中国家与发达国家等社会环境的不同，使公务员的道德等级有很大的不同。

2. 社会的信用系统的有效性

如果个人信用登记系统很完备，那么就会在很大程度上减少公共产品决策的道德风险，因为如果有人做了违反职业道德的事情，他的个人信用系统中就会有登记或记录，从而对他以后的升迁或人生会有很大的影响。

3. 社会的教育

一个国家或地区的教育越发达，人员的整体素质水平就越高，公务员的道德风险相应减少，反之亦然。

4. 政府文化因素

俗话说，上梁不正下梁歪，如果一个政府机构的领导人能做到廉洁清明，那么这个政府的道德风险就会较少。

5. 个人价值观念

个人价值观念主要是与工作有关的价值观念，即对理想工作和现从事工作的认识和态度，包括工作满意度，职业生涯规划，以及个人的专业素质、身体素质、心理素质、人际关系等。

第四章 公共产品高成本运转原因分析

从根本上讲，公共产品高成本运转的原因是多维的，而传统体制下的国民收入分配是最为根本的。

第一节 国民收入分配格局：公共产品高成本机理

中国改革开放以来财政体制的变迁在很大程度上可以归结为各级政府间的财政关系的变迁。中央和地方政府的财政分配关系经历了多次重大改革，特别是1994年的分税财政体制改革，在致力于政府间财力分配格局调整的同时，着眼于各级政府间财政分配关系的规范化、科学化与公正化，重点是建立适应社会主义市场经济要求的财政运行机制。这种改革在调动地方政府的积极性以及发展地方经济方面起到应有的作用，但随着中国社会经济的发展，国民收入分配逐渐形成了向公务员、国有大型企业职工以及一些高收入群体倾斜的格局，产业大军与白领阶层的收入差距、体制内部与体制外部的收入差距、地区之间的收入差距，等等，都是政府改善民生活动中必须正视的重大问题，更是实现中国梦的桎梏。这些问题表面看似经济问题，其机理上渗透着政治问题，使传统的财政体制也面临着进一步深层次改革的挑战。

一、公共财政在社会经济发展中是调节收入分配的杠杆

从根本上讲，公共财政的基本职责是，既要做好调动各级政府财政收支的积极性工作，建立科学的内部收支管理机制，更要针对不同时期社会经济发展需要，做好国民收入分配与再分配的结构改革。在市场经济体制下，经济社会资源的配置通过两种方式来实现，即市场机制和政府机制。虽然市场对资源的配置起基础性作用，但由于存在着国民收入分配与再分配、公共产品、垄断、信息不对称、经济活动的外在性等情况，仅仅依靠市场机制并不能实现资源配置的优化，还需要政府在市场失灵领域充分发挥调节资源并使之优化配置的功能。公共财政在国民收入分配与再分配中的角色，是保证社会公平的杠杆。如果说社会的不公

现象主要表现在人们所获得的经济收入、社会福利方面的话，这种不公的归结点应该是国民收入分配，而国民收入分配的具体调节工具是公共财政。财政作为政府调控经济社会运行的主要杠杆，在任何时候都是政府配置收入分配资源、享有公共福祉的主体杠杆。因为，在经济体系中，市场提供的商品和服务数量有时是过度的，有时是不足的，整个社会的资源配置缺乏效率。财政的资源配置职能就表现在对市场提供过度的商品和劳务数量进行校正，而对市场提供不足的产品和服务进行补充，以实现社会资源的有效配置。同时，财政在国民收入分配与再分配中的作用与地位更加突出。

从公共财政的基本职责可以看出，财政体制改革不仅要在体制内部调动收支积极性，更主要的是在公共资源配置、社会财富及其福利在不同阶层与群体之间的公平分配。从公共财政的基本职责出发，改革开放以来的历次财政体制改革，仅仅梳理了公共财政的部分职责，并没有触及国民收入分配结构调整方面的职责。在社会进入中等收入水平，社会矛盾主要体现为民生、公平的当今，就公共财政体制内部变革的举措，实在已经难以解决由于分配不公而带来的社会问题了。理论上，财政的收入分配的基本职能是中央政府为了实现社会公平分配的目标，对市场经济形成的收入分配悬殊格局予以调整的职责和功能。在各种不同的公共财政手段中，实现再分配最直接的手段有多个方面。一是税收转移支付，即对高收入群体课征累进所得税并对低收入群体给予补助两者相结合的方法实施杠杆作用；二是用累进所得税的收入，为使低收入群体获益的公共服务提供必需的资金；三是对主要由高收入消费者购买的产品进行课税，并同时对主要为低收入消费者使用的其他产品给予补贴两者相结合的方法调节国民收入分配；四是完善社会福利制度，使低收入者实际收入增加，个人收入差距缩小；五是建立统一的劳动力市场，促进城乡之间和地区之间人口的合理流动，这是调动劳动者劳动积极性，遏制城乡差距和地区差距进一步扩大的有效途径。公共财政职责与功能告诉人们，只有通过国民收入分配领域的改革，才能实现社会的公平分配，这也是解决当前因收入分配造成社会问题的战略理念。

一定意义上讲，公共财政的杠杆作用是解决政治与经济双重问题，由此，公共财政改革也是政治体制与经济体制改革的有机结合体。在中国改革进入深水区的当今，必须把公共财政改革作为政治体制与经济体制改革的共同抓手，解决当前在工资收入、养老保障、福利待遇以及公共产品享受等方面的问题。解决这些问题，既是避免国际普遍意义上存在的中等收入陷阱的基本途径，更是尽快实现中国梦，解决中国社会经济发展中特有问题的根本途径。从长远的观点看问题，因行业之间、群体之间分配不公所带来的社会问题，是影响中国特色社会主义快速发展的主要问题，这一问题是随着社会经济发展逐渐凸显出来的。在社会经济发展水平相对较低，公众收入偏低的时期，公共财政改革的首要任务是提高公共资源的配置效率，调动各级政府发展社会经济的积极性。当全社会整体进入中等收入阶段时，公务员、垄断行业、国有大型企业、公共事业单位与普通产业工人、蓝领群体之间的收入反差，逐渐演变为社会重要问题。此类问题必须通过公共财政体制改革的杠杆加以解决，包括扩大国民收入初次分配比例以提高普通劳动者的工资，调整国民收入二次分配结构以放缓高收入领域工资增长幅度，增加公共产品投入以使全体公众享受价格低廉的公共服务，逐步消除不同群体之间退休养老的不合理、不公平待遇，等等。

无论是市场本身，还是政府的其他调控手段，都无法真正解决行业之间、群体之间收入分配的不公平问题。公共财政才是调节国民收入分配真正意义上的杠杆，如何充分发挥公共财政的杠杆作用，打破传统的国民收入分配比例，是改善民生问题的基本途径。因此，公共财政改革就是要由传统的重视政府内部机制转向建立科学合理的国民收入分配体制。

二、体制内支出形式变化无法解决现实公共福祉不公

中共十八届三中全会关于全面深化改革若干重大问题的决定指出，财政是国家治理的基础和重要支柱，科学的财税体制是优化资源配置、维护市场统一、促进社会公平、实现国家长治久安的制度保障。必须完善立法、明确事权、改革税制、稳定税负、透明预算、提高效率，建立现代财政制度，发挥中央和地方两个积极性[①]。从根本上讲，为未来一定时期的财政体制改革奠定了基础。回顾改革开放以来的历次公共财政改革，主要集中在各级政府之间的收入与分配关系建立上，同时也为中国整体的经济体制改革作出应有的贡献。从计划经济向市场经济转轨，财政体制的改革不但没有回避，而且从某种意义上还是整个经济体制改革的突破口，起到了"财政体制改革要先走一步"的作用。改革开放 30 多年来，中国逐步探索公共财政改革的路径，先后于 1983 年、1984 年两步利改税改革和 1980 年开始到 90 年代初"分灶吃饭"的财政体制的改革，一直到 1994 年"分税制"公共财政体制的改革。改革的方向是由高度集中的财权朝统一领导、分级管理方向发展，最后朝"分税、分权、分征、分管"即分税制方向发展。正是

---

① 中共中央关于全面深化改革若干重大问题的决定，2013 年 11 月 16 日，光明日报，第 2 版。

因为中国不断地进行了财政体制改革，才使中国整体上顺利地建立了市场经济体制，从而使公共财政适应了市场经济要求，并推动社会经济的纵深发展（王惠平，2008）。

1980年中国全面的经济体制改革以财政体制改革作为突破口率先进行。为了改革过去中央政府统收统支的集中财政管理体制，在中央和各省之间的财政分配关系方面，对大多数省份实行了"划分收支，分级包干"的预算管理体制，建立了财政包干体制的基础。从1982年开始逐步改为"总额分成，比例包干"的包干办法；1985年实行"划分税种，核定收支，分级包干"的预算管理体制，以适应1984年两步利改税改革的需要；1988年为了配合国有企业普遍推行的承包经营责任制，开始实行6种形式的财政包干，包括"收入递增包干"、"总额分成"、"总额分成加增长分成"、"上解递增包干"、"定额上解"和"定额补助"。公共财政的包干体制建立对于推动社会主义市场经济改革与发展产生了重大的积极作用。

首先，实行财政包干体制改变了计划经济体制下财政统收统支的过度集中管理模式，中央各职能部门不再下达指标，地方政府由原来被动安排财政收支转变为主动参与经济管理，体现了"统一领导、分级管理"的原则。

其次，历次的财政体制改革都是对原有收支体制的完善，在推动中国社会经济持续稳定发展方面显示出一定作用（苏明和王化文，2011）。地方政府财力的不断增强使其有能力增加对本地区的重点建设，以及教育、科学、卫生等各项事业的投入，促进了地方经济建设和社会事业的发展。

最后，财政体制改革支持和配合了其他领域的体制改革。财政体制改革激发出地方政府发展经济的动力，带动财政收入增长，为其他改革提供了财力支持。与以往历次财政体制改革不同，1994年的财政分税体制改革，是1949年以来调整利益格局最为明显、影响最为深远的一次。一是分税体制改革使政府间财政分配关系相对规范化。分税体制改变了原来的财政包干下多种体制形式并存的格局，使得中央和省级政府间的财政分配关系相对规范化。二是中央政府财政收入比例明显提高。新体制对各级政府组织财政收入的激励作用较为明显。全国财政收入增长较快，同时中央在新增收入中所得份额也明显提高，形成了较为合理的纵向财力分配机制。三是形成了普遍补助格局，初步建立了过渡期转移支付办法，为建立较为规范的横向财力均衡制度打下了基础（杨之刚，2008）。

之所以说公共财政改革，是因为公共财政属于全体公众的财政，并非仅仅是政府的行政支出财政，作为全体公众的财政，其实质是力求建设能够体现公众福祉最大化的财政体制。从这一意义上讲，财政体制改革首要的是解决与财政分配密切相关的社会重大问题。就当前与未来而言，民生问题、公共福祉问题、公共产品的高成本供给等问题，是影响社会经济发展的根本问题，集中表现在不同群体之间的收入反差。这种反差形成了收入分配之困境，可以概括为两个方面。一是城乡之间的收入反差，中国城乡差距长时间在 3∶1 以上的高位运行，并没有呈现出如库兹涅茨曲线先高后低的演变态势。在库兹涅兹看来，城市化早期城乡收入差距会扩大到 2~2.4，然后开始下降，如韩国在 1994 年消除了城乡差距，中国台湾地区在 1995 年这一差距已经缩小到 1.4 以下（王春光，2013）。一般来说，城乡差距在 1.5 以下是最合理的，而我国内地城乡差距在过去 30 多年中最小时也只到达 1.8，很快就升高到 2 以上，中国近 10 多年时间内都在 3 以上。可以说，自 2006 年以来，国家加大了对农村公共财政的投入力度，取消了各种税费，增加了对"三农"的补贴，构建了农村社会保障体系，与中国社会经济发展的总体比较，其力度甚微，不能有效地遏制城乡差距的扩大。二是体制内外的反差，多年来，公务员以及金融、电力、石化、航空、证券等领域的国有垄断企业员工收入与其他行业员工之间有很大的反差。体制内外的收入反差是民生问题、公共产品高成本供给等社会矛盾突出体现的根本原因。为什么多年来的财政体制改革举措虽然很多，但并没有解决收入分配困境，而且矛盾逐渐突出，这是一个值得进一步思考的问题。

客观地讲，改革开放以来的公共财政体制改革在推动中国经济建设方面的绩效是非常显著的，但这种围绕体制内部收支形式变化的改革举措，无法解决当前及其未来城乡之间，不同阶层、不同群体之间分配不公的困境。可以说，真正意义上的公共财政体制改革，是调整不同利益群体的收入分配格局，并非仅仅是财政体制内部支出结构的调整，如果只在各级政府之间的收支形式上改革，所带来的绩效仅仅是不同政府之间对于收入效率的改变，却无法解释现实的社会政治问题。从理论上讲，公共财政是全体公众的财政，并非仅仅是政府的财政。如果把改革的目标集中在各级政府支出的体制内部，可以说其失去了公共财政意义与价值。从当前现实来分析，中国财政改革必须考虑公众福祉与社会公平。民生方面最大的问题是国民收入分配问题，调整国民收入分配结构是解决民生问题的必由之路。例如，公务员、垄断行业群体与普通农民、产业工人之间，无论是在岗位工资，还是养老保障等方面，都有很大差距，很大程度上背离了社会主义分配原则。行业之间、群体之间分配是否公平合理，人力资源的流向趋势是最有说服力的证据，一个公务员岗位被成千上万人竞争确实是不正常的，而这种不正常的背后就是公共财政分配格局不合理，即国民收入分配向政府机关、垄断行业过于倾斜。

因此，无论是20世纪80年代的"包干制"改革，还是1994年开始的"分税制"改革，都无法解决不同群体之间现实的收入分配困境。实践证明，只有建立公共财政体制才能彻底解决由国民收入分配结构失衡所造成的群体之间收入的两极分化。

三、二次分配内在的结构失衡是公共福祉不公的主要因素

国民收入的二次分配，是指国民收入在初次分配的基础上，各收入主体之间通过各种渠道实现现金或实物转移的一种收入再次分配过程。通过国民收入的再分配，不直接参与物质生产的社会成员或集团，从参与初次分配的社会成员或集团那里获得收入。从根本上讲，再分配主要由政府调控机制起作用，政府进行必要的宏观管理和收入调节，是保持社会稳定、维护社会公正的基本机制。国民收入之所以要进行再次分配，在理论上要体现如下几点。

首先，满足非物质生产部门发展的需要。在国民收入初次分配过程中，只有物质生产部门的劳动者获得了原始收入，而非物质生产部门要获得收入，必须通过对国民收入的再分配解决。通过对国民收入的再分配，把物质生产部门创造的一部分原始收入，转给不创造国民收入的非物质生产部门，形成"派生收入"，以满足文化教育、医疗卫生、国家行政和国防安全等部门发展的需要和支付这些部门劳动者的劳动报酬。

其次，投入重点建设和保证国民经济按比例协调发展。国民经济部门之间、地区之间、行业之间的发展往往是不平衡的，它们的发展速度、生产增长规模、技术结构等互不相同，不可避免地会出现某些比例不协调现象和薄弱环节。同时，各物质生产部门、各地区、各行业从国民收入初次分配中得到的收入份额，往往同它们各自的经济文化发展的需要不相一致。因此，国家必须从宏观调控的全局出发，有计划地将国家集中的纯收入，通过再分配，在不同部门、地区和企业之间调节使用，以加强重点建设，克服薄弱环节，保证国民经济按比例协调发展。

再次，建立社会保障体系的需要。公众的养老、医疗、失业等保障体系，以及社会救济、社会福利、优抚安置，等等，除企业、个人负担外，相当部分也需要通过国民收入的再分配来解决。

最后，建立社会后备基金的需要。为了应付各种突发事故和自然灾害等，需要通过国民收入的再分配，建立社会后备基金，来满足这些临时性的应急需要

（潘志仲，2008）。

国民收入二次分配的用途决定了其科学合理的内在结构。如何判断国民收入二次分配的合理性？由于各个国家、地区现实状况的不同，难以确定一个量化的比例，但人们可以从感性的方面判断当前中国国民收入二次分配的合理程度。以中央公共财政支出比为例，2012 年，全国政府部门人员因公出国（境）经费、公务车购置及运行费、公务招待费产生的消费总额突破了 9000 亿元，相当于 2012 年当年全年财政收入的 10%。当年的教育经费占财政总支出的 5.9%，科学技术总投入为 3.6%，医疗卫生总投入为 3.2%，社会保障与就业为 9.0%，国防支出为 10.1%。从这些资料可以看出，政府预算成本的膨胀，使国民收入的二次分配结构极为不合理，三公经费占了二次分配总额的 10%，相对于当年国防建设投入的总和，基本上与教育经费、科学技术经费、医疗卫生事业经费三项总投入持平。我们假定，中国的三公消费控制在财政总支出的 3% 左右，将节省部分用于提高低收入阶层工资，按照 2013 年财政收入总额预计，可以让 1 亿人左右的低收入者每年增加 1 万元收入。国民收入二次分配的内在结构失衡的结果是，直接或间接地拉动了社会收入差距，提高了人们消费公共产品的相对成本。我们以读大学成本支出为例，对低收入的工人阶层来说，每年支出 1 万元供给一名大学生，感觉非常困难，如果政府把从三公消费支出中节省下来的经费用于提高工人阶层的收入，那么他们不必增加额外家庭负担。

从国民收入二次分配理论支撑来看，其根本用途是满足非物质生产部门发展的需要、投入重点建设和保证国民经济按比例协调发展、建立社会保障体系的需要、建立社会后备基金的需要。这四个方面的内容并没有把各级政府的三公消费作为重点考虑的内容。然而，当各级政府的三公消费支出成为政府二次分配的主体支出时，无论是就国民收入二次分配理论而言，还是从现实状况来讲，都是值得深思的。当然，我们并非秉持完全消除三公消费的观点，二是考虑如何降低三公消费支出，根据企业、科学研究以及其他方面的经验判断，各级政府的三公经费控制在财政收入的 2%~3% 是相对合理的。

现实地讲，国民收入二次分配结构的失衡，在很大程度上影响了全社会的收入公平问题，而收入公平问题是当前民生问题的集中体现。如何调整二次分配的结构比例，是当前以及未来相对长的时期面临的重大课题。一方面长期以来累积下来的支付高成本基数不可能一下子控制到位，另一方面，各级政府长期形成的大手脚花钱的惯性也需要一定的时间调整，逐渐培养勤俭节约的意识。回过头来看分配公平问题，之所以等量劳动无法体现等量价值，是因为行业之间的分配不公并不符合广义上的效率优先理念。如果不考虑社会分工，不考虑现代社会的公共服务，就某一企业、某一公共单位来说，效率优先绝对是人们无可辩驳的。问题是整个社会似乎并非一个行业或单位那么简单，我们假定政府公务员与农业劳动者之间、电力工人与建筑工人之间、管理人员与业务人员之间，等等，其效率优先怎么界定。由此，一般意义上的效率优先在行业之间就根本无法体现，只有政府的宏观调节才是体现社会公平分配的基本手段。是否可以考虑公共资源在行业之间平均分配，再考虑行业内部的效率优先，如果宏观上已经形成了不同的收入群体，社会不公问题是无法避免的。

四、公共产品低成本运转的关键是架构国民收入分配新格局

从当前及未来战略设想，中国公共财政改革的关键是打破传统体制下的国民收入分配思维。既要考虑国民收入初次、再次以及多次分配比例，更要调整国民收入分配的内在结构，力求不同群体之间的收入、福利待遇、养老保障相对公平。

1. 不同群体之间收入的差距是国民收入分配的主要裂痕

如何公平享受全社会劳动成果，是化解或消除社会矛盾的主要途径。就目前中国的基尼系数看，公务员、垄断部门等高收入群体与普通劳动者之间的差距形成了国民收入分配的裂痕。有关资料表明，中国已成全球贫富两极分化最严重的国家之一。中国社会贫富差距由改革开放初期的 4.5∶1 扩大到目前的接近 13∶1；城乡居民收入差距由 1998 年的 2.52∶1，扩大到 2012 年的 3.13∶1。在全国所有人口中，收入最高的 10% 群体和收入最低的 10% 群体之间的差距，已经从 1988 年的 7.3 倍上升到目前的 23 倍。追溯人类历史，最大、最激烈的社会矛盾莫过于民生问题，而当今的民生问题主要是不同群体之间的收入差距，这种收入差距不仅体现在公开的账面上，而且更大的差距还是隐性的。例如，政府机关、垄断行业不同程度地享受着相对丰厚的住房补贴，甚至于一些行业、部门的住房是公共资金支付，经过几年以后转化为个人全部产权的财产（潘志仲，2008）。这种不公平、不合理的收入反差，完全是公共财政在国民收入分配上的弊端，包括公务员、垄断行业在内的高收入、高福利待遇、高养老保障等待遇，与普通公众之间拉开了贫富悬殊之距离。所以，公共财政改革的目标在一定程度上就是弥合国民收入分配的裂痕。

2. 最低工资标准不能从根本上弥合现实的收入裂痕

为保障低收入群体的生活水平，各级政府也相继推出了最低收入标准。以2013年为例，北京、陕西、浙江率先上调最低工资标准，按照上调过后的数据，小时最低工资标准最高的是北京，为15.2元，而月最低工资标准最高的是深圳，为1500元。紧随其后的浙江每月是1470元的标准，上海为每月1450元的标准，江西的最低工资标准仅为870元。最低工资标准在一定程度上缓解了最低收入阶层的生活困难，对于稳定社会有相应的积极作用。但是，就当前不同阶层之间差距巨大的工资收入、福利待遇、养老保障来说，最低收入标准之举措还难以从真正意义上弥合不同群体之间公平享有劳动成果的裂痕。最低工资标准的支付者一般为民营企业资本所有者，一方面最低收入者本来占社会劳动者的比例并不高，另一方面，弥补最低工资差距的那部分收入在全社会收入分配格局中几乎没有影响（王小鲁，2007）。即使深圳的最低工资达到每月1500元，也没有深圳公务员、垄断行业职工退休养老收入的五分之一，因此，以最低工资标准为举措对于消除现实收入分配的两极分化只在边际上起到推动作用，难以起到真正意义上的作用。

3. 现阶段公共财政改革的关键是建设国民收入分配新格局

既然最低工资标准等手段不能从根本上弥合现实的群体之间收入裂痕，就应当寻求切实可行的途径纠正不同群体之间的收入差距问题，在理论上讲就是要兑现等量劳动享受等量劳动成果，而要做到等量劳动享受等量的社会劳动成果，就必须考虑社会不同利益群体之间的公平分配。一般地讲，判断收入是否公平有两个标准。其一是同一种岗位之间的标准。亚当斯的公平理论认为员工首先思考自己收入与付出的比例，然后将自己的收入–付出比与相关他人的收入–付出比进行比较。其基本模型是，$OA/IA = OB/IB$，式中 OA 为自己的收入，IA 为自己的付出；OB 为他人的收入，IB 为他人的付出，这一理论可以判断同岗位收入是否公平。其二是不同岗位、不同行业之间判断标准，可以用市场行情判断，即通过人力资源流向判断。当人力资源流向出现明显的偏差时，说明市场在本领域已经失灵，此时政府必须行使调控职能来解决问题。出现同一岗位分配不公平时，应当由本组织考虑解决。当前中国在收入分配上反映出的严重不公平问题，是行业之间的不公平，从根本上讲是国民收入分配结构失衡，必须由政府宏观调控解决，而直接行使这一职能的是公共财政。由于调整国民收入分配的直接杠杆是公共财政，因此，必须通过公共财政改革来调整国民收入分配，从而通过架构相对合理的国民收入分配格局，调整不同群体之间的收入结构，弥合不同群体之间的收入裂痕。操作途径是，增加国民收入初次分配比例以提高普通劳动者收入，梳理国民收入再分配内在结构以消除政府、垄断行业预算外收入，建立严格的预算支出机制，并增加公共产品与公共服务支出，彻底打破现行的养老保障体系，建立全体公众平等的养老保障体系。

当前行业分配不公平的问题，在理论上可以概括为国民收入三次分配不合理所导致的公共资源流向不合理。可以从两个渠道梳理，首先财政的体制性弊端是形成现有收入分配格局的根本原因，初次分配过于"亲资本""弱劳动"，二次分配中存在负福利效应和政府职能的错位。同时，劳动力市场不完善，劳资集体谈判制度缺失，劳动力价值被严重低估。另外，经济社会管理体制中存在的问题也导致分配不公，如相关制度安排的不完善导致行业、城乡差距，非法非正常收入、行业垄断及权利寻租行为的存在也加剧了收入差距。此外，我国的经济发展方式不合理、二元经济结构的存在和产业结构有待升级也是造成收入差距的原因。其次，国民收入分配现实无形中贬低了人力资本价值。生产决定分配，不同的所有制关系决定不同的收入分配制度，只有在生产资料社会占有的基础上，才能形成按劳分配为主体的分配关系。城乡差异扩大、地区不平衡加剧、行业垄断、腐败、公共产品供应不均、再分配措施落后等，都加剧了收入差距，但这些不是主要原因。收入差距扩大的主要原因还在于初次分配不公，而初次分配的核心问题在于劳动收入与资本收入的关系，这涉及生产关系和财产关系问题。由此，财政体制改革的关键不在于体制内部中央与地方的分配比例问题，而是如何打破传统的收入分配格局，以科学合理地调整城乡之间、行业之间、不同群体之间的收入比例。

第二节　垄断体制下的政府监管疏松

在政府垄断情境下公共产品高成本是非常普遍的问题，发达地区如此，中西部地区亦然。理性地讲，对于公共服务的一项特殊考虑就是服务分配的公平程度，实际上人们设计出公共产品和服务就是想吸引不同的顾客，利润最大化意味着必须劝说人们花尽可能多的钱，某种程度上也意味着服务主体要采用"价格歧视"（price discrimination）、市场细分以及其他与公平原则相对立的方式（弗林，2004）。垄断组织面临的问题是它们既要获利，又必须使服务能够对社会公平，这实际上在现行的政府垄断领域是做不到的。究其原因，政府管理在计划、组织、指挥、监督、控制及其反馈等职能方面，在业务流程上存在很大的不确定性。在政府组织内部，这种不确定性在监督职能上表现得尤为突出，纪检与监察、审计并没有严格遵循其监督管理的业务流程，即政府在监督管理方面的业务流程再造的可能性是非常大的。浙江省湖州市监察部门所实施的"盯梢"业务及其流程，对政府管理业务流程再造理论研究与实践创新都是很好的启示。

一、从湖州市监察部门"盯梢"监督管理案例说开去

2010 年 11 月 8 日，杭州早报一篇名为《一双"眼睛"三年为政府省下 17 亿——浙江湖州廉政监察组进驻 109 个政府投资建设项目》的文章发人深省。政府机关的一项监督管理业务流程再造措施，体现了不可思议的政府管理绩效，在所投资的 326.5 亿元的建设项目中节省成本 17.8 亿元。不仅让人看到政府业务流程再造的必要性以及可供选择的载体，更加体现了政府监督管理业务流程再造的前程。

该报道透露，"湖州市纪委监察局派驻政府投资重点建设项目廉政监察组"——在湖州市规划与建设局一楼的一间办公室门口，这块金闪闪的牌子特别引人注目。记者带着"廉政监察组"是不是就像港剧里经常出现的廉政公署特别行动组的问题，和监督主体进行面对面交流，对方的回答是，"我们的主要任务就是通过参加例会、查阅资料、听取意见、实地检查等方式，监控政府投资重点工程的每个环节"。实际上就是政府监督管理活动的具体化，监督业务流程的规范活动，廉政监察组长说，这种监督业务流程的具体规范就是把政府重大工程的一举一动，和监督监察有机地对接起来，做到尽可能的信息对称，对涉及政府成本与绩效的主要内容及时控制。其监督管理的业务流程再造可归纳如下。

1. 对政府项目实施全程"盯梢"

政府监督管理业务流程之所以需要再造，就是因为政府提供的公共产品在生产活动中的监督职能几乎流于形式。为再造监督管理业务流程，湖州市纪委监察局向市规划与建设局派驻廉政监察组，一共有 3 人，组长是姜水清，两位组员一位是原市规划与建设局质监站的站长，另外一位是市交通局的财务人员。这 3 人一般都是配合起来开展工作。一个工程还在前期准备时，他们就要提前介入，审查立项审批、资金到位、招标投标等环节；在施工建设时，他们每天要对现场施工、人员到岗、工程变更、资金支付等环节进行跟踪监控；即便是工程竣工了，他们还要在项目质量评估、安全鉴定、决算审计等方面，进行"扫尾审查"。

这个过程就是抓业务流程的要害，"简单点讲，就是要一天到晚跟着项目部

的人"，业务组长告诉记者，如查项目经理的到岗率，他们总是先到工地再拨对方的手机。有些项目经理有时候并不十分配合或者工作不十分到位，还自作聪明地说"我就在工地上"，结果在政府监督管理的业务流程到位的情况下，还是然能够及时纠正偏差。假定查到项目经理不在岗，监察部门的工作人员会毫不留情地告知业主单位，让他们进行相应的管理处罚。一般都是以硬约束处罚为主，即按照规定计算出罚款金额对应落实，被罚几次后，项目经理们就不敢再玩"失踪"了。自从监察监督小组"上任"后，该市规划与建设局项目工地上的工程监理和项目经理到岗率由过去的不足40%一下子超过95%，经过有关部门的鉴定，工程进度和质量较过去有了显著提高。

2. 签廉政承诺书严禁"吃拿卡要"

从具体的细节做起是传统政府监督无法做到的，这也是传统政府监督管理一直软约束的根本所在，湖州市政府监察部门的硬性约束监督在再造监督流程中主要体现的是紧扣管理机制，签署廉政承诺。内容是"本人自觉接受上级组织的检查、考核和验收，带头廉洁自律，不'吃、拿、卡、要'，做廉政建设表率；不以权谋私，不发生职务犯罪，不向施工队介绍分包队伍或材料等"。例如，在长湖申线湖州段航道扩建工程一期桥梁第一合同段项目部，每位责任人都签订了这样一份《廉政承诺书》。承诺书的最后，签字人还写了这么一段话："若因本人原因受到上级组织通报、批评和处分，我自愿接受相应处罚。"

同时，以契约的形式来规范中标单位，让工程责任人签订《廉政承诺书》，是进驻政府投资重点建设项目廉政监察组的又一个监督管理"杀手锏"。据悉，廉政监察组刚刚进驻公共产品生产主体的时候，这些单位和管理人员觉得增加了相应的压力，"我们觉得很不习惯，总觉得被一双眼睛时时盯着"，这是长湖申线湖州段航道扩建工程一期桥梁第一合同段项目部负责人凌妙青坦言，不过，没多久，他们就发现廉政监察组给项目部带来的绩效让他们眼前一亮，在日常的管理活动中遇到麻烦事情时，"不仅可搬出廉政监察组，拒绝那些上门推销材料的'游击队'，而且因为有了监督，还能获得群众的好评"。

另外，以契约的形式来规范中标单位，让工程负责人签订《廉洁从业承诺书》，这是湖州市纪委监察部门向政府投资重点建设项目派驻廉政监察组工作的一个缩影。湖州市委常委、市纪委书记王敏奇介绍说，2007年9月，湖州推出在政府投资重点建设项目派驻廉政监察组制度。市委、市政府、市纪委本着再造政府监督管理业务流程再造的理念，创新体制机制，强化资源整合，围绕"工程安全、资金安全、人员安全"建设目标，积极探索，大胆创新，走出了一条对重大工程建设项目进行有效监管之路，节省政府成本，促进了政府投资建设项目的优质高效和干部廉洁，获得了明显的绩效。他说，预计到明年年底，湖州将基本形成覆盖所有政府投资重点建设项目的工程建设领域廉政监督模式。而且，这种对政府投资重点建设项目进行全程"盯梢"的监督管理模式，在当年 11 月上旬全省召开的反腐倡廉建设创新经验交流会上，就政府监督管理业务流程再造作了重点介绍。

3. 政府监督在体制上实行"垂直"管理

政府监督业务在过去之所以是软约束，就是因为监督主体本身由同级政府管理，缺乏自主独立。针对传统政府投资重点建设项目管理主体多元化、监管职权较分散、责任落实不到位等突出问题，湖州市在原有监管模式基础上，按照"垂直、专业、权威"的原则，成立专门的廉政监察组织，组建了一支专兼职廉政监察员队伍。2010 年，全市派驻廉政监察组共有 19 个，有廉政监察员 55 人，派驻项目 109 个，涉及总投资额 326.5 亿元，成为全市政府投资重点建设项目"廉政监督网"的核心。从政府监督管理业务流程的角度讲，体制上的"垂直"管理，能够使廉政监察组独立性增强。首先，由同级纪检监察机关派出，仅对派出机关负责并报告工作，是自上而下、相对独立的监督机构，具有自主性。其次，垂直管理能够使廉政监察员更加专业，可以从监察、审计、财政、建设、水利、交通等建设重大项目的部门中抽调有关专业人员选聘，要求必须熟悉工程建设有关法律、法规和相关专业知识。为此，监察部门还先后举办了 20 期廉政监察员业务培训班。再次，廉政监察组具有很高的权威性。组长全部由一批政治素质好、原则性强的部门新退出现职的领导干部担任，同时赋予廉政监察组具有列席会议、查阅资料、实地检查、建议整改、定期报告等五项权力，规定建设项目主管部门、项目业主不得干涉阻碍廉政监察组行使相关权力，切实维护廉政监察组的监督地位和监督权威。

在监督管理业务主体建设方面，规定了廉政监察组的工作职责、工作内容、工作程序、工作纪律、资料归档与管理等。规定廉政监察组具有 7 项工作职责，重点监督项目业主执行建设项目管理有关廉政方面的法律、法规和相关规定情况，各项廉政制度的执行情况以及项目实施过程中招标投标、合同履行、工程变更、资金使用、财务管理及决算审计等重要环节的廉政情况。同时，还明确了派驻廉政监察组五条工作纪律，实行廉政监察员派驻回避制度，以防止廉政监察组成员自身发生违纪违法行为。

4. 界定监督管理主体业务方法

为了使政府监督管理业务流程科学规范，政府为其赋予了监督任务，廉政监察组组长姜水清说，"我们的主要任务，就是通过参加例会、查阅资料、听取意见、实地检查等方式，监控政府投资重点工程的每个环节"。工程的一举一动，我们必须做到尽在掌握。如何履行廉政监察组加强监督、发现问题的职责？廉政监察组坚持事前预防、事中监督、事后评估的工作思路，做到廉政监察"零距离、面对面、全过程、全方位"。

"零距离"现场监督。廉政监察组全部实行现场挂牌办公，把监督管理的关口前移到工程建设的前沿阵地。监察组成员定期列席涉及项目建设的有关会议，对工程建设各项重大决策进行"零距离"监督；定期检查工程施工现场，对各项管理制度落实情况进行"零距离"监督；定期收集分析资料台账，对项目资金到位、资金支付和财务管理等情况进行"零距离"监督。根据统计调查发现，全市各级廉政监察组共列席工程建设相关会议 778 次，开展现场检查 1444 次，开展财务检查 321 次。南浔区监察组在开展对区行政中心绿化工程现场检查时，发现施工标准不符合要求，通过验收当场核减工程款 20 万元。

"面对面"查找问题，按照业务流程处理。要求监察组坚持原则，发现问题不隐瞒、不回避，区别情况，及时采取措施进行处理。对一般问题及时向施工单位、监理单位指出、督促整改，如项目经理、监理人员到位，用料标准、施工程序、安全管理等；对较严重问题通报业主单位、施工单位、监理单位限期整改，如未签订《廉政合同》，项目变更、资金支付审批程序不到位等；对突出和普遍性问题向派出机关报告，由派出机关责成或协调主管部门督促参建单位落实整改。目前，全市各级监察组共纠正建设项目在招投标、工程量变更、建设质量、资金财务管理等方面存在的问题 79 个，向建设单位提出合理化建议 317 条，督促建设项目补签廉政合同 56 份，有效预防了工程建设领域腐败问题的发生。

"全方位"延伸监督。凡与项目建设有关的环节，监察组都将其列入监督范围，积极发挥其身处一线的优势，对监督过程中发现的项目立项审批、规划土地管理、环境影响评介、招标投标管理、资金财务管理等环节中存在的共性问题，通过信息报送、专题报告、延伸派驻等途径，向相关职能部门提出改进意见和建议。在向市政府投资重点工程派驻政府监察组后，通过严把投标单位资格准入关、与中标单位负责人廉洁谈话、中标单位负责人签订廉洁承诺书后再下发中标通知书等方式，防范在招投标过程中可能出现的不廉洁行为。两年多来，监察组对有行贿行为的 3 家企业或个人进行了处理。2008 年 10 月，市公安局监管中心

1 标段工程，投资额 1800 万元，本来浙江某建设有限公司中标，但因该企业有不良记录，被取消中标资格。2008 年 11 月，市出入境检验检疫局综合实验用房工程，投资额 3000 万元，某建设集团因为有行贿记录，被取消投标资格。2010 年 8 月，市中心城区综合整治工程 6 标段项目，投资额 2150 万元，由湖州某建筑工程有限公司中标，但因为该项目负责人有"案底"，监察组及时向纪委监察部门汇报，最后取消了该项目负责人的从业资格。截至 2010 年 10 月，派驻招投标工作廉政监察组先与中标单位负责人进行廉洁谈话 130 次，签订廉洁承诺书 93 份，提出相关意见、建议 24 条。

5. 借助各方面力量寻找业务流程科学化标杆

积极发挥廉政监察组的作用，指导业主单位、施工单位，突出"依法管理、廉洁从业、诚实守信"主题，遵循"内容适合、形式适当、规模适度"原则，在工程项目部和施工现场布置廉政文化宣传牌、张贴廉洁自律承诺书、设置廉政文化宣传橱窗，向干部员工发放廉政文化宣传手册，并专门设置监督建议箱和监督建议电话，在工程建设领域营造良好的廉洁从业氛围。先后举办工程建设领域依法经营廉洁从业教育培训会，面向全社会开展监督文化，进行工程格言警句征集等活动，根据不同对象开展不同形式不同层次的理想信念教育、职业道德教育、党纪条规和法律法规教育及警示教育，以增强建设项目管理人员和建设者的政府成本与绩效意识。政府投资建设项目涉及参建各方和社会多个层面，需要把各方面的监督资源充分整合起来，有机统一于工程建设之中。这就必须注重采取综合措施，运用综合手段，形成综合效果。

借用科技手段。他们推行施工管理人员指纹识别电子签到、现场视频监控、不良行为黑名单电子查询系统等措施，提高科技含量，强化技术监督，实现建设领域反腐手段的现代化。长兴县在省重点工程环太湖公路及太湖大堤加固建设项目中，对项目施工现场管理人员采用指纹考勤办法，考勤人员在上班时间到施工现场进行考勤，计算机自动生成出勤率。对无故不能到岗的人员实行经济处罚，截至目前，已累计扣除施工单位、监理单位违约金 20 余万元，有效避免了人为补签、改签等现象。

借鉴专业优势。充分发挥廉政监察组成员熟悉审计、财政等专业的优势，对监督检查中发现的问题采取问题函告、处理建议等形式，借势借力，提升监察综合效率。安吉县监督监察组在对定胜河中低产田改造项目监督检查中，先后向县审计部门发出 4 份工作联系单，审计部门根据廉政监察组提供的"线索"，对该项目中存在的工程造价问题进行认真审计，最终核减工程款 101.34 万元，核减率为 15.2% 。

借助群众力量。梅东拆迁安置房建设项目是市重点项目。太湖旅游度假区管委会和白雀乡政府专门邀请工程所在地莫田村村民推选出的 7 名公道正派、有一定工程建设经验的农民代表，设立"村民代表室"，协助监理单位监督工程质量并参与工程廉政监督。开工初期工地上拉来一批多孔砖，农民代表检查后认为质量有问题，及时向工程指挥部报告，经查实，10 万块砖的订单全部被取消，挽回经济损失近 10 万元。农民代表还参与项目监督工程活动，在"农民代表室"里张贴廉政制度和廉政警示宣传画。农民代表参与项目监督后，梅东拆迁安置房建设项目施工一年多，1000 多名被拆迁安置的农民未与工程施工单位发生一起矛盾纠纷。

二、政府监督管理业务流程的创新实践

湖州市政府监督管理在业务流程上再造的典型案例，让人感到非常欣慰的不是湖州市三年节省政府成本 17.8 亿元的经济社会效应，而是看到了其中隐含的现代公共管理以及政府管理业务流程再造的创新实践。作为理论研究，人们应当着重从下列方面产生相应的思考与分析。

1. "盯梢"对接了现代公共管理的理念

首先，传统的政府监督管理流程下有不少的劣根性，其集中体现是政府监督业务的软约束，直接造成了其所属的公共产品服务业绩不佳。生产公共产品的单位经常面对的是没有竞争力的压力，这些单位被设计为垄断机构，无需面对竞争，即使一些隐蔽的垄断机构，也经常享有许多法定优势，准入门槛太高。其次，依据传统的政府监督管理业务流程，政府垄断机构并不总是为其绩效与成本情况负责，政府对其考核非常宽泛，缺乏相应的定量指标，这些垄断机构的财务也无法用经营指标分析绩效或成本，他们的信息系统是用来帮助政府为公共单位配给每年的资源，而不是通过监督管理或流程建立测量其生产价值（道格拉斯，1993）。再次，传统的政府监督管理业务很少考虑为管理者和工作人员提供有效的成本与绩效动机，由于政府并不经常过问成本与绩效改进情况，公共组织内部管理者有很多理由花费更多的财政资金雇用更多的非编制人员，或者以各种理由膨胀业务费用甚至于贪污腐败，而不去主动考虑控制成本。最后，公共组织经常以追求政治目标、社会责任为由获得缺乏监督的经常性财政拨款，甚至于许多资金宽裕的地方政府还要以各种理由可能要随时追加拨款。例如，烟草专卖部门在

不公布每项服务的实际成本的情况下，没有任何人能够判断其政治目标或者社会责任究竟如何。公共组织的内部管理问题特别是监督管理业务和私人领域相比较，确实过于陈旧了。

湖州市监察部门的监督管理业务的再造，打开了对接现代公共管理之门。现代公共管理，对于政府来说至关重要的是探索提升政府效能和服务品质的创新机制，从而转变政府职能，建立节约型政府对于政府绩效是一个根本性标杆，也成为中国政府公共管理改革的主旋律。现实地讲，传统的政府管理不论在公共产品还是在无形公共产品的生产经营上，都是软约束的，而且似乎很难找到硬性约束的办法，公共领域的"公地悲剧"成了"不治之症"，自从20世纪90年代西方国家推行企业家政府，现代公共管理理念逐渐根植于政府活动中，但是实际操作中似乎难以对接。我们从浙江湖州市监察部门的监督业务流程再造实践中真正找到了答案，使现代公共管理的理念变为管理实践。作为政府投资的重点项目，是政府生产公共产品的主体，廉政监察组进驻和现代公共管理理念有机结合，从真正意义上再造了监督管理的业务流程，对接了现代国际公共管理。政府能够通过各种管理举措硬性约束自己，这是现代公共管理理念对传统行政管理的挑战，政府不仅引导社会实现全体公众的共同目标，而且率先垂范，节省公共资源，为人们称道。

2. 从政府监督职能上体现了政府管理业务流程再造

政治体制改革，最终体现在政府管理机制的转变，如果没有或者缺乏操作依据，政府管理的业务流程始终走不出传统的没有基本标杆的框架，针对这种状况人们提出要进行政府管理业务流程的再造。实际上，政务管理业务流程再造是企业的业务流程再造理论在政府管理中的应用，根植于企业家政府理念，政务可以分为核心政务、支撑政务和非稳态政务，只是政务流程的内涵和特性不同于企业的业务流程。过去没有达到政府管理业务流程再造，是因为缺乏一种既务实又外在的公共监督，湖州市在政府投资的重点领域进驻监察组实际上就是现代公共管理在政府管理业务流程再造上所推崇的外在监督环节，而且这种以监察部门为主体的监督是非常务实的，特别是廉政监察组的"垂直"管理和对政府投资项目的全程"盯梢"，以及应用现代管理工具，如指纹识别电子签到法，从细节上再造了政府管理业务流程。传统的政府管理业务流程，虽然可以分为计划、组织、指挥、控制、监督和反馈等职能，但仔细分析政府管理实践，其他职能都是相对到位的，唯独监督职能缺乏具体的措施。纪检与监察机关一般都是在有人举报才去监督，审计监督大都是抽样监督，这种监督在很多情况下都属于一种威慑作用，作为管理职能它并没有常态化。假定政府管理的某一职能不能到位或者说不能形成日常的规律性工作，那么这个职能肯定就是形同虚设了，科学的管理职能并非是当人举报或者随心所欲地抽查，而是按照规律日常运转。就监督职能来说，到位的监督职能分为事先监督、事中监督与事后监督，实际上是贯穿于事情主体全过程的监督，而传统的纪检、监察与审计并没有规律性地实施全过程监督。因此，这些机构的监督并不能体现政府管理应有的监督职能。当然，不能体现监督职能的原因并非这些机构本身，而是这些机构的业务流程的错位，湖州市监察部门的"盯梢"起到了全过程监督作用，真正体现了现代政府管理的监督职能，即从一定意义上讲，再造了政府管理在监督职能上的业务流程。

湖州市政府监察部门给公共管理理论与实践最大的启示是，转变或规范政府原有的工作思路，就会产生政府管理业务流程再造的效果，也不完全在于某个职能机构的设置如何，关键是该职能机构如何结合工作实际对接自身的工作流程。打破传统职能的关键因素是创造新的工作过程，包括重新设计工作流程，用企业流程再造或其他方式打破传统政府流水线的工作模式；重新设计职位，用公务员多技能的职位取代范围狭窄的职位描述和分类，界定角色和结果而不是职位数量；重新设计管理结构，减少管理层级或合并管理职位，以工作团队取代职能单位，其中公务员个人应有共同的绩效目标；重新设计工作场所，打破单位与人员之间的自然障碍。湖州市监察部门的"盯梢"实际上就是这样一种有的放矢的管理流程。

3. 把政府绩效体现在硬性约束政府成本上

中国公共产品政府垄断经营管理的高成本问题，是社会公众诟病的主要问题。多年来，从中央到地方政府都在寻求可行的途径解决，但是政府成本膨胀现象不但不能根除，而且有不断上升的势头。其原因主要是政府管理的软约束特征无法从根本上遏制政府成本的膨胀，这样，如何使政府管理成本从软约束转为硬性约束，是一个公共管理领域的重要课题，也很少有人有效地解决它。而湖州市的做法让人们找到了现实的答案，廉政监察组在三年内就为政府节省了17.8亿元的绩效，这就是硬性约束成本的结果。

在评价政府绩效过程中，成本是基本载体，绩效评估指明了方向，但却不一定让某个人采取行动，特别是当某些情况下存在着官僚和政治障碍时，政府或公务员的绩效就会变为由权威人士主观决定，监督管理变得平淡无味。而当人们从最基本的成本要素出发来分析时，任何意义上的辩解似乎显得幼稚可笑。湖州监察部门的控制绩效说明政府成本的硬性约束是在日常工作的不同环节体现的，具体的监督业务造就了硬性指标，这里将其归纳为表4-1。

表4-1　湖州市监察部门"盯梢"要目归纳

主要举措	基本内容	节省成本或绩效
对政府项目实施全程"盯梢"	对政府建设的大型项目进行全过程监督，包括事先、事中与事后监督	监督成为政府管理业务流程规律
签廉政承诺书严禁"吃拿卡要"	围绕"工程安全、资金安全、人员安全"建设目标，与工程负责人签订《廉洁从业承诺书》	拒绝推销材料的"游击队"，获得群众的好评
建立监察"垂直"管理模式	全市派驻廉政监察组共有19个，有廉政监察员55人，派驻项目109个	规范招标投标、合同履行、工程变更、资金使用、财务管理及决算审计等重要环节
统一全程"盯梢"基本要求	"零距离"现场监督；"面对面"查找问题；"全过程"跟踪监控；"全方位"延伸监督	与中标单位负责谈话130次，签订《廉洁承诺书》93份，提出意见、建议371条
借助各种力量综合推进监督工作	借用科技手段；借鉴专业优势；借助群众力量	建立政府监督体系
成果	为社会节约财政资金17.8亿元	

　　表4-1是湖州市政府监察部门硬性约束政府公共产品生产活动成本的主要做法以及所产生的效果，从中可以看出，无论是全程"盯梢"、签署责任书、建立垂直的管理模式，以及统一"盯梢"要求并借助各种力量，内容非常翔实，所产生的绩效具体而明显。特别要说明的是，传统的监督管理一般都是平行的，即本级政府管理监督，湖州市监察部门所建立的"垂直"管理模式的监督作用更加明显，它可以避免平行级别的政府为某种事情说情、干涉甚至于横加指责。这种硬性约束的管理办法实际上就是新西兰、澳大利亚、美国、英国等提倡的企业家政府，通过硬性约束的举措，在真正意义上控制了政府成本，从而提高了政府公共产品服务的数量、效率、效能与质量。

　　4. 为政府成本与绩效评价找到了标杆

　　众所周知，政府绩效是指运用科学的方法、标准和程序，制定政府的长期和目标、达成目标的策略、评估绩效的标准，对政府公共部门管理过程中产出中期成果和最终成果所反映的绩效进行评定和划分等级，从而对行政机构运作进行和评价的一系列活动的总称。但是，在实践中，如何找到可操作的标杆，在目前能够让人们达成共识的标杆并不多。湖州市的廉政监察组进驻政府投资项目的做法真正找到了标杆，为评价政府公共产品建设绩效找到了依据。当前，政府管理也在不断地改革，许多学者在建立政府绩效考核指标，却从来不考虑政府成本，如果不考虑政府成本，政府绩效的载体究竟在哪里。我们认为，像企业组织一样，公共产品本身就依赖于市场，价格与利润、顾客、财政底线，都是考核政府绩效最基本的要素。对于习惯在官僚环境中运作的政府管理者而言，要真正建立成本或绩效标杆须经历管理上巨大的变化，规则完全不同了，成本就成了政府绩效生死攸关的问题（奥斯本和普拉斯特里克，2004）。新西兰的国有企业为了适应市场，不得不削减成本，首先解雇了一大半职工。还有一些国家在政府生产公共产品的单位雇用私人领域的高层管理者的原因就是建立真正的绩效标杆。

对公务员在"德、能、勤、绩"等方面的评价，看起来是非常全面的，由此而建立的政府绩效标杆似乎也很有说服力。实际上他仅仅是个纲领，不同部门或机构、不同岗位的公务员应当有其不同的考核标杆。例如，卫生局的地方病管理处处长被要求的能力与绩效考核与教育局职业教育处处长被要求的能力与绩效绝对是不一样的。因此，政府管理成本与绩效标杆究竟必须根据本职工作并结合现实找到相应的载体，才能科学规范地建立。例如，湖州市监察部门以承诺书的签订、和相关人员谈话、财务查账、借助各种力量等方式，获得了节省财政资金 17.8 亿元的绩效，在真正意义上找到了政府成本与绩效的标杆。

综上所述，湖州市监察部门为政府投资的大型项目派驻廉政监察组进行"盯梢"的做法，是公共管理实践的创新，是非常务实的转变政府管理职能，再造政府监督管理业务流程的行为，于细微处体现了政府监督业务流程的革命，值得引起各级政府和从事公共管理理论研究的仁人志士深思。

三、政府垄断体制下无法弥补内部管理疏松

就政府垄断下的公共产品服务来说，湖州市监察部门的做法确实再造了政府管理业务流程，在真正意义上为政府监察职能确立了成本与绩效管理的标杆，这些标杆的建立可谓是脚踏实地的，既灵活机动又确实可靠，节省了大量的财政资金。假定把湖州市监察部门的"盯梢"推广到全国各级政府，可能每年会节省上万亿元财政资金。

　　虽说湖州市政府的管理行为值得社会推崇与称赞，但是如果进一步深思，这种政府内部管理无法弥补公共产品服务体制的缺憾。人们不禁要问，湖州市政府通过内部管理 3 年能够轻易地节省 17.8 亿元的公共产品成本，原因何在？如果进一步科学计算，可不可以进一步节省成本？在私人领域生产同样的公共产品能不能有如此多的成本可以节省？一系列问题我们这里不能做正面回答。我们回到私人领域，在私人或者其他组织内部，如果增加湖州市监察部门上述管理举措，要有"盯梢"产生的绩效，无论如何也是无法实现的，这种"盯梢"节省的政府成本要比一般私人领域的税后利润还要高。只有在产权不到位的政府垄断领域才有如此的管理潜能，我们不能把政府垄断组织本身产生的高成本原因归结为内部管理不善，公共产品服务体制不合理才是公共产品高成本或者能够大量节省成本的根源。现实的政府垄断公共产品基本上借用的是政府机关的管理与考核办法，这种考核或管理办法是建立在产权不到位基础上的。实际上在一个组织内部节省成本的潜力越大，说明这个组织的管理越混乱，或者说资源浪费现象越严重，帕雷托改善原理告诉人们，资源配置最优的标志是现行的配置方法如果再做变动就会是负面效应。政府垄断本身是低效率的资源配置制度，如果不从公共产品的服务体制上考虑问题，仅仅从内部管理上解决问题，难以找到公共产品低成本服务的载体。

　　人们必须清醒地认识到，在现行的公共产品政府垄断状态下，公共产品生产单位的内部管理无法替代公共产品供给服务体制本身带来的缺憾。分析判断公共产品成本高低，必须首先要考虑服务体制所产生的影响。从顺向思维来讲，内部管理因素决定原有的服务体制是否要改革，反过来从逆向思维讲，当一种服务体制制约了内部管理进一步落实的可能时，改变服务体制则是强化内部管理的根本（奥斯特罗姆，2000）。外部环境改变了，内部的个体本身要被动地接受改变，他们之所以是被动接受这种改变，是因为在整个社会群体中，他们总体上是既得利益者阶层，即使再懒惰、再不想去费心考虑节省成本，也始终没有失去社会平均利益的机会。之所以要从服务体制变革做起，其机理可由图 4-1 表示。

　　体制变革反作用于内部成本与绩效管理，当一种服务体制已经无法适应内部管理成本与绩效达到理想状态时，内部管理无法左右成本与绩效。现实的政府垄断公共产品的高成本问题是服务体制问题，当服务体制问题解决了，内部管理自然强化了。有关收益、成本、共有规范的信息实际上都是变量，这种变量要真正发挥作用，应该是有条件的，即体制建设问题。我们不得不承认，湖州市监察部门在监督管理上的成功，而且它肯定为其他各级政府提供很好的政府垄断管理可

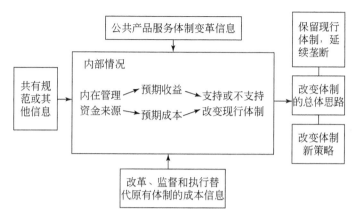

图 4-1　体制变革决定内部管理成本与绩效变革

行依据，但是它确实无法从根本上解决政府垄断公共产品的高成本问题，公共产品服务体制的变革才是攻破社会公共资源，造就社会福祉的根本。试想，在总共"盯梢"的 109 个项目中，涉及总投资额 326.5 亿元，节省了财政资金 17.8 亿元，可谓成就斐然，但是当一种管理体制中存在如此巨大的成本节省潜能时，人们不得不深思这种管理体制生命周期究竟是否应该结束。在许多情况下，当一种措施在实施活动中所带来的绩效非常好时，说明其所面对的体制是非常落后的。例如，人们在传统农业里投入相应的资源时所增加的产出比远比现代农业要高，原因就是传统农业的体制落后，湖州市的监督管理业务流程再造带来如此绩效，其道理亦然。

四、政府监管必须再造政府管理业务流程

政府管理业务流程问题，是现代公共管理极力追求解决的重大问题，政府管理的计划、组织、指挥、监督以及控制与反馈职能都离不开细节的业务流程再造。假定政府管理业务流程没有具体的标杆，无论如何也难以控制政府管理成本并提高绩效。理论与实践充分证明，如果囿于传统的官僚体制上找政府管理业务流程再造的标杆，可能不大会有人们理想中的标杆出现，因为在目前的世界上，任何人也无法废除政府的官僚体制而建立一个更加科学的管理体制。

业务流程再造内容告诉人们，政府监督管理业务流程体现在细微的工作过程中，只有当在具体的工作思路、制度、方法创新后，政府监督管理业务流程本身

才能科学适用。即传统的政府监督管理软约束不在于政府监督管理体制本身，而在于政府监督管理的日常活动或过程，由此，无论是政府监督管理业务流程再造也好，还是政府在计划、组织、指挥、控制、监督、反馈等总体管理方面的业务流程再造，都是一个转变传统工作思维、制度、方法的过程。人类社会的一切进步是内容的进步，而并非是形式上的进步。另外，还必须明确的是，湖州市监察部门在监督管理业务流程上的再造仅仅是政府监督管理方面的创新，能够提升政府管理绩效（这种绩效因监督客体的不同可能差别是非常大的），但它并不能解决监督客体本身的体制问题，传统的公共产品政府垄断体制的桎梏不可能通过政府监督管理业务流程的再造来打破，公共产品政府垄断的低效率问题，必须通过建立市场竞争体制来从根本上解决。因此，政府监督管理业务流程优劣与否，与低效率的政府垄断体制之间没有丝毫联系。

第三节　政府绩效认同危机及解析

随着政府管理理念由传统的"管理型"活动过程向服务型活动的转型，公众对政府行为的透明性、服务性、可控制性回应性方面的要求不断提高，国际政府管理领域对政府管理绩效认同的研究也越来越受到重视。政府管理的绩效认同已经有了更深层次的含义，某一重大决策结果如何，特别是体现在收入分配、重大工程建设、社会保障等与民生问题相关的决策及管理活动所体现的结果，是公众检验各级政府管理绩效的基本标杆。过去人们提出要重视政府绩效，因不同区域政府管理绩效不同，理论界提出要对政府绩效进行评估，即对政府绩效进行认同，在认同过程中，对那些缺乏透明度与客观性的政府管理绩效，有了很多质疑声音，也就是对政府管理绩效的认同危机①。

一、政府管理绩效认同的基本标杆

政府管理绩效既有可评判的载体标志，又有对其认同的主体。一般地讲，政府管理绩效认同的主体应该是多维的，包括社会公众、非政府组织（社会中介机构），以及政府内部的上下级组织等。绩效认同标准应当落实在包括公众幸福指数在内的多维载体。这里，我们重点就经济效率、分配公平、责任和适应性等进

---

① 当某一政府的政府绩效在公开、透明后得不到绝大多数公众的赞同时，我们认为就是政府绩效认同的危机。

行分析。

1. 公共决策与管理活动中的经济绩效

在现实状况下，政府在公共决策与管理活动中的经济绩效仍然是社会及其不同绩效认同主体认同政府绩效的核心内容。各级或不同部门的政府，在很大程度上以谋求公众福祉最大化进行许许多多的决策与管理活动，公众福祉又是与经济绩效不可分割的一个整体，某一区域社会经济绩效突出，其公众的福祉相应就好，反之，就不可能好。例如，中国东部地区在改革开放初期借助于中央政府的政策倾斜获得了较之于中、西部地区更快的经济发展，其公众也就从中获得了较之于中、西部更多的福祉。因此，从根本上讲，用经济效率所表述或体现的绩效是由资源配置及再配置相关的净收益流量的变化决定的，也是传统政府绩效评价的主要标准。帕雷托改善原理告诉人们，如果政府管理的经济行为是有效的，没有任何资源再配置会在不使其他人状况恶化情况下促进某些人或某个群体的福利改善，这一概念当然与政府经营的公共产品或基础设施的可持续性紧密相关，只有在基础设施的运行和维护所带来的收益超过其全部的直接和间接成本时，这个项目才具有可持续性（施罗德和温，2000）。事实上，一项设施的运行维护成本超过以上这些活动的收益时，让它老化或者消失是一种更好的选择。效率概念在收益与成本估计或投资回报率等绩效评价中起决定作用，它常常被用来确定政府的公共产品、基础设施、工程项目等在经济上的可行性。政府在竞争市场中进行干预的一个主要原因是公益物品的公平享有，政府管理所产生的有些制度，如逃避责任这样的机会主义行为可能导致无效率的资源配置，当然就会产生绩效认同危机。因此，政府管理考虑替代制度安排时，对修改规则将如何改变行为及资源配置进行考察，具有关键的意义。现实中往往出现一些不尽如人意的现象，政府管理活动在制度已经确立的情况下，以个人利益或集团利益为"原则"，作出危害公众现实或长远利益的不规范选择，从而违背了"社会利益就是社会成员的利益总和"（边沁和缪勒，1999），破坏了政府管理绩效认同规律。

随着社会经济的发展，政府管理绩效表现也越来越深层次化。政府从传统的直接生产经营公共产品转向多渠道，政府通过公共政策与决策尽可能地将公共产品生产经营由既往的直接转向间接，通过融资政策调动起全社会的积极性发展公众必需的公共产品或公共设施。公共产品或公共基础设施开发的替代融资手段对资源配置有不同影响，最为显著的绩效是用富人的钱为穷人搞福利。在另外一种情况下，政府用各种征税及收费手段对行为产生非中性的影响，它可能会被过去或现在看起来对社会的总福利改善变为未来社会总福利的恶化，并影响经济效率。例如，如果税收被用来禁止那些令人不满的外部效应或边际效应的产生，那么就会带来比较高的经济效率，正如对酒类征税。再者，如果公共产品价格已经精确地反映了自己的社会消费成本，价格方面的诱导性税收变动反过来改变生产者或消费者的决策，也导致社会福利的净损失。在这种情况下，政府管理的经济绩效就是相对差的。

2. 公共资源配置活动中的社会公平

从社会公平而言，经济绩效并不是判断政府管理制度产生可持续的唯一标准。在民生、公众福祉理念下，政府对不同阶层或群体的公平对待可能是更加重要的。一般地，判断公平或公正最主要的方法是，以个人所作的贡献和他所得到的收益之间的对等为基础；以不同能力得到不同报酬为基础。政府作为政府管理主体，所作的改革决策、管理活动，以及确立的资源配置制度，在社会公平方面的绩效主要考虑两个方面。

一是保持财政平衡。构成交换的公平概念认为，谁从服务中获益，谁就应该承担该项服务的财政负担，且谁获益较多，就要付出较多。这个概念本质上表现出的内容是，公共产品分配或公共服务之收益与提供该服务的成本之间的财政平衡。对财政平衡或不平衡的理解，影响到个人对公共设施开发和维护进行付费的意愿。如果政府管理基础设施的使用者感觉到，在相同的条件下，他们所被要求付出的货币资源和其他使用者相比有明显的差异，他们就不愿意去做。因此，当纳税人发现或者觉察到他们的某些邻居没有缴纳地方税，他们也可能决定不缴税或者逃避，最终导致比较低的税收缴纳①。另外，所有人都可以直接观察到，劳动力的实物形式可以为社会公共设施的建造和维护"融资"。

从再分配来看，其严重失衡的国家或地区，将资源再分配向弱势群体、穷人阶层或者产业阶层倾斜的政策是相当重要的。因此，虽然效率准则规定稀缺资源应被用到能生产最大纯收益的地方，但公平的目标则可能使有利于贫穷人群的设施得到发展。近年来，党中央一直强调民生工程，目的就是使不同群体之间的福利或收入差距逐渐降低，直至这种差距趋向于零。政府还要引导那些比较富有的

---

① 实际上当一种公共政策诞生之初，人们都不敢轻易违背，但当有人试探性地违背了而没有被政府发现或者发现后所处理的程度使当事人的违背得益大于处理成本时，其他人也就陆续仿效了（例如，逃避税收就是如此）。一种制造高成本的社会现象也就出现了。

个人尽可能地把钱用于资源项目①。再分配的目标常常被描述为低收入国家或地区基础设施投资的基本原理，而且正因如此，这类活动通常都得到补贴。然而在假设穷人是补贴服务的主要受益者时应该进一步冷静思考，实际上，已有人断言"从免费服务中受益最多的常常是中产阶级和富人，而不是穷人"（施罗德和温，2000）。而且，收入再分配的目的常常被那些从事寻租行为的人用来使公共部门的活动合法化，这些活动事实上使那些需要较少的人获得了不相称的收益②。在制度安排上，尤其是在有型公共产品开发和使用的制度安排公平方面，这两种公平观点能够导致截然不同的结论。例如，如果一所大学应该为所有求知者提供福祉，那么收益或财政平衡原则要求每个享受大学教育的人支付与他们使用大学相关的边际成本。但是根据支付能力的原则，这样的收费却并不合适，因为这样做会减少低收入阶层读大学的机会。这种观点表明，该大学服务项目的建设应该通过其他方法（这些方法包含有自身的公平内涵）得到补贴。不仅如此，公平分配还要影响到基尼系数和恩格尔系数，因此，在研究政府绩效问题上不能忽视公平分配。从大的方面讲，当前中国最为明显的不公平是不同社会集团之间的收入差距，近年来的公务员招考中，数百人甚至上千人争取一个岗位，有的政府垄断的公共领域的"子弟占座"现象③，根本原因是公务员、垄断部门和一般工薪阶层之间有较大的收入差距。

3. 公共产品管理制度的政府责任

政府管理的主体责任是责无旁贷的，强调政府官员对公民负有说明一项公共设施的开发和使用的责任，其基本标志是公共产品管理制度。如果责任缺失，供给决策可能在没有考虑最终使用者的愿望的情况下作出，这很可能违背决策初衷。另外，如果政府不负责任，相关人员就能够成功地实施各种寻租策略。最后，政府官员不承担责任可能导致因制度建设不当致使公共基础设施建设的不当，以增大政府管理成本。实践中许多政府垄断管理的高成本或无绩效现象，都是由于缺乏政府责任所导致的，有关稀缺资源使用的责任常常是最重要的内容，特别是在社会经济与政府管理快速发展的当今，慈善机构和其他机构捐助的公共产品越来越多、捐助数额越来越大，包括财政资金与社会公益资金的使用。如果

---

① 例如，那些有思想、有眼光的企业家、事业家，他们在教育、医疗卫生以及其他公共项目上投资，以为公众服务。邵逸夫无偿投资的大学、中学、小学遍布全中国。

② 现实中的政府官员贪污受贿等侵吞国家财富者，实际上就是凭借公共设施的建设特权，从中获得了利益，从而在边际上增加了贫富悬殊。

③ 广东清远盐业局28个领导管17个兵 裙带挤满一个局，2011年1月30日，新闻晚报。

没有适当的责任，目标群体不可能得到资助项目所带来的收益，资源可能更容易被浪费。因此，公共产品管理制度的政府责任绩效，实际上就是关注效率和公平的绩效目标。然而，现实社会里，政府管理活动常常缺乏竞争、新闻自由和独立的司法制度，特别是一些偏远地区或农村地区，要确保政府官员的职责落实可能更加困难。有关分析证明，政府在公共产品管理制度方面的责任目标不一定要与效率和公平这些目标发生激烈的冲突，实现效率确实需要决策者能够得到有关公民偏好的信息。政府如果能够有效聚集决策信息，了解到不同阶层的意见和建议，有助于管理制度的责任绩效最大化，同时也有助于增加责任并促使公平分配目标的实现。

4. 公共资源配置制度的标准权衡

从绩效认同的制度安排考虑，当使用各种不同绩效标准作为绩效认同并选择替代制度安排的基础时，进行权衡常常是必要的。在绩效目标和公共资源分配公平目标之间进行选择尤为重要。虽然在许多情况下人们没有对再分配的重要地位提出质疑，但是资源必须是以有效配置为目标。实际上，这个目标并不必然地与公平分配目标冲突。在公共政策方面，公共设施投资针对的是社会的特殊部分，如穷人中最穷的人，这些设施的运转仍然是为了实现其目标群体从这种投资中得到最大限度的收益。虽然任何有关效率和公平间权衡的最终决策必须由每个国家的公民和政府作出，然而从这种目标投资中获得对贫困阶层最大化回报与对稀缺资源投资效率的忽视相比，前者仍然是最可取的。在考虑到为建立公共资源公平分配的替代方案时，另一个权衡问题也非常明显。从政治意义上讲，公平分配是社会和谐的前提，现存的公共资源分配方案必须考虑社会成本，事实上人们想从不同性质的劳动中区分社会贡献是非常幼稚的。我们假定有 A、B、C 三个不同工作性质的劳动者，A 为公务员，B 为学校老师，C 为道路清洁工。他们的劳动究竟谁的贡献更大，谁的贡献相对小，可能科学家也无法判断。既然如此，我们的制度安排何以区别出相对较大的收入差距与养老、社会保障等不同层级的不同待遇。

就政府日常管理领域来讲，政府绩效的标准权衡可能相对具体。这里我们以高速公路使用情况为例做简要分析。我们知道，在高速公路上，拥挤成本很可能是零，从公众与政府角度讲，使用者的有效付费应该只等于和每个其他使用者相关的边际维护成本，前提是假设政府管理这类收费具有现实的可行性，强制征收超过维护边际成本的费用，把公路的使用限制在低于公共有效的水平，所达到的将是次优的绩效。然而，由于公共收入还不富裕，主要的公路维护是要求减缓由于日积月累的车辆行走和气候变化引起的老化，因此，政府维护高速公路成本比仅仅由于交通问题而带来的维护成本高得多。这就意味着按照有效价格收费，假定这一价格等于使用的边际维护成本，会产生税赋收入无法达到维护公路所需的全部成本。如果要强制实行有效定价，必须要找到某种替代性的渐增收入，以产生所需的附加成本。这就需要科学地权衡，公共资源制度的标准在什么样的状态下才能体现真正意义上的政府管理绩效。

二、政府管理活动中的绩效认同危机

艾里克森认为人在成长或者说社会化的各个阶段都会遇到各种心理问题，如果成功地解决这些问题就会表现出积极反应，如果不能很好地解决这些问题，就会出现危机，这种危机就称为认同危机（余万里，2004）。我们所谓的绩效认同危机，是指政府管理活动中所产生的业绩与效能不被公众认同或者公众不能完全理解。认同危机的表征是多维的，综合起来，可以概括为认同主体危机、认同标志危机以及对政府绩效结果的认同危机。

1. 政府绩效认同主体危机

从中国情况来看，政府绩效评估长期以来都是由政府主导，主体单一、方式单向、过程封闭，是束缚绩效评估向科学化、规范化发展的主要障碍和问题（周志忍，2008b）。这种政府对于政府绩效评估的主导特征，导致了对政府绩效认同主体的危机。一般地，绩效评估主体与绩效认同主体不是同一个主体。绩效评估主体在总体上分为内部评估与外部评估两大主体，绩效评估的结果最终由谁来认同，无论绩效评估结论如何，对于绩效认同应该是最为关键的。从理论上讲，既然作为政府管理主体的政府宗旨是为社会服务，政府绩效当然应该由公众认同。现实的困惑是，无论政府绩效由谁评估，最终都是由政府认同。这种由政府单一认同的结果是，无论评估者评估的结果如何，政府都有对其自身管理绩效认同的话语权，某一决策、某一级政府、某一公务员在一个考核周期内对社会的贡献如何，基本上都是由上级政府认同。这种单一的绩效认同方式，无法与政府绩效认同的标志相对应。例如，就政府整体绩效而言，是否体现了政府在公共决策与管理活动中的经济绩效、公共资源配置活动中的社会公平绩效、公共产品管理制度的政府责任绩效、公共资源配置制度的标准权衡绩效等重大社会发展与民生问题，社会公众根本没有认同的机会。这种由政府认同政府绩效的制度从根本上潜藏着政府绩效认同危机的基础，好比一个非常优秀的理发师自己替自己理发，其结果是怎么样也不能产生一个好的发型。政府绩效认同主体的危机，是政府管理提高政府绩效的桎梏。因此，只有在科学选择评估主体类型和合理筛选评估主体结构的基础上产生，同样把认同政府绩效多元化，由各级政府、人大，非政府组织、一般公众共同参与认可，才能有相对客观的认同基础。在评估主体多元化的同时，实现绩效认同主体多元化，不仅对于政府绩效评估自身的发展具有重要意义，而且对于实现服务型政府的转型目标也具有推动作用。

政府绩效认同危机已经是不能回避的重大政府管理问题，在政府绩效认同危机现实下，无论是民生、公众福祉建设还是推动社会经济发展，都面临着严峻的挑战，是导致政府与公众在理念上、具体事宜的制度安排上分歧的根源。一个不能回避的核心问题是，既然单一的政府绩效认同出现了危机，那么，推进政府绩效认同中公众参与的动力来自何方，周志忍教授在比较西方发达国家与中国行政改革的动力机制时，曾做过这样的评论，西方行政改革的动力源于社会，中国改革的动力则主要源于政府本身。政府在体制转换过程中扮演着变革推动者、制度设计者、资源调动者、利益协调者等多重角色，因而带来了许多难以解决的矛盾（余万里，2004）。客观地讲，政府既是改革的主体，同时又是改革的客体，改革的目标是避免社会萎缩，反过来社会的强化却依赖政府的自我克制。既然如此，政府绩效认同危机中根本上还要靠政府自身解决，如何把绩效认同权交给公众，是提升政府绩效的根本途径。

2. 政府绩效认同标志危机

和世界上一切客观事物一样，一定时期、一定条件下的政府绩效同样有相应的基本标志。假定人们遵循这个客观标志追求绩效最大化，就能够赢得公众对政府绩效的认同。反之，当人们背离了一定时期、一定条件下政府绩效应有的基础标志，公众必定难以理解政府绩效，政府绩效也就无法被社会认同。这就是政府绩效认同标志危机产生的后果，国内外许多学者专家对政府绩效标志作了种种归纳，总的来看，虽然结论不尽一致，但有一点却达成了共识，政府的绩效要素是一个系统结构。"3E"即经济、效率和效果，这是曾在一个相当时期内被许多西方学者认为是政府绩效的新的正统学说。随着新政府管理运动的深入，政府管理的质量也日渐成为政府绩效被认同的主流范畴，围绕质量形成的指标数量不断增加（吴建南和阎波，2009）。尽管说，经济、效率特别是效果的提法都蕴含有质量的内容，但明确把质量的概念单列出来、凸显出来是前所未有的，这是改革的成果，是新时期绩效的重要标志。此外，可持续发展、公平、责任等指标，也逐渐成为建构绩效体系的基本要素。政府绩效究竟以什么为标准，传统的政府绩效考核显然不大合适。公平问题日益受到广泛的重视，并成为衡量政府绩效的重要指标。公平作为衡量绩效的指标，它关心的主要问题在于接受服务的团体或个人是否都得到公平的待遇，需要特别照顾的弱势群体是否能够享受到更多的服务。因此，公平指标通常针对接受公共服务的团体或个人所质疑的公正性而言，无法在市场机制中加以界定。

之所以政府绩效认同的标志出现危机，是因为在现代政府管理理念下，许多政府把 GDP 增量大小作为衡量政府绩效的唯一标志，由此产生了许许多多的政绩工程、形象工程。一些地方政府或公务员为获得政绩，想方设法建设一些劳民伤财的项目，表面上看，有了多少个大型项目，GDP 增长幅度突出，实际上政府举债沉重，个别习惯"寅吃卯粮"的地方政府要在有限的财政条件下作出"政绩"，就在银行配合下，选择了"贷款—建设—卖地—还贷"的运作方式。这种表象的政府绩效，与政府管理理念下的政府绩效大相径庭。从根本上讲，政府绩效缺失了科学的标志，必然地延续了许多政府的不正确的绩效观。政府绩效认同标志的危机，不仅是现实的绩效认识偏误问题，最重要的是社会自然生态与公民社会可持续发展的重大问题。试想，绩效认同标志偏误，人们所追求的标的就会偏离科学轨道，政府绩效当然就无法让公众认同。具体而言，当以政府绩效认同标志危机为"前提"时，政府很难把主要精力放在社会生态环境、可持续发展、公共资源公平分配、协调不同阶层利益、控制政府管理成本等方面。这样，在政府管理活动中很难体现科学发展观并建设民生、公众福祉，从战略上容易掉进中等收入发展阶段的"陷阱"。一定程度上，政府绩效认同的标志是民众政治认同的逻辑起点，如果在社会转型时期，由于民众基本利益得不到满足，民众心理上的一种相对剥夺感可能必然地也导致绩效认同资源中的大量流失，其中政治认同流失的主要表现是民众对党和政府形象认同的流失（卢业美和孔德永，2010）。因此，服务型政府理念下，必须找到政府绩效认同标志的载体，在一定程度上改善民生就成了增进民众对政府绩效认同的基本途径，同时也是构建社会主义民生、公众福祉的必然选择。

3. 政府活动结果认同的危机

政府活动结果如何，可能是所有研究者或政府、公众认同政府绩效的根本标志。在理论界，结果为本的政府绩效认同是改革政府的管理主义方案中一个特别重要的部分，管理主义取向的政府改革运动自 20 世纪 70 年代以来被冠以不同的名称，如新政府管理（new public administration）、企业家政府（entrepreneurial government）、以市场为基础的公共行政（market-based public administration）等等，但其主旨都是以市场为基础的治理模式取代充满缺陷和问题的传统行政管理模式（陈国权和王柳，2010）。传统行政模式的政府绩效是以对政府规则的负责为特征的，它给政府公务员一种强有力的激励机制促使其循规蹈矩，严格按照既定的游戏规则办事，重过程胜于结果。这种制度安排使政府管理活动或过程体现了最高决策者的基本意愿，但弊端是，使政府的管理越来越偏离公众和社会的期望和要求，可以说满足了政府，而背离了社会公众。所以，管理主义的改革理念强调从过程转向结果，纠正过分依赖规则造成的政府绩效问题。对政府绩效结果的认同逼迫被人们所重视，正是在这种改革背景下被赋予了结果为本的实践导向，并因其结果管理的特点为其他管理主义的制度安排及有效运行奠定了基础。从根本上讲，绩效结果认同的过程涉及政府职能的转变、组织文化的更新、组织结构的调整和大量的制度创新，它将成为政府改革的重要战略选择。

现实生活中政府绩效由政府认同的体制，是导致政府绩效结果认同危机的根源。可以认为，政府绩效的理想状态是通过评估测量政府工作优劣，公众希望完成的基本结果是什么，即政府最终的成就，然而，政府目标特点、资源使用条件以及技术可行性制约了绩效结果的全面兑现，目前它只能应用于某些公共服务领域。而且，政府部门的任务和目标各异，使用绩效结果的认同的目的也存在很大差别，应该根据不同的目的收集和跟踪不同的数据、开发不同种类的绩效指标和评估体系与之匹配。经合组织成员国普遍认同绩效认同的三大目标，即管理与改进、责任与控制、节约开支，认为这三个目标创造了绩效评估的基本依据。在现实中，各国的评估目的具有混合性和多样性的特点，所以需要因地制宜混合使用不同种类的评估，体现公众意愿来测量结果。现实中一个重要问题是，政府绩效结果究竟如何，尚未能够全方位向公众公布，公众所看到的政府绩效结果大都是从政府工作报告以及各级政府领导或部门那里透露出来的，实际上没有把政府绩效评估过程的认同与政府绩效结果认同有机结合起来。这样，在表面上造成了普通公众难以知情的绩效结果，从而产生了公众对政府绩效结果的认同危机。其实，政府管理活动中许多情况本来就是不可预测结果的，存在着比其他任何机构决策都多的不确定因素，在实践活动中表现为多因素变数。对此，如果能够及时公开信息源泉，真诚地让公众参与并评估，公众可以理解到其中不可测定因素带来的影响，反而增加公众对政府绩效结果的认同度。因此，提高政府绩效结果的认同度，不仅是政府管理活动如何规范、政府决策方案是否可行合理的问题，在很大程度上还必须考虑各个决策与政府管理活动以及政府绩效评估的透明度。时下，政府绩效结果认同的危机，应该是政府绩效认同危机中比较严重并相对复杂的问题，应当引起相关部门或人员的足够重视。

三、政府管理绩效认同危机的原因

政府管理绩效认同危机的存在是绝对的，人们可以根据一定时期的绩效认同标杆进行改进。在国际范围内以及历史上任何朝代都客观存在，其本身是社会矛盾必然存在的客观现实。但是政府管理绩效认同在不同历史时期、不同国家与地区，所体现的载体是不同的。实际上政府管理绩效认同与认同危机是一个问题的两个方面。一个高成本运转的政府不可能产生好的绩效，当然就不会有让公众认同的绩效。当前，中国政府管理绩效认同危机，也是一个特殊历史时期社会经济发展中的问题，应当抓住问题的本质，提出解决思路。

1. 世界上不存在没有绩效认同危机的政府

认识政府绩效认同危机，目的是通过确立政府绩效认同标杆，再造政府管理业务流程。绩效认同危机本身是不可能完全消除的，这是因为任何时期、任何政府，在其所管理的半径范围内都有不同利益群体，而且这些利益群体结构是非常复杂的。纵观历史上任何朝代以及任何国家或地区，评价一个制度或者维护一种管理方式，话语权大都掌握在少数人手里，更为难以界定的是，由于不同阶层之间的利益矛盾或者争夺资源的愿望不同，不可能有一个完全统一的政府绩效认同标准。在每一项决策、每一种福利分配机制面前，都有许许多多的利益阶层。在信息不能完全对称的情况下，他们之间不可能有完全统一的绩效认同。历代的志士仁人都为政府绩效的认同进行改革，很多被后世称为推动社会经济发展的举措都以失败的结果告终，是因为在当初政府绩效认同的话语权大都掌握的少数人手中，并非当初的政府绩效认同没有危机。当今的政府绩效认同相对透明、民主，但并非信息完全对称。不同群体之间同样存在不同的利益得失，人们所处的角度、立场不同，作出的决定也就不同。因此，世界上不存在没有绩效认同危机的政府，政府管理绩效认同危机在一定范围内肯定是存在的。虽然不存在没有绩效认同危机的政府管理活动，但政府完全可以根据社会矛盾判断并力争绩效认同，某一活动对于绝大多数公众有好处或者被绝大多数公众认同，一般应视为绩效认同。

只有认识到政府绩效认同危机的客观存在，才能在理论上选择或做到政府管理绩效认同标准，以及在一定程度上消除政府绩效认同危机。帕雷托改善效应告诉人们，资源配置过程中，部分人受益而其他人的利益不受到损害，应该是社会制度安排的基础。现实地讲，消除政府管理绩效认同危机最难的环节，在于与公众福祉相关的分配及公共产品的享用等方面。诸如政府公务员、垄断领域、老板阶层，是当前国民财富分配活动中得益者阶层，如果直接减少他们的收入，可能引起相应的社会震动，但如果不作为，就会酝酿更大的社会矛盾。按照帕累托改善效应，政府应该在一定时期内使上述阶层的收入不增加的情况下，大力改善其他阶层的实际收入，应该是消除政府绩效认同危机的根本出路。

2. 政府决策体制与机制是政府管理绩效评判的前提

任何问题的规律性出现，都是决策的结果，因为决策始终是人类活动过程的前奏曲。解决现实的政府绩效认同危机问题，必须首先考虑政府决策体制与机制问题。理论研究与实践证明，政府决策的体制与机制的改革也是一个不断进行的过程，什么时候停止不前或者在一定时期内不进行变革，就必然地被发展的社会实践所淘汰，这是因为其所对应的与之相关的其他任何事物都在变化。改革开放以来，政府决策体制几乎从来没有变革过，延续了30多年的决策体制越来越体现出它陈旧的一面。从政治制度、意识形态上看，体现国家与公众意志的体制是合理的，但是就具体的操作层面看，政府决策体制始终是各级政府垄断行为，从来没有政府之外的其他任何组织代表参与。由于是社会最具权威的管理组织，政府几乎有决定一切的权利，在一个强势体系中没有任何意义上的其他阶层参与的决策体制，必然地出现政府阶层的寻租行为，这种寻租肯定造成政府管理绩效的认同危机。在人们的文化水平、认识能力相对落后的时期，社会公众当中很多人确实不具备参与公共决策的素质，那时的政府决策体制简单化是可以理解的。但当社会公众中很多人具备公共决策知识与素质，而且他们当中很多人在认识问题、解决问题等方面的能力高于现实的政府决策者。因此，传统的政府决策体制应该及时变革。

我们所谓的政府决策机制，即为政府决策管理的关键环节，它所体现的是决策活动的枢纽。多方案选择与政府内外意见的相对统一是政府决策机制的核心。就政府决策机制来看，现实的各级政府决策的管理机制并非尽善尽美，成熟的决策，必须是在专家所提供的多种决策方案中选择最优的方案，政府的任何决策都要涉及其管理半径范围内全体公众的福祉问题，特别是一些重要、敏感的决策，应当从政府内部到社会各界，进行反反复复的讨论之后再行决策，公众认同是政府决策管理机制建立的标志。由于政府决策机制老化，造成了政府决策标志往往以局内人利益为前提的标杆，很大程度上忽略了一般公众的利益，政府管理绩效肯定出现认同危机。

因此，政府决策体制与机制是政府管理绩效评判的前提，要摆脱政府管理绩效认同危机的困境，必须首先改革现实的政府决策体制与政府决策管理机制。

3. 政府对公共资源的垄断是绩效认同危机的根源

人们对政府管理绩效认同产生分歧，并非完全意义上他们对政府决策或管理失误的追究，随着公众素质的日益提高，绝大多数人会认识到任何决策不可能没有失误，关键要弄清楚是客观失误还是主观所为。现实中比较普遍的问题是，许多决策总是或多或少地存在公共资源配置不合理现象。在收入分配持续向政府公务员与政府垄断领域倾斜的制度下，政府管理绩效很难得到认同，政府管理绩效认同危机是难免的。这是因为，政府管理绩效在很多领域是与现实的公共资源分配密切相关的，政府凭借各种决策与管理权利，进行集团寻租，人为地破坏了社会公平，公共资源难以最大限度地发挥其应有的效应，绩效认同危机由此产生了。

从经济学的角度分析，垄断本身就是低效率的。政府对公共资源的垄断，在许多应该市场化的领域始终选择了垄断管理，诸如公立医院垄断公费医疗、电力、自来水、铁道、民航，等等，几乎是涉及民生以及影响公众福祉或分配的领域都由政府垄断，垄断不仅造成社会不同阶层之间的等量劳动无法兑现等量价值，而且垄断本身低效率的规律，必然地造成政府管理绩效认同危机。

这样，政府对公共资源的垄断是政府管理绩效认同危机的根源，政府必须在公共资源配置体制构建上考虑新的出路。

4. 再分配失衡是政府绩效认同危机的必然结果

随着社会经济的发展，政府管理绩效大都体现为公众福祉与可持续发展两个大的方面，公众最关心的直接事宜是社会福祉。而现实的政府管理弊端主要表现为对公共事物或公共产品的垄断，其中包括对公共政策这种无形公共产品的垄断。我们这里所谓的无形公共产品垄断，主要指那些重大保障制度、分配制度等公共政策在实质上没有社会公众的参与。在公共政策垄断下，出现了政府垄断行业，这些垄断行业都使政府体制内部受益而边际上提高了普通公众的生活成本，必然地成为公众对政府管理绩效认同危机的源泉。自20世纪70年代末提出并批评"脑体倒挂"以来，社会分配问题日益向公务员及其垄断单位倾斜。

在国际上，许多国家都是普通产业工人的工资高于公务员的工资，退休后的待遇一律平等。以澳大利亚为例，公务员的工资为每小时35澳元，而清洁工人的工资为每小时70澳元；一般产业工人每星期的工资为1600澳元，公务员每月的工资收入为5000澳元；在企业，劳资双方的收入差距并不悬殊，资本有机构成向人力资本倾斜，所有国民退休一律享受一样的医疗、养老待遇。相比之下，当前中国各阶层之间的实际收入中，公务员与垄断部门远远高于一般竞争性领域，大学毕业生一旦进入政府部门就与进入一般性竞争领域的命运截然不同，收入差距在 2~3 倍，特别是到了退休阶段，收入差距更为悬殊。在收入分配上对公务员、垄断部门，以及老板阶层的过于倾斜，造成了国民收入分配与再分配结构上的失衡。这样，政府管理在民生领域的绩效无论在理论上还是在实践方面，都难以得到多数人的认同，政府管理绩效认同危机就在所难免了。

国民收入的分配与再分配失衡不仅造成了最基本的公共资源分配的失衡，而且还会进一步波及政府管理的所有领域。首先，由于经济收入的差距悬殊，无形中把不同群体的公众分成了三六九等，最终是多数人的心态失衡，心态失衡群体中的人们无法认同政府管理绩效；其次，由于收入过于向部分人倾斜，势必减少包括基础设施改造、社区基础建设等公共产品的增加或更新资金。例如，在资金不到位的情况下，容易出现医疗卫生方面的危机。任何管理都是一个系统工程，政府管理也不例外，当一个方面不平衡时，必然地打破了整个管理之间的平衡，出现社会问题的连锁反应，当然波及每个环节的绩效认同。

现实说明，中国政府对公共产品的垄断的高成本因素是多维的，高成本现象也是比较严重的。因此，消除政府绩效认同危机的根本途径，是建立一个公共政策民主、透明、公正的管理体制，以此来控制、监督政府管理活动，从而充分体现政府在政府管理活动中的绩效。首先要从制度安排上解决公共产品的政府垄断体制，使公共产品的经营管理在市场竞争中找到节省公共资源的答案；其次，如何从公平的角度平衡社会不同阶层的收入差距是政府绩效所面临的战略问题，公务员的收入高于一般工薪阶层的收入已经是不争的事实。另外，政府管理的总体绩效标准，包括经济效率、公平、可持续发展等多维表现形式，以及所连带的责任和适应性，这些标准，特别是效率和公平，几乎通用于对所有有形和无形公共产品的评价。需要指出的是，绩效认同危机并非绩效本身不好，而是绩效在一定情况下得不到认可，公共资源的公平配置应该是绩效认同的基本标志，坚持公众福祉最大化是绩效认同的基本途径，政府管理不断创新是绩效认同的保证。所以说，国民收入的分配与再分配失衡是政府管理绩效认同危机的必然结果。政府必须从长远战略的角度考虑，深思熟虑地解决问题，真正消除绩效认同危机。

第五章 公共产品高成本实证分析
——对温州市教育业的考察与分析

在本章中，主要从温州市各级学校的升入学率和我国财政部所提出的财政教育投入强度指标入手，多维度分析温州市教育事业政府垄断的高成本。

第一节 温州市教育发展现状

根据实际调研，温州市教育收费过高、上学贵的问题成了公众关注的热点社会问题。2000~2012年，温州市居民家庭人均教育直接支出增加了3.37倍。对于那些间接支出无法定量统计。因此，教育产品的高成本现象是突出的。

一、政府对教育产品的投入不足

我国财政部提出适应我国国情的财政教育投入强度指标。而目前在国际上通用衡量某一国家或地区对公共教育投入水平的统计指标是某国或某地区的财政性教育经费占该国或地区的生产总值的比例。更重要的是，财政性教育经费占国内生产总值比例的统计指标表明政府在与其他相关的公共投资中对教育的支出更有优先权，也可以反映出政府投资对于人力资本发展的承诺。

从温州市的现实情况看，从1998年开始有了可以研究的资料。其中1998~2012年，财政性教育经费和其占国内生产总值比例如图5-1所示。可以看出，总体趋势与全国水平的总体趋势相近都呈增长趋势。温州市财政性教育经费从1998年的11.48亿元，上涨到目前的118.11294亿元；财政性教育经费占全市生产总值的比例上涨幅度同样较小，截止到目前也只达到3.46%，没有实现突破4%。

综合对比我国与温州市的财政性教育经费占全市生产总值比例来看，温州市的公共教育投入水平低于全国公共教育投入水平。虽然温州市财政性教育经费增长了10倍之多且温州市的财政教育投入强度也比较高，但与其国际意义上的公共教育投入水平比较，是长期低下的，同时也低于全国水平。可见温州市政府在教育产品上的资金极其匮乏，急需其他形式的资金补给。而这种形式的资金补给

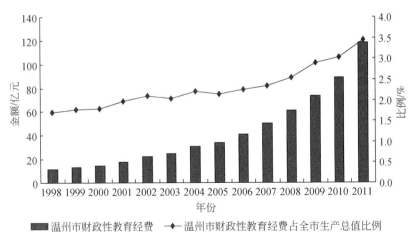

图 5-1　温州市财政性教育经费及其占全市生产总值比例

资料来源：《温州统计年鉴》《温州年鉴》

也就增加了社会公众直接或者间接的支出。一般地，公共教育投入水平的小数点的微微上涨，都意味着上亿元的资金投入。因此，温州市政府为缓解教育资源种种问题所采取的一系列措施，必将直接或者间接影响人们的教育支出，进而更演变为温州市教育产品高成本。

二、教育产品中私人投入比例高

由图 5-1 可知，温州市财政性教育经费虽然逐年增长，但其占全市生产总值的比例近十几年来一直较低。那么在如此情况下，了解温州市教育经费的筹资情况对于研究温州市教育产品高成本显得尤为关键。根据《中国教育经费统计年鉴》所提供的统计指标简要说明，教育总经费是指某国或地区在一定时期内，为促进教育事业发展从全社会筹集的教育资源的货币总额。按教育经费的来源，包括国家财政性教育经费、社会团体和公民个人办学经费、社会捐资和集资办学经费、学费、杂费及其他教育经费。其中，国家财政性教育经费，包括预算内教育经费，各级政府征收用于教育的经费，企业办学校教育经费，校办产业、勤工俭学和社会服务收入用于教育经费，以及其他国家财政性教育经费[①]。由于教育经费来源的多元化，不方便进行整体宏观分析。在国际上，按资金来源划分，即分

---

① 资料来源于《中国教育经费统计年鉴》。

为两部分：第一部分为公共资金，通称公共教育经费，即相对应为国内教育总经费的国家财政性教育经费部分；第二部分为私人资金，通称民间教育经费，即相对应为国内教育总经费的非财政性渠道部分，包括事业收入、社会捐赠经费、民办学校中举办者投入及其他收入。在教育总经费中，公共教育经费所占比例与民间教育经费所占比例，更能直接或间接地反映某地区公众的教育成本问题。目前在中国知网中的文献中，众多对于我国教育总经费的研究，均采用了国际上的两分法，即我国教育总经费一部分来自政府公共投入，另一部分来自居民私人投入。温州市教育总经费的筹资构成与我国教育总经费的筹资构成相比则有较大不同见图 5-2。

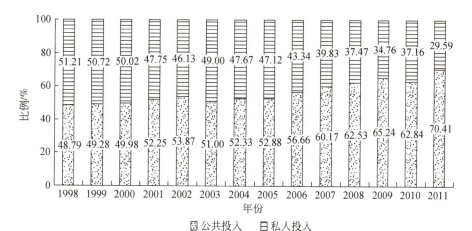

图 5-2　温州市教育总经费筹资构成

资料来源：《温州统计年鉴》《温州年鉴》

　　在 1998 年，公共投入与私人投入所占的比例为 1：1，两者平均分摊了教育总经费。虽然公共投入的比例处于逐年的上升阶段，但 2011 年公共投入占比 70.41%，私人投入占比 29.59%，公共投入与私人投入所占比例为 7：3 的状态。那么综合来看温州市教育总经费的筹资构成与我国教育总经费的筹资构成，其中不难发现不管什么时间段来看，温州市教育总经费的筹资构成中的私人投入比全国教育总经费的筹资构成中的私人投入要高，同理，温州市教育总经费中的公共投入就处于较低的位置。在 14 年间，2005 年全国的教育总经费筹资中公共投入是历年来最低的 61.30%，远高于同期温州市 52.88% 的公共投入水平。调查表明，虽然已经由主要依赖国家财政资金投入的经费来源渠道发展成教育经费来源渠道多元化的局面，但是与国际上其他主要发达国家相比，温州市整体上的公共投入经费偏低导致家庭负担部分偏高，其中家庭学杂费支出部分已经占16%，不包括其他方面（如住宿、交通、餐饮等费用）（马新平，2010）。

三、从师生比看教育产品的高成本

师资是教育和学校发展的核心要素，教师的数量、质量以及对教师资源的配置使用决定着教育的质量和学校的活力。教师人力资源的投入是教育统计中非常重要的指标。专任教师与在校生两者更能反映某国或某地区所提供的教育资源的投入程度。根据《教育概览——OECD指标》所提供的主要指标解释，生师比是反映学校组织中教师教学和学生学习环境的重要指标，可以说明投入教育的资源，其高低的表现直接反映出某国或某地区对教育的投入，更是反映出教育的质量和效益。因此合理的师生比是每个国家或每个地区所应该追求的。根据调查，我们将温州市不同教育阶段的师生比绘制图5-3。

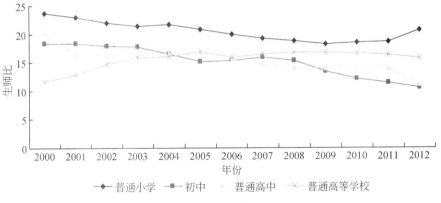

图5-3　温州市各级各类学校生师比

资料来源：《温州统计年鉴》《温州年鉴》

由图5-3看出，各级各类学校的生师比表现如下。普通小学从2000年的23.7的生师比，一直稳固下降到2011年的18.57，2012年的数值为20.6。初中的生师比也是如此，从最初的18.3，一直下降到2012年10.5。普通高中的生师比从原来的20.1，一直下降到2012年的11.1。然而温州市普通高等学校从原来11.7的生师比一直增长到2012年的15.7。

2000～2012年，温州市的各级各类学校生师比都曾出现下降趋势。2010年，全国各级各类学校普通小学、初中、普通高中、普通高等学校的生师比依次为

17.7、14.98、15.99 和 17.33。温州市各级各类学校普通小学、初中、普通高中、普通高等学校的生师比依次为 18.4、12.1、14.2 和 16.6。通过全国与温州市的对比发现，很明显温州市的各级各类学校生师比低于全国水平，除温州市外，普通小学的生师比比全国普通小学的生师比高了 0.8。

教育作为一种公共产品，其具有非排他性和一定程度的消费竞争性，还具有外部性。对于社会公众作为公共产品的受用者，出于生活工作的基本需求考虑，而不得不从公共产品的供给者那里进行高价购买活动，而获得最基本的生活保障。由于公共产品的供给者是由政府垄断的，在其相关领域内并没有其他竞争者，其可以各种名目进行收费，造成社会公众的福祉的减少，公民幸福感不足。众所周知我国对教育的投入长期不足，再加上学校的固定资产的基本管理、学校职工的工资都由国家负担，这时国家对教育的投入就会更加微薄。再加上，政府是唯一的垄断者，为了维持教育的基本运转，就会变相增加学生其他方面的费用。正是由于这种情况的存在，生师比的高低在一定程度上增加了教育产品的成本。曾有知情者爆料，温州市的一所初中学校以各种名义在校外让本校教师对本校生进行高收费的补习，因此家长不得不花这份额外的"潜学费"，使得社会公众享受教育产品的成本大大增加。

作为我国的发达地区，与经合组织成员国相比，温州市的各级各类学校生师比还存在差距。以美国为例，虽然存在高收费的私立学校，但大部分人还是选择了公立学校，因为在美国的学校中并不存在"潜学费"。对比美国良性的生师比，可见我国及温州市政府在教育产品上还急需作出调整，以尽可能降低教育产品成本。

表 5-1　2010 年世界主要发达国家与发展中国家学校生师比情况

国家	普通小学	初中	普通高中	普通高等学校
美国	19.8	17.1	15.2	18.5
法国	18.7	15	9.7	15.8
捷克	18.7	11.2	12.1	20
新西兰	16.2	16.3	14.4	18.2
印度尼西亚	19.9	17	16.1	24.1
沙特阿拉伯	11.2	8.8	11	19.6
墨西哥	28.1	32.7	26.9	14.5
波兰	10	12.7	12.1	16

资料来源：经合组织，2012

四、温州教育产品高成本的国际对比

分析温州市教育产品是否是高成本，不能仅凭某一方面的情况下结论，还应从更多的维度考察。

温州市社会经济发展总体情况应该与国际上一些发达国家水平基本相当。因此，我们不仅与全国情况进行比较，还可以与国际上有可比性的国家或地区进行比较。总体而言，我国财政性教育经费占国内生产总值相对过低，针对财政部所提出的财政教育投入强度指标进一步分析。根据此指标可知，我国在2010年的财政教育投入强度指数为15%。而同期温州市政府财政的投入强度指数为24%。根据最新的一期的OECD指标显示，2010年OECD国家的财政投入强度平均值为13%。由此可见，我国在此项指标上与国际水平基本保持一致的，而温州市的指标更是超过了许多国家。可见温州市政府对温州市教育事业的重视。

但是，在应对国际通用指标时，温州市政府在教育事业方面的表现却不容乐观。根据相关资料反映，温州市财政性教育经费在1998～2011年增长了928.9%，可以看出温州市教育总经费在过去的14年里得到了大幅度的增长。而温州市财政性教育经费占全市生产总值比例增长的幅度却远远不如温州市财政性教育经费的增长幅度。1998年温州市财政性教育经费占全市生产总值的比例为1.71%，到了2011年则为3.46%。对比我国国家财政性教育经费占国内生产总值比例的情况，2010年我国国家财政性教育经费占国内生产总值比例为3.65%，温州市则为3.03%，比全国水平低了0.62%。；而2010年，世界上其他主要国家的财政性教育经费占其国内生产总值的比例普遍高于6%。世界主要发展中国家的国家财政性教育经费占国内生产总值的比例一般都比中国高，也比温州市高出很多。例如，阿根廷的国家财政性教育经费占国内生产总值的比例为7%，俄罗斯作为我国的邻国，发展水平与我国相近，其占比也达到了5.5%。世界上主要的发达国家的占比均高于6%，其中冰岛最高达到8.1%，典型的高福利国家瑞典也达到6.7%，相关资料见图5-4。

通过与国际上的对比，可以发现温州市的财政性教育经费占国内生产总值的比例远远低于世界上主要的发达国家和许多发展中国家。表面看，温州市多年来财政教育经费投入相对可观。但由于以前的教育投入经费基数很低，从财政教育投入经费总量上仍然无法与国际水平比较。例如，通过查看温州市统计年鉴从2000年到2011年的数据，我们发现温州市年生产总值增长金额远超年财政性教

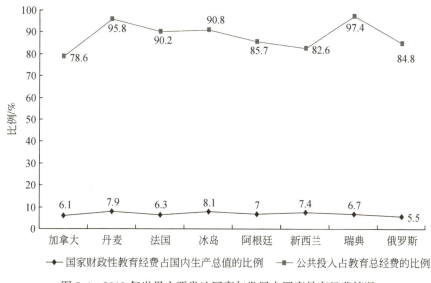

图 5-4　2010 年世界主要发达国家与发展中国家教育经费情况

资料来源：Education at a Glance 2013：OECD Indicators

育经费增长金额。通过测算，2000～2011 年温州市财政性教育经费年均增长速度为 20.4%，温州市生产总值年均增长速度为 13.7%。虽然温州市财政性教育经费的年均增长速度比温州市生产总值年均增长速度快了将近 8%，但是温州市财政性教育经费占温州市生产总值的比例的增长幅度却非常不明显。究其原因是温州市财政性教育经费的基数小。

依据图 5-2 所呈现的温州市教育总经费筹资构成，我们不难发现温州市教育所暴露出来的高成本问题。温州市教育总经费中政府公共投入呈现出微小波动式上升的趋势，2000 年时政府公共投入所占比例为 49.98%，2011 年政府公共投入上升到占比 70.41%；私人投入所占比例稳步下降，从 2000 年的 50.02% 下降到 29.59%。这说明城镇、农村居民在教育文化服务投入方面在逐年降低，换句话说就是公众的教育消费支出负担在逐渐得以缓解。但纵观温州市教育总经费筹资构成与我国教育总经费筹资构成，我们不难发现温州市政府公共投入的比例过低，私人投入所占比例相对偏高。以 2010 年为例，中国教育总经费中政府公共投入所占比例为 74.99%，而温州市则为 62.84%。与温州市的公共投入微小波动趋势不同，中国的这一指数呈现出稳定上升的趋势。与中国发展水平相近的俄罗斯，2010 年公共投入所占比例达到 84.8%。北欧的一些高福利国家，其政府公共投入占比更为突出，例如，2010 年丹麦政府对教育总经费中公共投入所占比例达到了 95.8%，而瑞典更甚高达 97.4%。可见我国政府对教育的重视还远不及世界上的主要发达国家和一些发展中国家，更不用说温州市政府对教育的公共投入的不重视了。而且更需注意的是 OECD 国家其民间教育经费的统计大多包括私人补习，而中国教育费用的统计不包括教育系统之外的私人教育花费，即如前所述未把城镇居民中大量私人补习费用包含进来，因此在与国际上的主要发达国家与发展中国家对比来看，我国私人投入占教育总经费的比例是被严重低估了（曾晓东和曾娅琴，2009）。同理，温州市在教育总经费中的公共投入就不会像测算结果那么高了。教育作为一种公共产品，其经费的筹资模式应是以政府财政投入为主。在教育事业活动发展的前期、中期、后期，政府在支撑其日常正常运转过程中，应起到源源不断的推动作用，即具体表现为对运转资金的大力支持。2010 年就 OECD 国家的平均水平而言，各国教育总经费的 84% 来自政府公共投入。因此温州市 62.84% 的政府公共投入与世界上的主要发达国家和一些发展中国家存在着巨大差距，与我国政府的公共投入也同样存在着差距。这更要求温州市政府提高对教育事业的重视程度，加大政府公共投入力度，优化其教育总经费筹资结构。

五、用德尔菲法评估温州市教育成本

德尔菲法，在我国又称专家预测法，英文称为 Delphi 法，是由 N. 达尔和 O. 赫尔姆在 20 世纪 40 年代首创，后经兰德和 T. J. 戈尔登公司才发展形成的。德尔菲法采取的是专家的匿名调查法，即专家们不产生横向联系，也不存在互相地讨论而避免影响他人的意见的形成。调查期间，专家只与调查人员产生联系，通过邮件等通信方式将问题发给每位专家，寻求意见，之后将回收并汇总专家们的意见，整理出综合成果。然后将汇总的意见和问题再次发给专家们，重新进行一次征询意见，专家会根据综合的意见修改原有意见，最后再汇总。反复多次，最终会形成比较一致的预测结果。并且此种方法目前使用较为广泛。

针对温州市教育产品是否存在高成本现象，我们分别联系到了教育局相关的公务员、在职教师、家长代表以及在教育领域的管理专家等 40 人作为专家团。其中教育局相关的公务员（工作年限为 10 年及以上）10 人；在职教师（工作年限为 10 年及以上）10 人，包含了中小学和大学的教师；教育领域的管理专家（工作年限为 10 年及以上）10 人；家长代表（基本是家里有在读高中生或者大学生的）10 人。进行了三轮次投票汇总，就温州市教育产品现实是否为高成本进行定性，符合德尔菲法，最终所得的结论如图 5-5 所示。

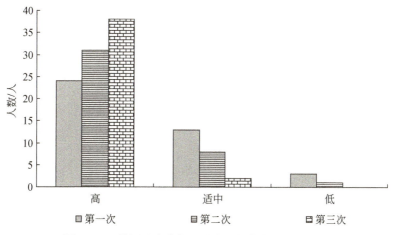

图5-5　三轮调查专家们所认为的教育产品成本情况

　　对温州市教育产品成本问题测评，所选取的专家100%地进行了投票。在第一轮投票中，有60%的专家选择温州市教育产品高成本，在之后的两轮投票，选择温州市教育产品高成本分别为78%和95%，最终专家基本达成了共识。结论是温州市教育产品是高成本的。仔细分析，学生多次的校服收费、课外书费、校外补课、来回的交通费等造成社会公众直接或间接的教育成本增加。不管是课内的各种收费，还是课外的教育收费，都存在垄断性质。

　　笔者认为，如果把中国既有的城市基础教育、高等教育全部由私人经营，政府按照既往财政预算给予补贴，在多元竞争下，大学的管理人员会减少到目前的1/5，教师的待遇比现在可以提高100%。因为垄断本身就是高成本，而垄断所造成的高成本是外部性的，即高成本由垄断组织之外的社会公众承担，如果在垄断之外没有一种强大的力量或者根本没有反对垄断组织的力量存在，垄断可能永远延续下去。其结果是社会资源的分配失衡，部分人占有另一部分人的福利，实际上成了一种制度保护下的剥削或租金。针对教育产品，社会公众不仅要承担教育成本的法律规定性支出，更是要承担在政府管理教育产品活动中增加了的理性范围以外的成本，这对于社会公众来说是一个悲剧。

第二节　温州市教育产品高成本的原因分析

　　通过在上述部分对温州市教育产品高成本的客观描述与数据分析，可以归纳出以下三点原因。

一、财政投入低造成了公众购买教育产品的高成本

　　政府公共教育投入水平过低，即温州市财政性教育经费相对于全市生产总值的比例偏低。财政性教育经费反映的是某一国家或地区政府对教育事业的资金投入状况，也是评价某一国家或地区教育经费状况的主要量化指标。同时国家财政性教育经费占国内生产总值的比例这一国际化的指标可以直观反映出某一国家或者地区对公共教育投入的水平，更能反映出某一国家或者地区对教育事业的重视程度。我国的改革开放已将近40年，整个社会得到了快速发展，温州市正是赶上改革开放这艘船扬帆起航，整个区域在政治、经济、文化上获得了突破性进展。近十几年来，温州市全市的生产总值，以年平均增幅13.8%的速度，超过全国国内生产总值年增长幅度。同时温州市政府对教育总经费的投入也在逐年增长，且涨幅超全市生产总值的年均步伐，以年均20.4%的速度增长。虽然温州市财政性教育经费增速超过全市的生产总值，但是其相对于全市生产总值的比例却无明显的提升，近年来的表现如下，2003年温州市财政性教育经费占全市生产总值的比例为2.04%，2007年占比2.33%，2011年占比3.46%，在2003～2009年只上升了1.42%。全国在这方面的情况是，我国国家财政性教育经费占国内生产总值的比例在2003年为2.84%，2007年占比3.12%，2011年占比3.93%，在这9年间上升了1.09%。虽然截止到2011年，每年全国财政性教育经费占国内生产总值的比例都比温州市高，但与20年前我国就提出要实现占比超过4%的目标相比来说，温州市远未达标。再者根据图5-5，不难发现2010年世界上的主要发达国家的财政性教育经费占其国内生产总值比例都超过6%，温州市与这些国家的差距还很大。由于之前过度工业化，而导致资源枯竭、环境污染，现今政府在强调可持续循环经济，发展绿色GDP，放缓增长速度的大数据环境下，要提高温州市财政性教育经费占全市生产总值比例，就需要温州市政府一如既往地坚持加大对教育事业的投入力度，从而提高财政性教育经费占比，优化其筹资的比例，最终实现居民私人的教育支出有效降低，以缓解公共产品的高成本服务。

二、公共投资不到位是教育产品高成本的重要原因

　　由于政府投入相对较少，公众个人支付负担加重。教育总经费的筹资结构不合理，即温州市社会公众的私人投入占温州市教育总经费中的比例过高，需优化

其筹资结构。近年来，在我国财政性教育经费占国内生产总值一直偏低的情况下，财政教育投入强度的概念产生，其具体参考财政预算内教育经费占财政总收支的比例。根据调查，我们可以发现我国的财政教育投入一直稳定在14%上下，而在OECD国家的平均财政教育投入为13%。若根据此数据，表面上不难发现我国还是能跟国际水平保持一致的，实际上却并非如此。众所周知，在进行国与国之间的数据对比的前提条件是确保所收集的数据是使用相同的统计方法，这样才具有相同的统计质量，国与国之间的数据比较才有意义。国际上对政府财政统计的范畴包括三部分，而我国的财政只是统计了预算内收支的部分，预算外收支和社会保障基金是被排除在外的。很显然，我国在统计财政收支数据时，是只有预算内收支的。2007年，曾经有学者按国际统计方法进行重新测算，其结果为当年的财政教育投入强度为8.98%，而非财政部所提的15.18%。同时，根据实证调研，我们发现温州市政府公共投入占温州市总经费的比例不高，居民私人对教育投入的负担依旧过大。纵观这十几年，温州市政府的公共投入从1998年的占比48.79%一直上升到2010年的62.84%，上升幅度达13.87%。对比全国，从1998年的占比68.29%，增长到2010年的74.99%，虽然增幅只有6.07%，但是全国政府的公共投入占比已然同期超越了温州市。还需注意全国经历了政府公共投入从减少到增多的过程，主要原因是原来我国实行计划教育体制，现在逐步发展为以政府公共财政为主，多元投资主体的教育体制，这对于打破垄断教育垄断筹资格局在某种程度上具有重大意义。但是如果政府的公共投入占比下降到一个过低的程度，那么从另一方面来说就是政府在公共教育投入中出现了问题。

因此对比世界上主要的发达国家和一些发展中国家，不难发现，作为跟我国发展相近的俄罗斯其公共投入占比为84.8%，阿根廷为85.7%；世界上的主要发达国家除了加拿大占比78.6%，丹麦、法国、冰岛等国家这一比例均超90%。同时根据最新的经合组织指标分析，经合组织国家的公共投入占比平均水平为84%，可见温州市政府的公共投入占温州市教育总经费的占比与世界主要发展中国家还存在差距，与发达国家还存在较大差距。另外，由于我国教育总经费的统计方法并未与国际接轨，很多私人额外的培训、择校费用的并未统计在内，因此实际的政府公共投入占教育总经费的比例可能会低于表面值，而居民私人投入占比会相对上涨。因此要实现与发达国家相同的教育经费筹资构成比，以降低公众所支付的教育费用，就取决于温州市政府对公共资金投入教育事业的决心，以及规范统计方法和提高政府对教育的重视程度。

三、垄断体制造成了内在管理机制疏松

政府对教育产品的垄断体制，纵容了政府内部软约束的存在，最终导致教育产品处于高成本服务状态。众所周知，我国教育的发展处于长期的政府垄断状态，教育作为典型的公共产品，具有正的外部性。拉本德拉·贾曾指出在公共产品的供给中搭便车现象是客观存在的，从而导致公共产品的供给缺少严格的资本运动的内在闭合回路，形不成闭合的资本循环。因此，就会引发投入没有或者不能得到全部回报。对提供者来说，形成了成本、收益严重不对称的现象。显然，对于存在严重正外部性的产品，就难以存在竞争的动机，即外部性削弱了竞争激励。因此，对于社会公众作为教育产品的直接受用者，出于生活工作的基本需求考虑，不得不从政府那里进行高价购买活动，从而获得最基本的生活保障。由于教育产品的供给者是唯一的，在其相关领域内并没有其他竞争者，可以各种名目收费，造成社会公众的福祉的减少，公民幸福感不足。

教育产品与其他公共产品一样，通常具有两个特征。一个是非排他性，另一个是非竞争性。对应地，教育作为以政府为主体提供给社会公众的一种公共产品，其表现为：在对处于同一教室的学生来说，A 同学在接受教育的同时，并不会排斥 B 同学的听课，也就是说，A 在消费教育产品时并不排斥 B 的消费。在非竞争性上表现为：由于在一个班级内，随着学生人数的增加，校方需要的课桌椅也要相应增加；随着学生人数增加，老师批改作业和课外辅导的负担加重，成本增加，故增加边际人数的教育成本并不为零，若学校的在校生超过某一限度，导致生师比非良性发展，学校还必须进一步增加班级数和教师编制，这样成本会进一步增加。根据年鉴的数据分析可知，温州市各级各类学校的适龄学生的入学率、升学率均高于全国的平均水平，其各级各类学校在校生人数增长速度也快于全国平均水平，此外各级各类学校专任教师、生师比的情况也是如此。这从另一方面反映了温州市教育事业存在成本膨胀的可能。曾经有学者做过教育产品成本问题的案例研究，发现当提供同样的教育产品时，就会计成本而言，政府要比其他私人组织高出 3 ~ 4 倍。造成这种现象的主要原因在于在我国的公共部门中相对于私人领域，其管理制度缺乏硬约束，包括人浮于事、经费滥用、决策的机会成本等都存在软约束的特征。正是这种在部门组织日常生活中的软约束，造成了公共部门中的人员丧失工作积极性，对于上级所交代的任务，只关注结果，而不考虑过程，忽略了在创造某种效益时所付出的巨大代价，支付了大量无效率成本。

　　基于以上描述与数据分析，加上专家一致预测温州教育成本为高的前提下，我们认为，对于社会公众而言，目前温州市教育事业处于高成本服务状态，这也正是温州市教育事业存在的最主要的问题，同时也是经过研究得出的基本结论。由于公共产品主要是由政府提供，其基本由政府财政提供资金维持正常运转，其成本最终反映在每年、每季度、每月的政府会计账本上，而政府的财政来源主要是靠税收形式的增值税、营业税和个人、企业所得税。由此可知，实际上国家财政支出在真正意义上仍然是公众的间接支出。因此在判定某一公共产品运转成本高低之前，我们必须明确公共产品最终的服务对象应为社会公众，其与公众的日常生活、工作、学习密切相关，如学校、交通设施、医院等公共产品。最为重要的是公共产品成本的高低直接影响着社会公众的福祉，其对公共产品的满意度和自身的幸福指数能直接反映出该地区政府的资源优化配置的能力。可以说，判定某一公共产品运转成本高低的标准应以社会公众所支付享受某一公共产品的实际现金为主要的判断依据。因为公共产品最终的受用者是社会公众，假设政府对某一公共产品投入的资金不足以维持其正常运转，其剩下的差额最终会以各种形式嫁接到社会公众的身上，同时，若社会公众需要支付过高的费用才能享受其服务，则该公共产品便是处于高成本运转的状态。

　　从温州市教育总经费筹资构成来看，可以发现 1999～2010 年温州市城乡居民私人投入的增长速度从 10.4%，增长到 34%。对比全国的数据，可以发现，在这十几年间，其私人投入一直保持在 15% 的增长速度，可见温州市高于全国水平的上升速度的背后是越来越多的社会公众在对教育支付费用。这种现金的支付在某种意义上意味着社会公众除了每月固定被扣除的个人所得税之外还要扣除教育成本，这无形之中会增加社会公众的个人负担。通过查阅历年的年鉴可知，在 2008～2012 年温州市城乡居民的年教育费用支出从 2008 年的 2927 元上升到 2012 年的 4550 元，年平均增长幅度为 11.9%。浙江省的平均城乡居民年教育费用支出从 2008 年的 2929 元上升到 2012 年的 3878 元，年平均增长幅度为 7.3%。相关资料见表 5-2。可见，无论是年均教育费用支出还是增长幅度，温州市都高于全省平均水平，在与浙江省内的主要城市相比时，温州市基本上是高于其他 5 个城市。通过对比与温州市发展水平相似的其他城市的年教育费用支出，同时对比全国这 5 年来的表现，不难发现，温州市的教育费用支出及其增长幅度也远超全国水平及与其经济发展水平相似的地区。因此，在以社会公众享受公共产品所支付的现金为最终判断依据，在温州市教育总经费构成中，城乡居民的投入依据占比高于全国乃至国际平均水平，同时温州市城乡居民的教育费用支出为浙江省内最高，也大大高于全国水平。温州市城乡居民在享受教育这一公共产品时需要负担相对于其他地区社会公众较重的教育费用。因此，总体看来，温州市教育事业处于高成本服务运转状态。

表 5-2 2008～2012 年全国及浙江省各主要城市城乡居民年教育费用支出　（单位：元）

年份	全国	浙江省	杭州市	宁波市	温州市	嘉兴市	舟山市	丽水市
2012	2479	3878	3857	4229	4550	4088	3864	2721
2011	2245	3647	3289	4058	4272	4026	3365	2389
2010	1994	3386	2979	3901	3587	3722	3274	2354
2009	1813	3098	2848	3796	3001	3201	3221	2176
2008	1673	2929	2599	3388	2927	3187	3192	2100

资料来源：《中国教育经费统计年鉴》《中国统计年鉴》《浙江统计年鉴》

另外，笔者认为从国家到地方各级政府建设的重点小学、重点中学，以及"985""211"重点资助高校行为，是造成教育产品高成本的重要原因。这种特权，不仅造成了教育经费享用上的分配不公，更造成了各地区教育产品成本上的苦乐不均。实践证明，受到"985""211"大力资助的高校，除以此吸引好生源外，在培养水平、科学研究能力方面根本无法体现特别照顾后的效果。许多"985""211"高校的教师，无论在研究水平上还是培养学生的水平上，还不如普通高校教师。这可以从历年的国家自然科学基金项目、国家哲学社会科学基金项目的评估中看出，也可以从国家的重要期刊中发表的文章数量与质量上看出。因此，各级政府或管理部门所谓的重点学校，不仅为其形成了特殊权利，而且从根本上膨胀了其他教育产品的成本。

第三节　控制温州市教育产品高成本的基本途径

通过对温州市教育产品的分析可知，温州市教育产品高成本运转现象比较明显。对社会公众而言，教育这一公共产品的高成本问题也越发突出，公众、社会、学校及政府等多层面的复杂关系亟待解决。

一、改革教育产品的政府垄断体制

在 2010 年 5 月，由全国妇联和光明日报联合发布的我国居民消费意愿调查结果中显示，家庭生活中过高的教育费用已成为三大家庭困难之首。在次年的跟进调查中显示，近年来，家庭教育费用的支出以年均20%的增长速度发展，到

2011 年，教育费用支出已经占家庭年收入的 30%。过高的教育费用不仅造成了学校这一公共产品的高成本运转，更是直接造成社会公众的教育费用支出，无形中增加了生活压力。通过研究发现，造成我国教育产品高成本运转的根源在于教育产品的政府垄断。因此，控制教育产品的高成本服务应从现行体制入手，只有改革政府垄断体制，才能真正解决我国教育产品低效率、高成本问题，从而为社会公众提供高效、优质教育产品的服务体制。

一般地说，垄断的特征是市场主体在有效市场占有特定行业的主要资源，凭借相应的地位优势，以获取高额利益的一种经济行为。在社会经济生活中，垄断限制了竞争，其可分为两大类，经济性垄断和行政性垄断，前者包括生产集中、资本积聚或技术原因等；后者由非经济性原因形成的垄断，包括因法律授权形成的法定垄断，以及因政府运用行政权力干预经济生活而形成的行政垄断，集中体现在公共产品经营垄断，主要表现为市场进入的限制、地方保护主义和固定价格等行为。相对应地，公共产品的政府垄断属于后者，在我国，民航、铁路、电力、烟草、高速公路等都是行政性垄断的佐证。

在经济学中，可按照公共产品在社会经济生活中存在的形态，分为有形公共产品和无形公共产品，前者对应为教育、医疗设施、公共交通等；后者对应为各类的法律法规、政策条文等。严格地分析，无形公共产品属于生产关系的范畴，在目前所体现的是上层建筑日常活动；而有形公共产品的生产活动则属于生产力，为社会经济发展起着增砖添瓦的作用（何翔舟，2012）。可见无形公共产品的生产制度与社会公共资源能否进行优化配置有很大关系，毕竟其决定着有形公共产品的服务活动。

我国政府垄断体制更多的是行政垄断，被誉为超经济的垄断。如果说经济性垄断在提高经济效率或促进技术发展、维护社会公共利益等方面还有可取之处的话，政府垄断无论如何都难以找到其存在的正当性依据。虽然在当前我国政府为了优化公共政策采取了各种公开、透明的措施，如现在比较流行的听证会制度，但是其实质公共政策的前期调研、中期实施、后期评估都还是被政府垄断。

在公共政策的生产选择过程中，由于社会公众的参与流于形式，作为有限理性的经济人的公共部门及其工作人员，在制定公共政策尤其是民生类公共政策的时候，往往会忽视社会公众的真实需求，以自身的需求来取代最底层的声音。这类公共政策在具体执行过程中，会遭遇民众的较大阻力，其公共政策的机会成本与社会成本会大大增加。像"大跃进""文化大革命"这类决策的失误，所造成的政治经济的重大危害到最后还是转嫁给了社会公众。此外，政府垄断的核心就是通过对行政权力的过度利用，来获得远高于市场的经济利益。其凭借垄断权力为自身制定特殊的工资福利、养老保障以及退休待遇，教育、医疗卫生以及其他政府所有的事业单位亦然。同时也有研究发现，中国经济发展所吸收、汇聚、整合、再发展投资的财富进入了这不到10%的人的腰包。另一方面在政府垄断内部，其行业的工资差距也非常之大，而且差距亦越来越大。2002年，中央企业高管平均年薪与央企职工平均工资比较的情况是9.85：1，到了2010年其比例扩大到13.39：1（苏海南，2013）。虽然这种收入差距对于有形公共产品的绝对成本没有影响，但对于不同阶层的人来说其相对成本是截然不同的，边际成本也是差距巨大。例如，高收入阶层可以拿出数万元购买大学教育，而让低收入阶层拿出同样的价钱购买大学教育的情况就完全不一样了。

从根本上讲，体制内外、区域之间、城乡之间，以及垄断行业与一般行业之间过大的收入差距是有形公共产品高成本服务的桎梏。各级政府对教育产品的垄断成本虽然无法从直接收入来判断，但其形成了垄断权利，渗透在公共治理的方方面面。例如，政府管理部门向所谓的重点学校特殊拨款、如教育部门对人力资源的控制、各类层级公务员的子弟挑选最好的学校，等等。

为此，改革教育产品的政府垄断体制，应在无形公共产品（教育政策等）的生产过程中引入社会舆论监督机制和市场竞争机制。这样在一项公共政策的颁布之初，其科学性、合理性、民生性就会大大提高，社会公众对其的接受度就会大大提高。从而当这项公共政策运用到有形公共产品之时，除了会为有形公共产品的服务活动带来社会舆论监督机制和市场竞争机制外，同时也在一定程度上促进有形公共产品的服务体制的完善，最终形成一套能被社会监督、与公民进行良性互动的服务体制。在这套服务体制下，有形公共产品的运转不仅能降低其自身对社会公众的会计成本、资源配置、机会成本和社会成本的嫁接，还能够为社会公众提供低成本、高品质的服务。

经济合作和发展组织的一项研究表明，就中小学支出而言，美国在所有工业化国家中名列前茅，但美国学生的学习成绩在这些国家中几乎是最差的（Walberg，1998）。事实上，在过去的25年中，学生人均教育支出增加了，学生成绩却下降了。与此同时，教师规模则达到了先前的4倍（Lieberman，1977）。公立学校的垄断性质应为这一局面承担责任。教师们把这些问题归咎于家庭，父母们则指责教师缺乏爱心和不称职。一场在教育领域进行变革的运动悄然进行，开放招生、特许学校、凭单计划、学费税收扣除和针对教育的免税储蓄，这些竞争机制的建立使得家长对教学质量、教学费用和学生成绩的满意度大幅度提升。因此就像美国著名民营化研究学者萨瓦斯所说的：毫无疑问，变化的总趋势是公共产品疏离政府而亲近其他社会机构，简言之，民营化（萨瓦斯，2002）。要打破政府垄断体制，引入市场竞争机制，形成公共产品多元服务体制，最终有效化解公共产品高成本运转问题，从而增加社会公众的福祉。

二、扩大政府教育支出规模

2010 年温州市财政性教育经费占全市生产总值比例为 3.03%，在全国，这一指标的占比为 3.65%，而世界上主要发达国家加拿大、丹麦、法国、冰岛、新西兰、瑞典在此国际通用统计方法上所占比例分别为 6.1%、7.9%、6.3%、8.1%、7.4%、6.7%，世界上主要发展中国家阿根廷、俄罗斯在这一数据的表现分别为 7%、5.5%。作为早在 1993 年就提出要实现财政性教育经费投入占国内生产总值比例达 4%，这几乎成了社会公众与我国政府的心病。就在 2011 年，全国部分省市区就已经在增收地方教育附加费。其实从真正意义上讲，要实现此目标不是一味地靠增加收费。早在 1986 年全国就已经开始统一进行教育附加费的征收，此次地方教育附加费的征收可谓是换汤不换药，更是加重了公众的负担。殊不知，2010 年 OECD 国家政府平均公共投入相对于教育总经费的比例比例达 84%，世界上主要发达国家分别表现为：丹麦占比 95.8%，法国占比 90.2%，冰岛占比 90.8%，瑞典占比 97.34%。同时主要的发展中国家，阿根廷、俄罗斯也分别占比 85.7%、84.8%。而温州市只占比 62.84%，全国也只是达到 74.99%。

根据国际通用统计指标对比结果显示，不论是我国还是温州市，在国家性财政性教育经费占比国内生产总值或是政府公共投入占比教育总经费方面，都远不如世界上的主要发达国家和一些发展中国家。同时，我们也能发现，政府教育公共投入对社会公众自身的文化水平、教育费用支出都有明显的改善。因此，我国还需扩大政府教育支出规模，从而进一步增加教育总经费的规模。显然，在增加政府教育公共投入后，政府公共投入占教育总经费的占比也会得到一定程度的提升，教育总经费的筹资构成也会得以优化，社会公众私人投入占比也会因政府公共投入的增加而下降，从而在会计账面上，有效减少社会公众的个人教育费用支出，降低了教育这一公共产品的公众消费成本，从而达到控制公共产品高成本的目的。

三、从"在家上学"现象引发的思考

作为教育经费投资主体的政府，温州市近年来财政性教育经费占全市生产总值的比例一直低于既定目标4%，政府对教育的投入不足，导致部分学校无法满足家长望子成龙、望女成凤的要求，为了不输在起跑线上，近年来在东部沿海地区兴起了在家上学的教育方式。根据21世纪教育研究院在2013年发布的《中国在家上学研究报告》统计可知，目前有1.8万人是在家上学，虽然这一人数不足中国总学生数的万分之一，却迈出了鼓励社会力量举办多元化发展教育的步伐。如果撇开在家上学在我国的合法性等问题，在家上学的模式通过家庭间的联合，集中孩子成立类似的私塾小规模的教育方式，对于减少家庭的教育支出，提高家庭教育质量，培养更优秀的人，使学生与家长享受更为优质的教育服务也未尝不是一种好的尝试。"与美国学校重建运动以来的其他改革相比，在家上学相对于特许学校、学券择校等改革运动获得了较少的关注和研究。然而，在家上学却比其他任何现有重建运动对现有教育体制更具有冲击的潜力。"[1] 我国政府在扩大教育支出规模的同时，还应该多多关注在家上学可能存在的一些合法性及社会问题，为这一现象提供法律法规的支持，指导其健康发展，为实现教育产品的多元服务体制奠定基础。

四、建立集团化学校以促进区域教育资源互补

在改革开放的近三十年间，我国社会得到了快速发展，城乡居民的物质条件水平也在不断提高，社会公众对教育的关注已不是简单地停留在有学上。与早期的欧美国家的情况相似，在城市间，尤其是一些大城市，学校间的软硬件条件，师资力量，学生阅读及数学能力存在着巨大的差距，同时伴随着我国加入WTO与国际接轨，社会公众对于教育自己子女选择权的意识增强，更加关注那些高效、优质的教育。

在一个区域内或者不同区域，由于不同的教育主管部门对各级不同的学校的教育投入的不同，导致了某个学校在该区域内或不同区域里教育资源最为集中，由此产生所谓的重点学校却导致了校际间学生生源的巨大差异。同时温州市城乡居民还承担着较重的教育费用支出的负担。由于现今实行的就近入学政策，使得高收入阶层可以拿出数百万元购买学区房，为自己的子女进入名校打下基础，而让低收入阶层拿出同样的价钱购买学区房的情况就完全不一样了。对于低收入阶层来说，不仅其相对成本变得非常高，而且从边际上也增加了成

---

① Kima Payne Stewart, Richard A Neeley. 2005. The impact of home schooling regulations on educational enrollment in The United States. Education.

本。因此如何让低收入阶层感觉到教育成本的降低，就教育这一公共产品而言，应该从教育起点的公平、过程公平和结果公平来考虑。而这种公平应该表现为每个学生所获得的上学机会、发展机会的均等。因此使同一区域或不同区域内教育集团化，以名校为龙头，在人力、管理、业务上帮助同一区域内或不同区域内的弱势学校，提升弱势学校的竞争力，实行名校师资与弱势学校师资的互补。

过高的教育费用不仅造成了学校这一公共产品的高成本运转，更是直接造成了社会公众的教育费用支出，无形中增加了生活压力。因此，为了真正实现每位社会公众都能切实享受高效、优质的名校教育，减少不必要的教育费用支出，促进区域教育资源的互补，建设教育集团化是必不可少的。可以通过如下方式进行教育集团化的建设：一是将区域内新建设的学校直接归为名校旗下，由名校直接垂直管理；二是将区域内原有学校进行教育资源的重新整合与名校成为教育集团，由教育集团内部进行协调管理；三是不同区域内的学校以通过签订管理合同的方式，与名校进行合作，通过合作进行师资交流；四是名校将自身的先进教育理念、管理方法传授给区域内的弱势学校，实现资源的互补，缩短校际之间的差距。最终实现，区域内的名校不再是那么的遥不可及，社会公众不增加任何择校费等其他一系列教育费用，在所在的区域内就能享受到国际化的高效、优质的教育。政府应在这方面大力维持教育集团化，充分利用区域内的教育资源对其进行教育资源的优化配置，解决社会公众对优质学校、优质教育资源的需求，这样不仅能降低社会公众的不必要的教育费用支出，还能保证学生所受教育的质量，会让更多的社会公众更好地享受公共产品的低成本服务。

五、建立教育产品的硬约束机制

除了从打破教育产品高成本服务问题的根源入手，还应建设教育产品的硬约束管理机制。一般而言，造成公共产品的高成本的主要原因是由于公共产品是由垄断状态下的政府提供的。有关学者在研究公共产品成本问题时通过比较多个案例发现，在公共产品经营活动中，私人经营管理的成本为 15 元时，政府经营管理的成本为 46 元；一旦出现政府和私人组织或者其他组织在共同提供同一品种的公共产品时，就会计成本而言，政府要高出私人组织 3~4 倍。造成这种现象的主要原因在于在我国的公共部门相对于私人领域，其管理制度缺乏硬约束，包括经费的滥用、决策的机会成本等一系列都存在软约束的特征。正是这种在部门组织日常生活中的软约束，造成了公共部门中的人员丧失了其个人积极性，对于上级所交代的任务，只关注结果，而不计过程，忽略了在创造某种效益时所付出的巨大代价，支付了大量无效率成本。因此，在公共部门内部应建立内部管理的硬约束机制，即决策者在进行公共政策或在某一项民生项目的决策中，要对自身所做的决策负责，特别是在决策失误后对社会公众造成的重大损失负责，而不是互相推诿。例如，目前我国教育主管部门对于教师的综合职业素质还未建立系统的评估指标体系，因此因教师失误所造成的教学事故也未对教师所应承担的责任形成明确的制度规定，到最后相关的赔偿与责任往往会被社会舆论推向教师所在的学校以及该学校的上级教育主管部门，这些情况的发现在无形中会增加学校及教育主管部门的运行成本，更为重要的是，由于缺乏教师的综合职业素质评估指标体系，导致了教师的工作积极性的降低，既无法在薪酬上体现教师的综合水平，更使得教师所教学生的学习效率下降。

建设教育产品的硬约束机制，正是基于现代公共管理制度从企业管理的技术中获得政府观念和方法上的启迪，用企业家精神改善政府的决策方式，把企业的决策技术和方法嫁接到政府管理，即把控制或降低政府垄断教育产品高成本问题的支点建立在对政府公共部门及其工作人员的硬约束基础上，最终确立教育产品的供给主体的责任与义务，来实现教育产品的高效率、低成本的服务。同时硬约束机制的建立也意味着公共部门及其工作人员应抛弃传统的工作思维并在工作表现上建立一套绩效评估指标体系。由于我国教育产品长期被政府垄断，传统的软约束机制在公共部门及其工作人员中已经根深蒂固，因此在硬约束机制建立的初期需要公共部门领导对其下级进行思想上的引导，重新建立教育产品是为社会公众服务的意识，社会公众对教育产品满意度就是他们工作效率最有效的体现。除了在思想意识上的转变外，硬约束机制的建立还需要各种具体的指标，具体指标的明确才能让硬约束机制真正发挥作用。例如，建立前部分所提及的教师评估指标，这样既能评估教师的综合职业素质更能评估学校和教育主管部门的综合能力，将评估的结果与教师的薪酬相关联，这种做法会充分激发教师的工作积极性，让学生的学习得到提高，实现优质的教育服务。

早在 1997 年荷兰政府就政府垄断教育格局所导致的大部分学生的学习成绩在所有工业化国家中几乎是最差的，而学生人均教育支出却增加，从而提出早期的硬约束机制的雏形——凭单制度。在社会公众急切呼吁"父母有权就如何教育自己的子女作出选择"的问题上，针对各级学校现有的教育资源，引进了凭单制度，即在此制度下，适龄儿童或少年的家长会得到一份凭单，家长持凭单可以将他们的子女送入任何一类学校就读，无论这所学校是公立学校、民营学校还是特许学校。家长在将子女送入学校的同时将凭单交付学校，学校可以凭此单到发出凭单的机构兑换相应数量的资金。此凭单制度的主要作用是由于学生具有选择学校的权力，同时学校的资金也来源于学生，那么这将迫使学校内部提高效率，在教师和学校管理者的企业家精神会带来教学方法的创新，建立一整套绩效评估指标体系，会在教育领域形成一个更加灵活的职业市场，进而激发教师提高教学质量。随后的一份分析表明，通过凭单计划参与择校的学生们的成绩，在两年后有了实质性的提高，同时参与择校的家庭有三分之二对教学质量表示满意，从而实现了教育产品的优质服务。

同时力求控制教育产品成本，除了从定性上对公共部门及其工作人员进行硬性约束外，还可借鉴现代企业管理的定量测评方法，从直观数值计算上，控制教育产品成本，实现社会公共福祉。政府决策教育产品，在诸如方案筛选等一系列不确定性分析中，盈亏平衡统计方法可以在非常广泛的领域应用，可以说只要公共产品的决策，通过盈亏平衡分析，能够预先估计方案对公众需求变化情况和适应生产经营的规模。通过盈亏平衡分界点，对教育产品的成本与收益进行合理预测。因此，在硬约束机制中各项具体评估指标体系和盈亏平衡分析法的运用，使得公共部门及其工作人员的工作效率在其激励下得到释放，工作责任得以明确，建立与每个人相对应的工作绩效的灵活的薪酬，大大提高了工作人员的积极性，相对于传统的软约束机制，减少了大量不必要的人力资本投入，在一定程度上减少了运行成本。因此只有通过公共管理制度、方法、模式、思维等方面的创新，构建具有国际先进水平的约束机制，才能实现控制或降低教育产品成本并优化公共资源配置的目的。

第六章 公共产品低成本服务的体制与机制模式的设计

全面建设小康社会情境下，公共产品低成本服务的标志应该是，无论在形式上还是在内容上，使不同的群体之间公平合理，服务标志随着社会经济发展得到相应提升。

第一节 必须确立公共机构功能系统配合理念

在中国，公共机构除了政府之外，还有党委、人大、政协、国家机器。从管理的角度分析，这些公共机构共同组成科学的系统。例如，人民代表大会就起着监督政府行为或者向各级政府反馈运行状况的功能。因此，确立公共机构之间系统配合的理念，是公共产品低成本服务体制与机制建设的前提。

一、浙江省云和县人大帮助政府科学理财的启示①

如何用足手中的权力，增强监督实效，是各地人大一直寻求破解的新课题。可一直以来，质询、特定问题调查等一些刚性监督方式，依然鲜见于人大监督现场。近日，云和县人大常委会在诸多质疑声中，以破竹之势，首次启动特定问题调查，以其"非一般"的成效，赢得赞誉。

1. 唤醒沉睡的权力

云和县是位于浙江西南部的一座小城，平日里新闻不多，可最近颇受媒体关注。因为当地人大干了件非比寻常的事：首次启用特定问题调查，这在全省，乃至全国都是鲜见的。因为这次调查直指敏感话题——财政存量资金，既摸清了当地财政"家底"，又激活了10余亿元的资金，破解了很多地方普遍存在的财政资

---

① 本部分资料来源于杜方文（2014）。

金闲置和政府高额债务并存的难题。还因为这次调查彻底改变了当地财政的"管家"理念：从"管"住钱向"理"好财转变。可对云和县人大常委会来说，更重要的是启用了长期被虚置的监督权力，取得了"非一般"的成效，以实际行动发挥了"一线"作用。

2. 启用虚置的刚性监督

2013 年 7 月，云和县十五届人大常委会第十三次会议听取审议了县政府关于云和县 2012 年度预算执行和其他财政收支情况的审计工作报告，2012 年，政府性资金年末结余 110752 万元（社保资金专户结余 21840 万元）……报告中的这些巨额数字，令常委会组成人员大为震惊，一边是每年 10 多亿元的刚性支出，压得县财政喘不过气，年年还得支付高额的利息向银行融资，另一边却有如此大笔资金"趴"在财政账户里"睡觉"。财政资金闲置和政府高额债务并存的问题，再次引起了县人大常委会的高度关注。"其实这个问题，财经工委几年前就发现了，每年都会提出'盘活'闲置资金的意见，中央和省财政部门也连续下发有关文件，可这个问题依然年年提年年存在。"有着多年审计工作经历的云和县人大常委会财经工委主任梁殷说起这些，一脸无奈。

2013 年年底，云和县人大常委会主任会议专题听取县审计局关于审计报告发现问题整改情况的报告，对存量资金的问题整改落实情况进行跟踪监督，可结果还跟往年一样：一边债台高筑，另一边存量资金依然"沉睡"不"醒"。"看来得下些猛药，否则依然很难见成效。"这时，一些主任会议成员想到了特定问题调查，提议彻底清查一下全县到底有多少存量资金，为什么就一直盘活不了。特定问题调查毕竟不是一般的调查、检查，自云和县人大常委会成立以来还从未启用过，全省乃至全国都鲜有出现，所以既无经验可借鉴，也无法预知启动后会出现哪些不可测的负面影响。为此，县人大常委会决定由财经工委先对全县存量资金情况进行一次初步的摸底调查。"冰冻三尺，非一日之寒。"梁殷说，这是一个积淀多年的老问题，涉及 40 多个专项资金账户和 60 多个部门账户，情况复杂，涉及面广，仅凭财经工委几个人，根本不可能摸得清。"如果连政府有多少'家底'都不知道，谈何管好政府'钱袋子'？人大要想有所作为，就要该出手时就出手！"在 2014 年 2 月 11 日，县人大常委会主任会议向县十五届人大常委会第十八次会议提交了《关于提请开展财政存量资金特定问题调查的议案》。当天，会议批准了议案，作出《关于组织特定问题调查委员会对财政存量资金开展调查的决定》。在 10 天后召开的云和县十五届人大三次会议上，县人大常委会主任马国华做的常委会工作报告中，正式将这项调查工作作为县人大常委会 2014

159

年度的一项重要工作。听到这一消息后，与会人大代表倍感振奋，可列席会议的政府部门负责人则心存顾虑。"特定问题调查不是一般的调查，他有着特殊的法定效力，能不顾虑吗？"云和县政府分管财政的副县长陈骏刚上任不久，便遭遇了云和县人大历史上的第一次特定问题调查，调查的内容又这么敏感，他直言，"压力不小！"就这样，人代会一结束，由10余名人大代表、专家组成的特定问题调查委员会，正式展开了长达两个多月的调查工作。

3. 激活沉睡的存量资金

今年3月份开始，特定问题调查委员会通过走访、座谈、听取汇报、查阅资料、问卷调查等多种形式，对该县政府性存量资金情况正式开展全面调查，范围涵盖政府本级财政、65家一级预算单位和各乡镇（街道）截至2013年年末的财政存量资金，以及截至2014年3月末政府本级财政存量资金的变化情况。"这在云和县历史上还是第一次，在此之前，我们对存量资金的管理职能都分散在各科室，所以云和县到底有多少存量资金，我们也说不上来。"云和县财政预算执行局局长黄金娟表示。

从理论上说，特定问题调查委员会可以对该县各个相关部门、单位就相关问题进行调查，可仅凭这10多个人，要想查清这么一大家子的"家底"谈何容易。为此，调查委员会决定整合多方力量，分步实施调查方案，首先请审计局组织工作人员入驻县财政局，对县本级财政存量资金进行专题审计调查。同时，为了彻底理清这笔积淀多年的"糊涂账"，由县人大常委会办公室正式下发《关于开展财政存量资金自查的通知》，要求65家一级预算单位认真开展自查，并上报每个单位存量资金的"明细账"，包括每笔资金的数额、用途、进出账时间、项目编号等内容。在对相关数据进行整理汇总后，特定问题调查委员会再对部分预算单位进行抽查，并多次走访县财政局、审计局、国库支付中心等单位，详细了解县本级财政存量资金以及县政府性资金银行存款等相关情况。为了确保调查结果的真实性，调查委员会还到当地金融机构调查了所有相关单位的进出账情况。一位同行采访的记者惊叹"这招太狠了！"因为各个部门都有可能自查时隐瞒不报，或者在审计部门审计时蒙混过关，可他们绝不敢把大额资金放在办公室，所以进银行查流水，绝对是釜底抽薪的狠招。经过两个多月的深入调查，调查委员会基本摸清了云和县财政的家底：截至2013年12月31日，县本级财政和65家一级预算单位存量资金共计142 370.19万元（不含社保资金专户结存），其中政府本级财政125 166.28万元，预算单位17 203.91万元。本级财政和预算单位无法收回的暂付款4319.34万元，实际存量资金为138 050.85万元。其中，最早形成结转的项目已经结转 14 年（预算单位），连续结转 5 年以上的资金有 919.37 万元。调查委员会还发现，造成大量资金积淀、闲置的其中一个重要原因就是预算执行率偏低。这次调查发现，全县共 65 个一级预算单位，其中预算执行率低于 80% 的单位，2011 年有 9 个，2012 年有 21 个，2013 年有 15 个，其中部分单位的预算执行率甚至不到 60%。"这次调查真是太彻底了，看到这组数字，我们也被吓了一跳。"黄金娟说，以前财政部门管账的人，一般都只关注资金安全，每一笔支出、收入首先考虑的就是其合法性和安全性，根本没有理财的概念，现在看来，要管好这本财政大账，不仅得"管"好、"用"好，还得"理"好，要想办法让"死"钱变"活"，让财政资金效益最大化。调查期间，云和县政府和财政部门收到特定问题调查委员会要求建立政府性财政间歇资金统一调度机制，活用间歇性资金，做好政府性债务的临时调剂、偿还工作，降低政府融资成本等意见后，马上采取了一系列有效利用闲置资金的举措。截至 5 月 8 日，在没有新增政府直接债务的前提下，偿还到期债务本金 0.71 亿元；通过间歇资金的统筹调度，激活了存量 2.37 亿元，节约了 600 多万元的融资成本。此外，县财政局还及时与各银行签订协议，所有财政专户超过 50 万元以上的资金，年存款利率提高至 1.15% 的协定利率。同时，将原闲置的银行活期存款 1.2 亿元变为定期存款。据副县长陈骏介绍，下一步县财政还将通过引入竞争性存款的方式，进一步提升财政资金的保值增值率，预计一年可增加 600 多万元的利息收益。

4. 倒逼政府出台理财机制

5 月 29 日，云和县十五届人大常委会第二十次会议听取审议了特定问题调查委员会关于财政存量资金的调查报告，并作出了《关于盘活存量提高资金使用效益的决议》。7 月 7 日，县政府为落实决议精神，专门下发了《关于进一步加强财政资金管理的意见》，出台了一系列"理财"举措：实行全口径预算编制，将财政预算款、专户收入和事业收入等政府性资金全部纳入部门预算管理；对当年度预算执行率低于 91% 的部门，财政部门相应核减其下一年度预算数；定期清理结余资金，加大历年结余资金的统筹力度；通过协定存款、提高定存比例、拉长存款期限等方式，最大限度确保财政资金的保值增值，等等。据了解，截至 5 月底，云和县财政没有新增一笔贷款，可也没有一个项目因资金问题影响进度，其中上报的 8 笔融资申请均通过盘活存量资金予以解决。日前，记者见到陈骏副县长时，他不仅没了此前的顾虑，还有种如释重负的感觉，他肩上卸下的不是人大对政府的监督压力，而是通过这次调查中的资金盘活，大大减轻了云和县在发展过程中的财政压力。他向记者坦言，这次特定问题调查不同于以往那种部门对部门、局长对局长的调查，是一种凌驾于各部门之上的调查，其法律效力和严肃性，使各相关部门都不敢随意应付了事，才会产生意想不到的效果。他说，这次的调查让他们尝到了甜头，如果下次再有类似的监督、调查，相信各相关部门就不会再有这样那样的顾虑了。说起这次历时两个多月的特定问题调查，特定问题调查委员会副主任李石平也颇有感触。他说，这次参与调查和被调查的涉及单位共有七八十家，可没有一家单位在调查过程中有推阻或隐瞒情况，"这就是刚性监督手段的威信和威力所在！""这次特定问题调查的力度和效果确实'不一般'。"云和县审计局副局长魏唐华也感慨，这是仅靠审计力量根本做不到的，以前审计部门也曾多次提出及时清理专项资金户头、有效盘活闲置资金，最后都不了了之。可这次的人大监督却不一样，它让云和县的财政管理从体制到理念，都发生了翻天覆地的变化。"人大要想有'一线'地位，就得要有'一线'作为。如何发挥'一线'作用？关键时刻就要敢用、善用一些非常规的刚性监督手段，用足手中的权力，增强人大监督的实效。"身为调查委员会主任的马国华表示，下一步，特定调查委员会还将根据县人大常委会作出的决议，督促县政府及相关部门开展整改落实工作，进一步盘活财政资金存量，提高资金使用效益。

公共产品公平供给是需要财力的，多年来，许多地方政府被"赤字"压得喘不过气来。由此，盘活存量资金本身就是降低公共产品成本的具体体现。问题的另一方面是，各级地方政府有大量的资金游弋于财政预算"仓外"。政府不会科学理财已经是非常普遍的问题，政府不会理财所带来的直接后果，就是财政资金吃紧，用于公共服务的资源减少，间接地降低了公众福祉，不仅各级政府财政在各类公益事业上的支出捉襟见肘、寅吃卯粮，而且有时候可能演变为社会问题。面对一边是社会经济快速发展，而一边又是公益支出缺乏资金，地方财政大量借账的现实，浙江省云和县人大通过自己的监督职能给出了高招、妙招、绝招。地方政府一直讲盘活存量，开源节流，但游弋于体制之外的公共资金一直起不到应有的作用，这些资金实际上成了无法流动配置的资源。实际上，人大监督就怕"认真"起来，云和县人大通过县政府在 2013 年十五届人大常委会第十三次会议上的"2012 年度预算执行和其他财政收支情况的审计报告"，发现了政府可以使用的大量存量资金，既能盘活云和县的政府财务，做到科学理财，同时，更大意义在于为全国各级地方政府科学理财提供了一个非常好的启示。人大监督的职能与政府执行职能对于推动社会经济发展应该是浑然一体的，监督不仅是发现政府职能中存在的问题，而且通过监督作用，为政府在各项工作中支招，解决政府在某一方面的难处，这才是社会各界的共同目标。云和县人大在监督中帮助政府理财的做法，应该得到全国人大与国务院的重视。

二、来自人大网络监督的报告——公共产品低成本机制的新途径①

"网上问政风"兴起后，网络不再是网民唱独角戏的地方。事实上，在浙江省各市县人大都尝试借助信息化手段提高人大工作公开性、透明度的创新实践。例如，丽水市第三届人大常委会第一次会议通过微博进行了全程直播，其中包括3个市人大常委会工作机构和30个市政府组成部门主要负责人的选举任命全过程。此外，2010年8月20日，余杭区人大常委会领导首次走进"在线访谈"直播间和余杭网民开展"第一次亲密接触"。拱墅区人大推行"代表手机报"等。人大"触网"，开启"民意直通车"，收到较好效果。

1. 丽水市微博进人大

近年来，微博在丽水市得到高度重视，并在多个领域进行积极探索和运用。特别是丽水市人大微博全程直播人代会、直播常委会会议，更是把微博的作用发挥得淋漓尽致，引起强烈的社会反响。2012年4月6日，丽水官方微博"丽水发布"以"丽水两会"为话题发布第一条微博，"今年丽水'两会'时间确定：丽水市第三届人民代表大会第一次会议于4月18日在丽水召开，中国人民政治协商会议第三届丽水市委员会第一次会议于4月17日在丽水召开。"微博一发布随即被转播和评论，"这是丽水全市人民的一件大事，在此预祝会议获得圆满成功"等。会议开幕前，"丽水发布"又用36条微博，以图文并茂的形式回顾了代表委员报到、预备会、第一次主席团会议等有关两会的信息，为微博直播工作营造了良好氛围。4月18日上午9：00，丽水市第三届人大第一次会议正式开幕。随着大会开幕及会议的深入，56条微博现场直播了人大开幕式的盛况，有大会的现场照片，有市长作报告时的照片，文字发布方面更是把市长的报告原文放进微博。微博直播工作一启动，网友们就给予了高度评价："政务公开，从微博直播开始。"从18日下午开始及随后的19～21日，微博发布小组更是紧跟会议议程，直播了第二次全体会议情况、各次主席团会议及通过的文件情况、代表分组审议现场发言情况、大会闭幕式、会议公告等。其中，代表们分组审议发言情况更是网友们关注和评论的焦点。有代表建议要动员社会各界关心支持教育，提高教育福利待遇等，引起网友的共鸣："学校再漂亮，没有敬业的高水平师资

---

① 本部分资料来源于杜方文（2014）。

队伍，能提高教育质量吗？"有代表建议招商过程中要以保护我市生态优势为出发点，避免引进高能耗污染产业时，网友们纷纷给出大拇指。会后，有些代表上"丽水发布"查看网友评论情况，对一些话题积极回应和探讨，甚至把网友留言中有关意见吸收到议案建议中。丽水市人大常委会有关负责人表示，微博直播让他们切实感受到了网络的力量，今后他们还将充分利用新兴媒介，进一步增加人大监督工作的透明度。

1）252 条博文全程直播干部任免

2012 年 5 月 16 日，丽水市第三届人大常委会举行了第一次会议，"丽水发布"微博进行了全程直播。8 点 45 分，会议准时开始。8 点 59 分，首条微博随即发布在网络上：一张现场照片和一句"丽水市第三届人大常委会第一次会议今天上午在市行政中心召开"。简洁明了，又足以让网友们深刻感受到现场紧张而严肃的氛围。首条微博发布后，立即引来了网友们的关注。在本次微博直播过程中，通过微博以图文并茂的形式介绍了 33 位被提请任命人员的任命情况，得到了网友们的广泛转播和评论。"丽水政府微博直播给力，登榜政务微博榜。更难得的是，丽水政府重微博问政，服务民生。解决市民小事，助力农村儿童上学，一个都不能少。"这是香港《文汇报》高级记者，北京新闻中心执行总编辑凯雷给予这次直播活动的积极评价。"希望各位在新的工作岗位为丽水人民多作贡献"，这是网友给新任局长们提的要求。结果，短时间内，市住房和城乡建设局局长的表态发言共有 70 多次转播和评论记录。会后，一些新任局长也通过微博与网友们进行了互动交流。微友们祝贺新任市住房和城乡建设局局长吴小平时，他认真回复了："谢谢厚爱"；当他表示："倍感责任、压力"时，网友们又积极地鼓励他：要"转压力为动力，新岗位创勋绩！"面对网友们的祝愿和希望，新任财政局局长陈志雄表示："深感责任重大"，新任卫生局局长郑利剑则表示：要"知难而进，迎难而上"。得到这些新任部门负责人的回复，网友们也大叹，平时总感觉这些领导是高高在上、遥不可及，通过这次微博交流，让他们真实感受到领导们的平易近人和和蔼可亲，相信他们能真心为民履职、尽心为民干事。据统计，该次常委会会议微博直播，累计发布了 252 条各类广播，受到了微友们的积极关注。据不完全统计，本次微博直播共引来了 65 万网友的关注。同时，由腾讯官方主办的《政务周刊》，也在其头条位置打出了"丽水政府官号微博直播人大常委会"的标题，推荐此次人大常委会会议微博直播活动。

2）477 个辖内微博被推荐

2011 年，火海中勇救两人的"丽水最美姑娘"叶霄雯开通微博，发出的第二条微博是向市长王永康表示感谢："王伯伯，谢谢你的关心和鼓励，我会好好学习，努力成为一名优秀的幼儿教师，谢谢你。"半个多小时后，王永康市长看到了叶霄雯的微博，并进行了回复："全市人民都要向最美姑娘你学习，衷心希望你努力成为优秀教师！"可以说，微博这一传播工具在丽水得到了从上到下一致的重视和利用。

"政府开通官方微博，不新鲜，但全县每个乡镇都开通官方微博，甚至向各村蔓延的，倒不多见；微博直播人代会，也不是新闻，但直播乡镇人代会的，却鲜有出现。可这一切，最近都在侨乡青田得到了生动实践。"这是刊登在《浙江人大》杂志 2012 年第 4 期《石溪乡的"微人代会"》第一句话。2012 年 2 月 28 日，青田县石溪乡第十六届人大一次会议召开，石溪乡政府官方微博以图文形式，直播了乡人代会各项议程。青田县政府官方微博和当地网媒微博也进行了同步转播。乡人代会"微直播"，这在石溪尚属首次，在浙江省也不多见。博文一经发布，立即引来热议，网民无不为这一全开放的"微人代会"拍手叫好。青田作为著名的侨乡，海外侨胞多，微博也成了海外华侨第一时间了解家乡现况的重要途径。"丽水微博发布厅"里，网民既可以一键关注所有微博，也可以有选择地关注自己喜欢的微博。据市府办微博科有关负责人介绍，全市政务微博实名认证的有 4000 多个。可以说，经过近几年的发展，微博已经成为丽水市宣传的重要阵地，除了电视、广播、报纸进行宣传报道之外，市民还可以通过计算机或者一台小小的手机第一时间了解有关部门最近的消息，这些微博在零距离服务群众、为民办实事方面发挥着积极作用。可以说，微直播即时传播着浓浓的民生情怀。

2. 杭州市拱墅区首推代表手机报

"2014 年夏季，拱墅区人大常委会制定《推进'五水共治'、共建美丽运河联系监督工作分解》任务书。各街道人大工委按照项目属地化监督机制，将各项目细分落实到每一位人大代表，组织发动全体代表人人参与'五水共治'，做到'一线'监督、'一线'建议、'一线'推动……"2014 年 3 月开始，杭州市拱墅区人大代表刘明峰每周六都会收到一份特殊的报纸——拱墅人大手机报。这是拱墅区人大常委会充分利用手机新媒体，为该区 203 名区代表搭建的一个履职服务新平台。"平时很忙，很难做到第一时间仔细阅读人大信息。现在好了，只要手机随身带，就能见缝插针随时随地了解人大工作动态，如果有意见还能马上回复，真的很方便！"刘明峰代表说，这份代表手机报为他解决了没法集中安排时间了解人大信息的难题。

1）数百条信息点对点传递

至今，拱墅人大手机报已发布了 10 多期，向全区人大代表推送了 200 多条信息，其中既有"区情要闻""人大动态"，也有"代表风采""法律监督案例"，还有"他山之石"，是一份内容丰富的"迷你"电子报。拱墅区人大代表、宏昊律师事务所主任朱虹将这份内容丰富、编辑精练、排版简洁美观的手机报称之为"微阅读"。他说，阅读这样一份手机报一般耗时 5 分钟左右，这样的信息阅读量，让人感觉很轻松。事实上，拱墅区人大办之所以创办这么一份手机报，除了其短、频、快的优势外，还因其"点对点"的即时传播模式，是报纸、电视等传统媒介所无法企及的。4 月 6 日，拱墅区人大代表王新子收到了第四期拱墅人大手机报，她认真阅读了所有内容，尤其是"区人大'推进五水共治，共建美丽运河'联系监督工作分解"等内容。她说，这类事关每一位区人大代表的活动信息，必须确保快速、及时传递到每一位区人大代表手上，手机报的"点对点"传播模式，有效避免了信息传递盲区的产生，确保每一位区人大代表能在第一时间知晓活动安排，第一时间出现在监督现场，第一时间发挥代表作用。目前，拱墅人大手机报每周一期，发送范围为区人大代表和区人大机关工作人员。拱墅区人大办主任谢剑锋表示，也可根据需要扩大手机报的推送范围和推送频率，比如推送有关"一建双争"主题活动信息时，便将各相关督导部门负责人列入了推送范围；再比如遇到突发事件时，手机报还可对其进行动态传播，让全区代表实时了解事件发展动态。

2）即时回复良性互动

当第一期拱墅人大手机报推送出去时，区人大办便收到了一位来自社区的基层人大代表的回复："她说很高兴能看到这份手机报，希望能一直办下去，并对相关栏目内容提出了一些具体建议。"而这，正是手机报的另一大优势，代表们在阅读信息后可以通过短信留言、链接发帖等形式，随时提出意见建议，有效加强了人大代表对常委会工作的了解、参与和监督，也极大地激发了代表们的履职热情。据统计，仅在拱墅区"党的群众路线教育实践活动"征求意见环节，拱墅人大手机报互动平台便征集到人大代表的意见建议 30 余条。区人大代表万义芳说，"为了破解'意见怎么提'的问题，她曾想过很多办法，可一直找不到一个既方便又有效的方式，现在直接通过手机短信的形式提意见建议，倒是个不错的方式，而且人大常委会也可以直接再回复，为常委会与代表之间实现双向沟通搭建了一个很好的平台。"至今，拱墅人大手机报试运行已有 3 个多月，受到了广大代表和常委会组成人员的普遍认可。但谢剑锋表示："他们也从中发现了一些不足，比如受手机阅读界面的限制，每期推送信息必须做到简要精练，无法满

166

足部分读者的深度阅读需求。"为此，拱墅区人大办决定在不断提高信息质量的同时，通过创建链接等形式，有机整合拱墅人大网、代表履职服务平台等各类资源，搭建一个更加及时、有效、全面的信息传送、沟通、服务平台，从而最大限度地发挥代表作用。

3. 余杭：主任在线"会"网友

"身边的同事朋友都不是很了解人大到底是做些什么的，虽然经常能在电视、报纸、网络上看到一些报道，但还是对人大的工作职责不是很清楚，请宋主任介绍一下，好让我们大家都了解了解。""宋主任，您是人大代表，您能不能说一下，人大代表到底有什么作用？""宋主任，人大常委会在保障民生、改善民生方面做了哪些工作？成效怎么样？能谈谈吗？""余杭人大在财政预算审查监督中，是怎么做的？"2010 年 8 月 20 日下午，杭州市余杭区人大常委会副主任宋福友走进"杭州余杭"门户网站的"在线访谈"直播间，与余杭市民进行网络实时交流，一一解答各方网友抛来的问题。

1）架起与民沟通的新桥梁

访谈开始前的半个月，余杭区的政府门户网站、《城乡导报》等媒体均刊登了宋副主任在线访谈的预告，并向网民们发出了提问邀请。此外，区信息中心还通过短信群发的方式向余杭区居民告知访谈主题，邀请大家积极参与。打开余杭区的政府门户网站，可以看到"区人大常委会副主任宋福友在线访谈"的浮标。为了方便网友留言，页面上还设有"我要留言"的栏目。记者发现，短短几天时间，宋福友在线访谈的页面上就已经有了近百个网友的提问。

"各位网友，大家下午好，很高兴能利用网络这个新平台和大家见面沟通。"在宋福友简单明了的开场白后，访谈正式进入了一问一答的互动环节。"这里我也想告诉网友们，让百姓更多地分享经济发展的成果，是人大监督工作的立足点。余杭区人大常委会也一直把实现好、维护好、发展好最广大人民群众的根本利益作为我们依法履职的出发点和落脚点。近些年来，我们十分强调监督实效，所选择的监督项目也是紧紧围绕群众普遍关注的热点问题。"在直播的 1 个小时里，宋福友共回答了网友最为关心的 20 多个问题，内容涉及人大职能、人大代表工作、预算监督以及违章建筑、保障性住房、生态环境、项目建设、食品安全等方面。"我觉得在线与网友进行交流是一种非常好的形式，作为区人大常委会来说是第一次，是良好的开端。"宋福友表示，今后还将尝试其他形式，与民众多交流，真正做到关注民生、倾听民意。

2）将网络问政常态化

近年来，不少地方人大常委会组织委员和人大代表等先后参与在线访谈，但由人大常委会主任、副主任来参与网民交流的，在浙江省内还属凤毛麟角。走进"在线访谈"直播室，也意味着余杭区人大常委会向"公开透明"又迈近了一步。事实上，余杭区人大常委会近几年来一直在探索路径以拉近与代表、选民之间的距离。能否利用网络这一大平台，将人大的工作晒在阳光下，让更多的人了解人大，同时广纳民意，真正做到贴近民生，是余杭区人大常委会组成人员积极思考的问题。"为进一步提高区人大常委会决策的公开化、透明度，进一步增强人民群众对人大工作的参与意识和关注度，2014 年年初，区人大常委会就将年度工作要点之一确定为首次开展区人大常委会领导与网民在线访谈活动。"谈到开展"在线访谈"工作的初衷，余杭区人大常委会办公室主任龙飞这样告诉记者，"活动旨在利用网络访问量高、影响力大的优势，积极打造余杭人大'关注民生，倾听民意'的新平台。""网络作为新兴的媒体，具有更广的受众面，是人大进行宣传的新途径。"余杭区人大常委会代表工作委员会主任陈文琴告诉记者，"借助网络等途径，使人大的工作更加公开透明，也为民众监督人大工作提供了便利条件。""我们还将积极探索区人大常委会会议、重大专题会议的网络直播，推进区人大常委会组成人员、代表与网民的在线交流，逐步使'网络问政'制度化、常态化。"龙飞说。

在降低公共产品成本机制的建设上，人大作为公共管理体系中的监督机制，做好应有的监督职能，不仅反映在与被监督对象的日常沟通活动中，更应体现在与民意之间的互动中。随着网络化的普及，人大可以与随时与任何一个公民互动对话，全面掌握社会民意，这无论在形式上，还是在内容上都远远好于传统的仅仅与监督对象互动。浙江省丽水的"人大在微博"、杭州市拱墅区的"人大手机版"、余杭市的"人大主任在线会网友"活动，都是互联网时代人大工作转型升级很好的范例。随着社会的不断进步与发展，人们表达心声的愿望也越来越强烈，如果仅凭传统的方式工作恐怕再也无法满足公众需求了。人们期盼着更高的幸福指数，希望政府能够为社会带来最大限度的福祉，不仅需要充分发挥政府的智慧与才能，更主要的是需要发挥我们这个社会每个人的聪明才智。新媒体的作用一方面使人们监督政府的功效尽可能地落到实处，另一方面也是充分发挥公众主人翁作用的平台。但人们发挥主人翁作用不能盲目地借助网络平台自娱自乐、自我"享受"，而是要有科学合理的渠道，既要把自己的心声表达出来，又要能够从中最大限度地产生正能量。对此，无论是丽水的人大微博、拱墅人大的"手机报"，还是余杭的人大主任"在线会网友"，都是很好的渠道。

人大监督就是公众的监督，他们所代表的是全体公众，公众在网上表达自己的愿望，是建立公共产品低成本机制最后的途径。公众的意见第一时间转达给人民代表，传统媒体时代很难做到，如今互联网有了这个条件，就应当很好利用。丽水市、杭州市拱墅区、余杭市为社会开了好头，必将产生全国层面的响应。

第二节　公共产品发展体制改革轨迹
——对卫生事业的解剖分析

提高人民健康水平，实现病有所医的理想，是人类社会的共同追求。医疗卫生事业作为公共产品最主要的领域，在中国这个有着 13 亿人口的发展中大国，医疗卫生关系亿万人民的健康，是一个重大民生问题。多年来中国高度重视保护和增进人民健康。宪法规定，国家发展医疗卫生事业，发展现代医药和传统医药，保护人民健康。围绕宪法，中国逐步形成了相对完善的卫生法律法规体系。在战略上坚持"以农村为重点，预防为主，中西医并重，依靠科技与教育，动员全社会参与，为人民健康服务，为社会主义现代化建设服务"的卫生工作方针，努力发展具有中国特色的医疗卫生事业。经过不懈努力，覆盖城乡的医疗卫生服务体系基本形成，疾病防治能力不断增强，医疗保障覆盖人口逐步扩大，卫生科技水平日益提高，居民健康水平明显改善。为建立起覆盖城乡居民的基本医疗卫生制度，保障每个居民都能享有安全、有效、方便、价廉的基本医疗卫生服务，中国深入推进医药卫生体制改革，取得了重要成效。

一、中国卫生事业基本状况

从总体上看，居民健康状况不断改善。从反映国民健康状况的重要指标看，中国居民的健康水平已处于发展中国家前列。人均寿命快速提高，1949 年前中国人均寿命为 35 岁，到 1981 年提高到 67.9 岁，2000 年提高到 71.4 岁，2010 年人均期望寿命达到 74.8 岁，相关情况可由如图 6-1 显示，其中男性 72.4 岁，女性 77.4 岁。

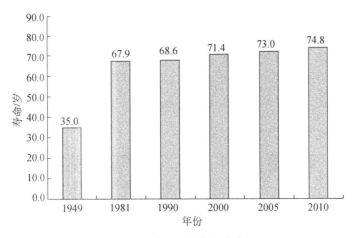

图 6-1　中国人均期望寿命

人均寿命不断提高的同时，孕产妇死亡率不断下降，1990 年，中国孕产妇的死亡率农村为 119 人/10 万人，城市为 50 人/10 万人，全国平均水平为 98 人/10 万人，到 2000 年，农村、城市及全国平均水平分别为 68 人/10 万人、30 人/10 万人和 56 人/10 万人，2011 年，农村与城市孕产妇死亡率基本持平，为 26.1 人/10 万人，详细情况由图 6-2 所示。

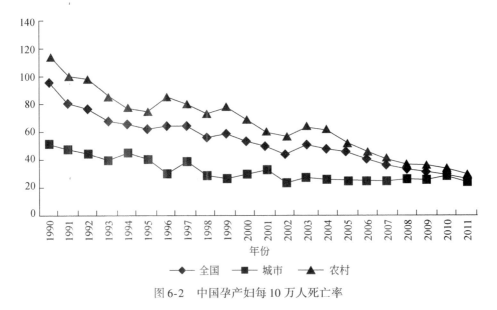

图 6-2　中国孕产妇每 10 万人死亡率

婴儿死亡率持续下降，1991 年，中国婴儿死亡率农村为 58‰，城市婴儿死亡率为 17‰，全国平均为 50‰。到 2000 年，农村、城市、全国婴儿死亡率分别为 35‰、12‰、31‰。下降到农村为 15‰，城市为 5‰，全国为 12‰，如图 6-3 所示。

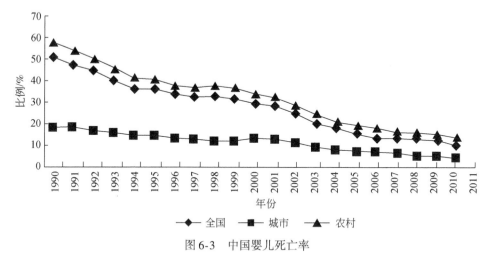

图 6-3　中国婴儿死亡率

另外，5 岁以下儿童死亡率不断降低。1991 年，中国农村 5 岁以下儿童死亡率为 70‰，城市为 21‰，全国平均 60‰。2000 年 5 岁以下儿童死亡率农村为 36‰，城市为 12‰，全国平均为 34.9‰。2011 年农村为 15‰，城市为 5‰，全国平均为 12.1‰，如图 6-4 所示。

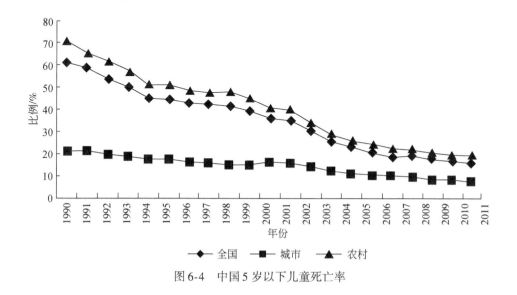

图 6-4　中国 5 岁以下儿童死亡率

作为最重要的公共产品之一的医疗卫生事业，总体上提前实现了联合国千年发展目标，其发展特征可归纳如下。

1. 建立起覆盖城乡的医疗卫生体系

一是公共卫生服务体系。包括疾病预防控制、健康教育、妇幼保健、精神卫生、卫生应急、采供血、卫生监督和计划生育等专业公共卫生服务网络，以及以基层医疗卫生服务网络为基础、承担公共卫生服务功能的医疗卫生服务体系。二是医疗服务体系。在农村建立起以县级医院为龙头、乡镇卫生院和村卫生室为基础的农村三级医疗卫生服务网络，在城市建立起各级各类医院与社区卫生服务机构分工协作的新型城市医疗卫生服务体系。三是医疗保障体系。这个体系以基本医疗保障为主体、其他多种形式补充医疗保险和商业健康保险为补充。基本医疗保障体系包括城镇职工基本医疗保险、城镇居民基本医疗保险、新型农村合作医疗和城乡医疗救助，分别覆盖城镇就业人口、城镇非就业人口、农村人口和城乡困难人群。四是药品供应保障体系。包括药品的生产、流通、价格管理、采购、配送、使用。近期重点是建立国家基本药物制度。

2. 医疗卫生总费用增速超过国内生产总值增长

卫生筹资来源包括政府一般税收、社会医疗保险、商业健康保险和居民自费等多种渠道。2011 年，中国卫生总费用达 24 345.91 亿元，同期人均卫生总费用为 1806.95 元，卫生总费用占国内生产总值的比例为 5.1%。按可比价格计算，1978~2011 年，中国卫生总费用年平均增长速度为 11.32%，如图 6-5 所示。

3. 卫生筹资结构不断优化

为分析问题，我们绘制图 6-6，以揭示医疗卫生筹资结构。从图 6-6 可以看出，个人现金卫生支出由 2002 年的 57.7% 下降到 2011 年的 34.8%，卫生筹资系统的风险保护水平和再分配作用不断提高。2011 年，医院、门诊机构费用为 18089.4 亿元，公共卫生机构费用为 2040.67 亿元，分别占卫生总费用的 71.74% 和 8.09%。医院费用中，城市医院、县医院、社区卫生服务中心、乡镇卫生院费用分别占 64.13%、21.28%、5.17%、9.3%。[①]

---

① 资料来源于《中国的医疗卫生事业白皮书》2012 年 12 月 26 日，新华网。

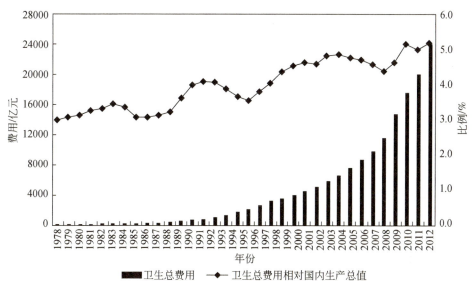

图 6-5　中国卫生总费用和卫生总费用占国内生产总值比例

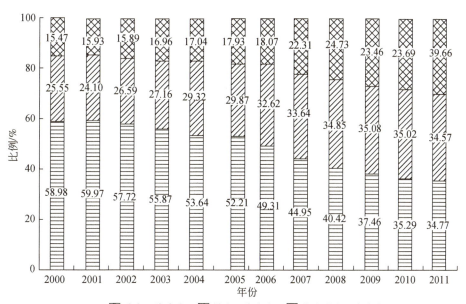

图 6-6　卫生总费用筹资构成

4. 卫生资源持续发展

截至 2011 年年底，全国医疗卫生机构达 95.4 万个（所），与 2003 年比较，医疗卫生机构增加 14.8 万个（所）。执业（助理）医师 246.6 万人，每千人口执业（助理）医师数由 2002 年的 1.5 人增加到 1.8 人。注册护士 224.4 万人，每千人口注册护士数由 2002 年的 1 人增加到 1.7 人。医疗卫生机构床位数 516 万张，每千人口医疗卫生机构床位数由 2002 年的 2.5 张提高到 3.8 张。2011 年，全国医疗机构诊疗人次由 2002 年的 21.5 亿人次增加到 62.7 亿人次，住院人数由 2002 年的 5991 万人增加到 1.5 亿人。中国居民到医疗卫生机构年均就诊 4.6 次，每百居民住院 11.3 人，医院病床使用率为 88.5%，医院出院者平均住院日为 10.3 天。居民看病就医更加方便，可及性显著提高。15 分钟内可到达医疗机构住户比例，由 2003 年的 80.7% 提高到 2011 年的 83.3%，其中农村地区为 80.8%。医疗质量管理和控制体系不断完善。建立无偿献血制度，血液安全得到保障。

二、公共产品体制改革轨迹

为回归中国公共产品体制改革过程，这里以医疗卫生事业为例进行分析。经过多年努力，中国卫生事业取得显著发展成就，但与公众健康需求和经济社会协调发展不适应的矛盾还比较突出。特别是随着中国从计划经济体制向市场经济体制的转型，原有医疗保障体系发生很大变化，如何使广大公众享有更好、更健全的医疗卫生服务，成为中国政府面临的一个重大问题。从 20 世纪 80 年代开始，中国启动医药卫生体制改革，并在 2003 年抗击"非典"取得重大胜利后加快推进。2009 年 3 月，中国公布《关于深化医药卫生体制改革的意见》，全面启动新一轮医改。改革的基本理念，是把基本医疗卫生制度作为公共产品向全民提供，实现人人享有基本医疗卫生服务，从制度上保证每个居民不分地域、民族、年龄、性别、公共产品、收入水平，都能公平获得基本医疗卫生服务。改革的基本原则是保基本、强基层、建机制。

1. 基本医疗保障制度覆盖城乡居民

截至 2011 年，城镇职工基本医疗保险、城镇居民基本医疗保险、新型农村合作医疗参保人数超过 13 亿人，覆盖面从 2008 年的 87% 提高到 2011 年的 95% 以上，中国已构建起世界上规模最大的基本医疗保障网。筹资水平和报销比例不断提高，新型农村合作医疗政府补助标准从最初的人均 20 元，提高到 2011 年的 200 元，受益人次数从 2008 年的 5.85 亿人次提高到 2011 年的 13.15 亿人次，政策范围内住院费用报销比例提高到 70% 左右，保障范围由住院延伸到门诊。推行医药费用即时结算报销，居民就医结算更为便捷。开展按人头付费、按病种付费和总额预付等支付方式改革，医保对医疗机构的约束、控费和促进作用逐步显现。实行新型农村合作医疗大病保障，截至 2011 年，23 万患有先天性心脏病、终末期肾病、乳腺癌、宫颈癌、耐多药肺结核、儿童白血病等疾病的患者享受到重大疾病补偿，实际补偿水平约 65%。2012 年，肺癌、食道癌、胃癌等 12 种大病也被纳入农村重大疾病保障试点范围，费用报销比例最高可达 90%。实施城乡居民大病保险，从城镇居民医保基金、新型农村合作医疗基金中划出大病保险资金，采取向商业保险机构购买大病保险的方式，以力争避免城乡居民发生家庭灾难性医疗支出为目标，实施大病保险补偿政策，对基本医疗保障补偿后需个人负担的合规医疗费用给予保障，实际支付比例不低于 50%，有效减轻个人医疗费用负担。建立健全城乡医疗救助制度，救助对象覆盖城乡低保对象、五保对象，并逐步扩大到低收入重病患者、重度残疾人、低收入家庭老年人等特殊困难群体，2011 年全国城乡医疗救助 8090 万人次。

2. 基本药物制度从无到有

初步形成了基本药物遴选、生产供应、使用和医疗保险报销的体系。2011 年，基本药物制度实现基层全覆盖，所有政府办基层医疗卫生机构全部配备使用基本药物，并实行零差率销售，取消了以药补医机制。制定国家基本药物临床应用指南和处方集，规范基层用药行为，促进合理用药。建立基本药物采购新机制，基本药物实行以省为单位集中采购，基层医疗卫生机构基本药物销售价格比改革前平均下降了 30%。基本药物全部纳入基本医疗保障药品报销目录。有序推进基本药物制度向村卫生室和非政府办基层医疗卫生机构延伸。药品生产流通领域改革步伐加快，药品供应保障水平进一步提高。

3. 城乡基层医疗卫生服务体系进一步健全

加大政府投入，完善基层医疗卫生机构经费保障机制，2009～2011 年，中央财政投资 471.5 亿元支持基层医疗机构建设发展。采取多种形式加强基层卫生人才队伍建设，制定优惠政策，为农村和社区培养、培训、引进卫生人才。建立全科医生制度，开展全科医生规范化培养，安排基层医疗卫生机构人员参加全科医生转岗培训，组织实施中西部地区农村订单定向医学生免费培养等。实施万名医师支援农村卫生工程，2009～2011 年，1100 余家城市三级医院支援了 955 个县级医院，中西部地区城市二级以上医疗卫生机构每年支援 3600 多所乡镇卫生院，提高了县级医院和乡镇卫生院医疗技术水平和管理能力。转变基层医疗服务模式，在乡镇卫生院开展巡回医疗服务，在市辖区推行社区全科医生团队、家庭签约医生制度，实行防治结合，保障居民看病就医的基本需求，使常见病、多发病等绝大多数疾病的诊疗在基层可以得到解决。经过努力，基层医疗卫生服务体系不断强化，农村和偏远地区医疗服务设施落后、服务能力薄弱的状况明显改变，基层卫生人才队伍的数量、学历、知识结构出现向好趋势。2011 年，全国基层医疗卫生机构达到 91.8 万个，包括社区卫生服务机构 2.6 万个、乡镇卫生院 3.8 万所、村卫生室 66.3 万个，床位 123.4 万张。

4. 基本公共卫生服务均等化水平明显提高

国家免费向全体居民提供国家基本公共卫生服务包，包括建立居民健康档案、健康教育、预防接种、0～6 岁儿童健康管理、孕产妇健康管理、老年人健康管理、高血压和 II 型糖尿病患者健康管理、重性精神疾病患者管理、传染病及突发公共卫生事件报告和处理、卫生监督协管等 10 类 41 项服务。针对特殊疾病、重点人群和特殊地区，国家实施重大公共卫生服务项目，对农村孕产妇住院分娩补助、15 岁以下人群补种乙肝疫苗、消除燃煤型氟中毒危害、农村妇女孕前和孕早期补服叶酸、无害化卫生厕所建设、贫困白内障患者复明、农村适龄妇女宫颈癌和乳腺癌检查、预防艾滋病母婴传播等，由政府组织进行直接干预。2011 年，国家免疫规划疫苗接种率总体达到 90% 以上，全国住院分娩率达到 98.7%，其中农村住院分娩率达到 98.1%，农村孕产妇死亡率呈逐步下降趋势。农村自来水普及率和卫生厕所普及率分别达到 72.1% 和 69.2%。2009 年启动"百万贫困白内障患者复明工程"，截至 2011 年，由政府提供补助为 109 万多名贫困白内障患者实施了复明手术。

5. 公立医院改革有序推进

从 2010 年起，在 17 个国家联系试点城市和 37 个省级试点地区开展公立医院改革试点，在完善服务体系、创新体制机制、加强内部管理、加快形成多元化办医格局等方面取得积极进展。2012 年，全面启动县级公立医院综合改革试点工作，以县级医院为龙头，带动农村医疗卫生服务体系能力提升，力争使县域内就诊率提高到 90% 左右，目前已有 18 个省（自治区、直辖市）的 600 多个县参与试点。完善医疗服务体系，优化资源配置，加强薄弱区域和薄弱领域能力建设。区域医学中心临床重点专科和县级医院服务能力提升，公立医院与基层医疗卫生机构之间的分工协作机制正在探索形成。多元化办医格局加快推进，鼓励和引导社会资本举办营利性和非营利医疗机构。截至 2011 年，全国社会资本共举办医疗机构 16.5 万个，其中民营医院 8437 个，占全国医院总数的 38%。在全国普遍推行预约诊疗、分时段就诊、优质护理等便民惠民措施。医药费用过快上涨的势头得到控制，按可比价格计算，在过去三年间，公立医院门诊次均医药费用和住院人均医药费用增长率逐年下降，2011 年比 2009 年均下降了 8 个百分点，公立医院费用控制初见成效。

新一轮医改给中国城乡居民带来了很大实惠。基本公共卫生服务的公平性显著提高，城乡和地区间卫生发展差距逐步缩小，农村和偏远地区医疗服务设施落后、服务能力薄弱的状况明显改善，公众反映较为强烈的"看病难""看病贵"的问题得到缓解，"因病致贫""因病返贫"的现象逐步减少。

第三节　区域合作：确立公共产品低成本服务的机制

区域间的合作是不同地区在社会经济发展中获得共赢的战略选择，从经济学的角度理解，体现社会经济资源配置的帕雷托改善效应，也是现代政府在公共管理活动中多次博弈的结果。就现实社会来讲，要落实好公共产品在区域间的合作战略，无论从认识方面，还是在实际操作过程中，都必须确立现代意识。

一、从制度上讲，区域合作发展首先要建立综合协调机制

公共产品服务在区域间的协调服务，建立有效的综合协调机制是实现区域合作战略的保障，是涉及消除或化解区域间利益冲突及其相关矛盾和充分利用优势资源并力求优势互补的前提，也是区域发展目标是否顺利实现的关键因素。区域间不同主体的资源保护和合理利用管理涉及多个政府部门和行业，关系多方面的利益，政府之间、部门之间目前急需在战略管理方面加强综合协调与合作。

（1）通过制定相关的法律法规，明确各个不同利益主体、小区域、各部门以及各级人民政府在区域合作和合理利用社会公共资源方面的管理职权、责任和规范部门间的协调机制，实现公共资源的优化配置。

（2）成立区域合作战略领导小组，建立合作区域间在战略规划、决策、运转等方面协调统一的公共组织，协调区域内合理利用公共资源以及如何整合不同主体的资源，找出区域资源配置的最佳模式。通过不同主体、不同部门间的联合

行动，促进区域内社会经济发展，实现区域内社会资源整合性、多样性的综合效益。

（3）在领导小组下组建由相关主管部门配合非政府组织活动的专业组织，如生态保护、交通、教育、环境保护等志愿者队伍或政府指导性组织，建立联席工作制度，组织实施相应的与区域合作发展战略有关的工作，协调各不同主体、部门的相关工作。

（4）地方政府的管理机构，也应明确职责，配置相应管理人员，建立区域合作发展战略与合理利用不同主体公共资源的管理协调机制。

（5）提高政府、非政府组织、区域内社区在区域合作发展战略和合理利用公共资源方面的能力，加强区域各有关机构之间的交流与协调，采取一致的区域合作保护行动；探讨区域合作共管等新型综合管理途径，鼓励并引导居民和社区组织积极参与区域合作与维护合作的工作体系。

（6）建立对天然公共资源开发以及用途变更的生态影响评估、审批管理程序，实施公共资源在区域合作利用以及环境影响的评价制度，对涉及区域合作方面的公共资源开发利用的重大问题，要通过不同政府主体、部门、非政府组织间的联合行动，采取协调一致的保护行动，严格依法论证、审批并监督实施。

二、在思维上论，区域合作发展要认识经济发展的互补性

区域合作战略的难点，归根结底就是不同地区政府之间在社会经济发展利益方面的掣肘。传统的管理理念与思维，总认为自己区域内的经济资源理所当然地应由本区域全部享用，这种思维不仅忽略了社会公共资源的有限性，更加忽略了公共资源的互补性与社会经济发展的互补性。从经济学的角度讲，区域合作的宗旨是由于不同地区之间的单打独斗无法解决自身在社会经济发展中的所有问题，才有了区域合作与区域协调发展的理论，如果每个城市、每个地区都对自身相对优势的资源不能使区域共享，实际上失去了区域合作的根本意义，社会经济发展的互补性无法形成。因此，确立区域合作在社会经济发展方面的互补性思想，是实现区域合作战略的基本点。

一是要用"木桶原理"衡量不同地区、不同政府所管辖的社会资源，社会经济的综合发展，是社会公共资源综合配置的结果。每个地区都可能或多或少地有各自的优势资源。实践证明，仅仅有科学技术或者仅仅有相对富裕的财政，对于社会经济的综合发展是远远不够的，如何在不同地区间相互转让资源，进而形成社会经济发展的互补优势，是一个观念的转变、思维的转变。

二是要认识到社会经济发展的公共性。在一个区域内没有其他地区不发展，唯独某一地方长期、持续、大跨度发展的理由，特别是现代社会的发展，不仅小区域如此，而且在国际上也形成了一个互补型发展趋势，我们的许多认识已经远远落后于现代社会经济发展的现实了。

三是从区域整体利益出发，梳理区域内不同政府现有的地方性政策和法规（尤其是经济政策），减少各地区在税收等特殊政策优惠方面的差异，目的是规范各地方政府的行为，力争实现政策的共享和互补。同时，针对那些影响一体化最突出的问题制定有约束力的统一公约和法规，如招商引资、土地批租、外贸出口、人才流动、技术开发、工程招标、信息共享等问题。必须指出，区域合作战略的实现是一个历史进程，不可能一蹴而就。在起步阶段要注重发挥政府在区域联合与协作中的主导地位，在政府层面建立城市市长联席会议或者市长论坛等常规型的联动机制。同时，在非官方层面组建具有协调仲裁能力的企业协会、行会以及各类中介组织。

三、就操作上说，区域合作发展必须解决好环境污染问题

区域间单打独斗的历史教训，不仅是社会经济发展滞后的问题，更严重的是环境污染或循环经济问题。因此，落实区域合作战略，必须把治理环境污染问题作为战略操作执行过程中的核心问题对待。区域内所有政策都必须遵循可持续发展的重要性。区域间在制定政策时，在环境保护与可持续发展战略方面要有统一的规范，一些涉及环境污染、循环经济、生态平衡等方面的重大决策，应当由区域内各个地区、各个城市共同讨论表决通过，特别要注重防止部分地区在政策制定中充分考虑本辖区的经济发展而忽略区域内环境保护与可持续发展问题。

区域内主要立法应当包括对环境价值的评估。建立对区域内环境价值的评估制度与指标体系，可以使区域合作战略中的长远目标和可持续发展得到落实。区域合作中既往的教训是，许多建立了的公共制度很难认真贯彻执行，通过立法的方式严格对环境价值进行评估，可以避免许多主观上发展经济而客观上破坏环境的弊端。

市场定价要反映出环境和社会成本。区域合作战略的落实，必须考虑不同体制的企业在市场定价中要体现生产活动中对环境的成本和社会成本。环境成本和社会成本可以通过提高企业成本的方式体现。例如，企业可以自行处理环境和社会方面的问题，从而增加产品成本；同时，企业还可以向有关政府部门上交环境和社会成本费用，由有关政府部门组织统一治理环境和社会问题。这样，不仅可

以保护环境，而且还可以促使各类企业通过技术进步，改变资本的有机构成降低生产成本。

第四节 公共产品低成本服务的基本模式

公共产品低成本服务，是当前公共治理领域具有核心意义的问题。公共产品之所以一直处于高成本服务状态，是因为传统的垄断体制以及由于垄断体制下产生的管理机制疏松的结果。实践证明，政府垄断下，公共产品高成本与政府规模增长成正比（萨瓦斯，2002）。因此，要实现公共产品低成本服务，必须以打破政府垄断为前提，倡导多元化竞争模式，从而让公共产品提供主体自觉建立科学规范的管理机制。

一、公共组织必须建立内在规范的管理机制

任何社会机制，都有其运行规范。不同的运行活动产生不同的运行规范，而规范的尺度使其同类机制之间有了不同的运行结果。之所以中国公共产品体现出高成本特征，是因为内在机制缺失了应有的管理机制，或者说管理机制的疏松。

1. 组织机制具有规范性且具有一定的规范性才能发挥组织机制的作用

规制是组织机构遵循一定的程序、运用恰当的工具对管理活动进行干预的活动。公共组织机制本身就是一种规范，受制于规制工具与目标的匹配程度（应飞虎和涂永前，2010）。在组织内部，机构是组织员工在生产经营活动中共同须遵守的规定和准则的总称，公共组织的表现形式或组成包括组织机构设计、职能部门划分及职能分工、岗位工作说明，专业管理机制、工作或流程、管理表单等管理机制类文件。一个组织因为生存和发展需要而制定这些系统性、专业性相统一的规定和准则，就是要求员工在职务行为中按照组织经营、生产、管理相关的规范与规则来统一行动、工作，如果没有统一的规范性的公共管理机制，就不可能在公共管理机制体系正常运行下，实现社会事业的发展战略。在中国组织情境下，组织机制的规范性与上下级关系具有相互融合并相互掣肘的特殊性。包含工作之外的私人交往、情感互动与责任认知等领导与下属之间的私人关系，打破了一般意义上的组织机制规范（李锐等，2012）。这就使得组织机制运转过程中在考虑客观规范的同时，还必须考虑组织内部非正式组织的非规范因素。当然，这种由非正式组织所产生的非规范性因素，在中国公共组织内部的作用较私人组织

更加显著。在正式的公共组织内部，非正式组织的非规范性因素，往往会阻碍组织常规运转规律，左右正式组织决策以及常态的管理活动。因此，科学的、理想的组织机制，必须通过体制内外改造，最大限度地消除非正式组织或者正确引导非正式组织行为，使之具有一定的规范性，才能充分发挥组织机制的作用①。

2. 一个具体的专业性的公共组织的机制必须遵循系统原理

美国行政学家艾莉森在《决策的本质：解释古巴导弹危机》一书中，提出公共组织决策模型（"Bureaucratic" politics model）。根据这个模型，任何公共组织的决策，并不是各个部门的领导人经过精心计算的结果。而是包括某一级政府领导、相关部门负责人及其下属，以及其他有利益涉及的组织。这种决策活动构成了系统组织行为，涉及现实中生产公共产品的组织，同样是一个有机的系统机制。一些专业性的公共组织在生产公共产品过程中，其资源配置效率很可能被包括政府在内的社会势力所"掠夺"，正是由于机制系统在某些环节出了故障（段伟红，2012）。世界上任何有机体都是一个系统工程，其各种有效活动或无效活动乃至于破坏性活动，都对其整体系统产生影响。一般地，一个专业性公共组织的机制，是由一些与此专业或职能方面的规范性的标准、流程或程序，规则性的控制、检查、奖惩等因素组合而成的。在很多场合或环境里，"机制＝规范+程序+监测"。从一个具体的公共组织机制的内涵及其表现形式来讲，公共组织的机制主要由编制机制的目的、编制依据、运行范围、管理机制的实施程序、管理机制的编制形成过程、管理机制与其他机制之间的关系等因素组成的。其中属于规范性的因素有，管理机制中的编制目的、编制依据、适用范围、管理机制的构成等；属于规则性的因素有，构成管理机制实施过程的环节、管理机制实施的具体程序、控制管理机制实现或达成期望目标的方法及程序，以及形成管理机制的过程，管理机制生效的时间、与其他管理机制之间的关系；属于监测性的因素，主要是针对运行规则与程序，进行预警、总结经验，提供进一步改进的建议。在公共组织内外部各种非正式势力能够随意"参与"决策情境下，无论是规范、程序、检测，都会在运行中"变型"，机制必须遵循的系统也就被破坏了。

---

① 长期以来，由于政府垄断所造成的体制内外在各类福祉上的差异，公共组织中通过各种人为因素安排了不少工作人员。这些工作人员往往与公共组织内部领导或者公共组织外部的社会势力之间构成了盘根错节的关系网络，在很大程度上左右了公共组织理想状态下的决策活动或者管理活动。公共组织的低效率除了垄断体制本身之外，也不排除非正式组织因素的影响。

3. 公共组织机制的运转需要规范的环境或条件

任何组织机制的科学合理运转必须具备相应条件。第一，组织所设置的机制是规范的，符合公共组织管理科学原理和组织行为涉及的每一个事物的发展规律或规则（韦里克等，2012）。第二，实施规范性的机制必须是组织运行全过程的规范，而且是全员的整体职务行为或工作程序的规范。只有这样，公共组织的管理机制体系的整体运作才有可能是规范的，否则将导致管理机制的实施结果呈现不规范的状态。公共组织管理机制的规范性是要求管理机制呈稳定和动态的统一。长期一成不变的规范不一定是适应的规范，经常变化的规范也不一定是好规范，应该根据组织发展的需要而实现相对的稳定和动态的变化。在公共组织的发展过程中，管理机制应是具有相应的稳定周期与动态时期。这种稳定周期与动态时期是受组织的行业性质、产业特征、组织人员素质、组织环境、负责人的个人因素等相关因素综合影响的。组织应该依据这些影响因素的变化，控制和调节管理机制的稳定性与动态性（李小平和范锡文，2014）。导致规范性的公共管理机制动态变化的因素一般有三种：

一是经营环境、经营产品、经营范围、全员素质等是要经常发生变化的。这些因素的变化相应会引发组织结构、职能部门、岗位及其员工队伍、技能的变化，继而会导致使用、执行原有的公共管理机制中规范、规则的主体发生变化。公共管理机制及其所含的规范、规则因素必然须因执行主题的变化而相应改变或进行修改、完善。

二是产品结构、新技术的应用导致生产流程、操作流程的变化，生产流程、操作程序相关的岗位及其员工的技能必然要随之变化，与之相关的公共管理机制及其所含的规范、规则、程序等因素必然因此而改变或进行修改、完善。例如，多媒体教学技术就改变了传统的教学管理系统。

三是因为发展战略及竞争策略的原因。公共组织需要不断提高工作效率、降低生产成本、增加公共产品在社会上的市场份额。当原有的管理机制及其所含的规范、规则、程序成为限制提高生产或工作效率、降低生产成本等的要素时，就有必要重塑组织机制，改进原有管理机制中不适应的规范、规则、程序。

二、规范内在管理机制是公共产品低成本服务的前提

在一个相对长周期的公共组织活动过程中，其公共管理机制的动态变化需要公共组织自身的不断完善或不断创新。通常，人们称其为内在管理机制的规范。

也只有不断创新管理机制，才能随着主客观环境的变化不失时机地规范管理机制。只有保证公共管理机制的规范性，才能最大限度地节省公共资源，实现力所能及的低成本服务。

1. 任何形态下的管理机制都需要科学规范

无论是有机运动还是无机运动，世界上不存在没有规律的运转活动，从天体运动到植物生长，从动物生存到机械运动，以及各类集体活动、组织发展等。都找到了其运转规律，而影响各类事物运转规范的根本因素就是内在机制。从当前各类组织的运转机制来看，越是公共性的组织，运转机制越是疏松。私人组织的内在各类机制相对严格规范，是因为私人组织的产权落实到位，人们的责任心强。之所以出现世界各国都存在私人组织花费 1 元钱所能够处理的事情，在公共组织则需要花费 4 元钱才能解决，是由于公共组织管理机制相对于私人组织有待于进一步规范。

管理机制本质上是管理系统的内在联系、功能及运行原理，是决定管理功效的核心问题。其形成与作用是完全由自身决定的，是一种内运动过程。从组织体系分析，管理机制是一个完整的有机系统，具有保证其功能实现的结构与作用系统。任何组织，只要其客观存在，其内部结构、功能既定，必然要产生与之相应的管理机制。这种机制的类型与功能是一种客观存在，是不以任何人的意志为转移的。管理机制一经形成，就会按一定的规律、秩序，自发地、能动地诱导和决定组织的行为。同时，机制是由组织的基本结构决定的，只要改变组织的基本构成方式或结构，就会相应改变管理机制的类型和作用效果。管理机制的这种机理特征，决定了其内在的环环相扣运转模式。从模式构成看，管理机制是以客观规律为依据，以组织的结构为基础，由若干子机制有机组合而成的。例如，依据经济规律，会形成相应的利益驱动机制；依据社会和心理规律，会形成相应的社会推动机制。管理机制的自动作用，是严格按照一定的客观规律的要求施加于管理对象的。违反客观规律的管理行为，必然受到管理机制的惩罚。公共组织的管理机制是以服务社会为基础和载体。公共组织的管理结构主要包括公共组织功能与目标，公共组织的基本构成方式，公共组织结构，社会环境结构等。由此，管理机制本质上是管理系统的内在联系、功能及运行原理。公共组织的管理机制主要表现为这三大机制。首先，公共组织的运行机制，是组织基本职能的活动方式、系统功能和运行原理。其本身还具有普遍性。其次，公共组织的动力机制，是指管理系统动力的产生与运作的机理。其中利益驱动是公共组织动力机制中最基本的力量，是由经济规律决定的。例如，科研院所的绩效薪酬制度就是如此。政令推动是由社会规律决定的，社会心理推动是由社会与心理规律决定的，约束机制是指对管理系统行为进行限定与修正的功能与机理。

由管理机制的机理特征以及运转模式可知，任何形态下的管理机制，都需要科学规范。没有规则，就会失去生存环境。例如，体育运动如果没有规范的机制，就无法判断竞争内涵。公共组织作为发达与文明的产物，其科学规范更为重要。

2. 规范内在管理机制的根本目的是优化资源配置

无论是公共资源还是私人资源，客观上都是非常稀缺的。人们之所以要不断地规范内在管理机制，就是通过不断改善管理机制，优化资源配置并不断寻求帕雷托改善效应。公共组织内在管理机制的建立与不断改进完善，客观理由就是为其生产公共产品并最大限度地节省公共资源。公共管理机制的规范性实施与创新活动，也是针对公共组织顺畅运行的产物。通俗地讲，"公共组织的管理机制规范+规则+创新"，就是公共组织优化资源配置进而低成本运行。在经济学中，资源有狭义和广义之分。在一个组织，资源是指社会经济活动中人力、物力和财力的总和，是社会经济发展的基本物质条件。在任何社会，人的需求作为一种欲望都是无止境的，而用来满足人们需求的资源确实有限的。资源配置是指资源的稀缺性决定了任何一个组织都必须通过一定的方式把有限的资源合理分配到组织的各个领域中去，以实现资源的最佳利用，即用最少的资源耗费，生产出最适用的生活需求和劳务，获取最佳的效益。在一定的范围内，社会对其所拥有的各种资源在其不同用途之间分配，其实质就是社会总劳动时间在各个部门之间的分配。资源配置合理与否，对一个组织的成败有着极其重要的影响。一般来说，资源如果能够得到相对合理的配置，组织效益就显著提高，就能充满生机活力；否则，组织效益就明显低下，生存发展就会受到阻碍。

那么，如何才能做到组织内部资源的优化配置，是一个非常现实的管理问题。充满生机与活力的组织管理机制设立是优化资源配置的前提，而这样的管理机制具体落实需要科学规范。就中国当下的公共管理组织而言，一方面，公共管理机制的确立是按照一定规范来进行的。公共管理机制的规范在一定意义上讲，是公共管理机制的创新，公共管理机制创新过程就是公共组织管理机制文件的设计、编制，这种设计或创新是有其相应的规则或规范的。另一方面，公共管理机制的设置或创新是具有规则的，起码的规则就是结合公共组织实际，按照事物的演变过程依循事物发展过程中内在的本质规律，依据公共管理的基本原理，实施创新的方法或原则，形成规范。公共组织管理机制的这种规范，在理论上为优化资源配置进行了科学设计（胡鞍钢，2014）。

由此，规范组织内在管理机制的根本目的是优化资源配置。通过资源的优化配置降低生产服务成本，提高组织的服务能力。就全社会讲，就是最大限度地提高社会公众的福祉。

3. 公共产品低成本服务必须规范内在管理机制

公共产品的提供在资源配置、生产效率等方面，总体上与私人产品供给的理念是一致的。与私人产品的区别在于供给的目的性、服务模式、服务途径等方面的不同。因此，公共产品无论是从消耗公共资源，还是从提供社会服务角度讲，都必须做到低成本。

一个开放性的组织，无论是其外在的交易成本，还是内在的技术成本，都受到其管理机制左右。就交易成本而言，确立产品营销战略、深化服务领域、拓展服务渠道，以及执行战略目标的行为活动，都取决于内在管理机制的科学与否。这是由管理机制的内涵所决定的。科学规范并且执行到位的管理机制，包括组织文化、战略目标、内部凝聚力、意志品质、严明规章制度、组织纪律、职工的创新意识等。这些组织机制的内涵，客观上造就了组织推介活动中的交易成本大小之分。同理，科学规范且执行到位的管理机制，也是控制组织内部技术成本的闸阀。之所以环境差不多的组织，表现出截然不同的生产经营成本，从而获得全然不同的经营效果。就是内在管理机制在模式上、理念上、执行力等方面截然不同的结果（普拉斯特里克，2004）。现实中，公共管理机制的规范性、创新性与服务成本之间的关系是一种互为基础、互相作用、互相影响的关系。其中良性的循环关系是两者保持统一、和谐、互相促进的关系，非良性的关系则是两者割裂甚至矛盾的关系。作为公共组织来讲，应该努力使公共管理机制的规范性、创新性因素与控制公共组织交易成本、技术成本之间的关系呈良性关系。也就是，规范性的因素和创新思维是公共服务低成本的产物。现行的公共管理机制的规范性因素是前期公共管理机制创新的目标，同时，又是公共产品低成本服务的基础；而公共产品的低成本服务又为下一轮公共组织机制的创新与规范奠定了基础。只有这样，公共管理机制才能在规范实施与创新的双重作用下不断完善、不断发挥其保证与促进公共组织低成本服务的作用。

三、政府垄断体制是公共组织管理机制疏松的桎梏

进一步分析，管理机制是从属于管理体制的。经典理论告诉人们，垄断必然

造成低效率，公共产品亦然。为保障供给，传统的公共产品都是由政府垄断经营的。人们通常把政府垄断称为体制内部，而把竞争性领域称为体制外部。体制内部无论是法人，还是普通职工，很少有相对于竞争领域那样的经营压力。既然没有经营压力，在很大程度上失去了主动求变、主动创新等意识。试想，一个从来不考虑危机感的团队，何来的精打细算、艰苦创业、相互激励、团结拼搏的意志品质。因此，政府垄断体制造成了公共组织内在管理机制的疏松。

体制，在管理学中指体制制度，是制度的具体表现和实施形式，是管理经济、政治、文化等社会生活各个方面事务的规范体系，如公共管理体制、社会治理体制、军事体制、教育体制、科技体制等（Lhmb，2013）。制度决定体制内容并由体制表现出来，体制的形成和发展要受制度的制约。一种制度可以通过不同的体制表现出来。例如，社会公共产品供给制度既可以采取计划经济体制的做法，也可以采取市场经济体制的做法；公共产品的计划体制供给在当今表现为政府垄断，多元竞争的环境已经形成。在一定条件下和一定范围内，基本制度、具体规章制度和体制可以互相转化。机制，通常指各类组织的内在管理机制，从客观上讲，管理机制如何，与所选择的管理体制没有关系。但是，从人为或者说从制定、执行管理机制角度理解，一定的体制对于内在管理机制具有主观影响作用。公共管理机制通过制度系统内部组成要素，按照一定方式的相互作用实现其特定的功能。当然，体制机制运行规则都是人为设定的，具有强烈的社会性，如竞争机制、市场机制、激励机制等。在现实的组织活动中，机制可以分解为两种职能。其一是为业务活动正常运转的机制，如生产、营销、价格等。其二是为保障这些业务能够高效运转的激励监督机制。一个正常运转的在组织，激励监督职能对于组织的运转效果起决定作用。而激励监督机制具体细节活动是组织内部实现的，但是一定条件下的管理体制对其影响是不能忽视的。通常情况下，竞争体制会造就科学的激励与监督机制，垄断体制就完全不一样了。所以说，体制是组织内部机制科学到位的前提。

公共管理体制虽然在理论上不决定内在管理机制，但体制影响人们制定管理机制、落实管理机制是否到位是绝对的。首先，任何群体、任何个人都具有经济人的一面。在资源稀缺的社会，人们争夺资源以享受相对多的福利是很多人无法抗拒的。其次，"公地悲剧"现象在任何环境下是不可避免的。现代志愿者队伍的兴起，是为了在一定程度上消除"公地悲剧"。然而，如果没有完善的体制与管理机制，志愿者也是无能为力的。如果激励、监督机制不到位，公务员个人、学校老师、医院的医生，等等，他们的行为不会有很多人当面批评。再次，一个组织相对于社会其他组织，明显存在的相对利益情况下，必然地出现放松进取的心理。私人领域的垄断组织如此，政府垄断领域更为突出。中国的公共组织是从计划体制下演变而来的，基本上没有进入市场竞争体系。在私人领域市场竞争逐渐激烈的情况下，传统的公共组织由计划体制演变为政府垄断体制。在这个政府垄断体制下，体制内部无论是群体还是个人，都享受到了垄断红利。同时，由于垄断体制下形成的对于法人来说不完全的产权，在内在管理机制上难以形成"穷则思变"的主观意识。公共组织内部的个人对于管理问题，也没有私人领域那样主动到位。因此，政府对于公共组织的垄断体制，是公共组织管理机制疏松的桎梏。一言以蔽之，要做好公共组织内在管理，必须首先打破政府对公共组织的垄断。

四、多元竞争模式是公共产品低成本服务的必由之路

人类的管理实践证明，体制与机制是经过实践检验证明有效的、较为固定的方法。例如，政府管理体制与管理机制，不因为某一政府集团下台或政党执政的变动而随意变动。建立一个什么样的公共产品生产经营体制，是公共产品低成本服务的基础。就当前中国公共产品服务现实，如何建立公共产品的多元竞争模式，是一个急需明确的问题。

1. 必须厘清公共产品影响国计民生的程度

公共产品的存在是以调节国计民生为前提的。任何国家、组织、私人，当某一生活必需品在稀缺时，都会对其按照贡献及本身需求进行计划分配。就国家而言，某一生活必需品无法满足公众需求，可能要纳入政府统一供给的范畴，以防止私人垄断而造成供给失衡。中国自 20 世纪 50 年代开始的对所有产品计划供给模式，在当初应该是正确的选择，否则，就会有很多人忍受饥饿受冻。其实时下的一些救灾物资分配，医疗卫生援助，义务教育等，也是这个道理。一般地，当某种产品逐渐丰富，影响国计民生的因子权重降低到一定程度，政府的计划分配模式就应该退出，由市场配置替代。目前，中国在许多领域的公共产品，已经不存在或者很少存在影响国计民生的问题。例如，高速公路、铁路、民航、医疗卫生、文化教育，等等，全方位展开社会不同主体竞争经营，绝对不会影响国计民生问题。但这些领域基本上处于政府完全垄断的性质。因此，建立符合现实并具有战略性的公共产品低成本服务模式，必须首先厘清公共产品影响国计民生的程度。在此基础上，该政府垄断行业或者某些重要公共产品由政府供给，该由市场竞争的行业或者行业中部分公共产品由市场竞争。这个路子亦可参考 20 世纪 60

年代的国企改革思路，值得一提的是粮油供给模式的改革，对于现实的公共产品经营模式创新有很好的启示。

2. 政府仍然需要主导社会保障的重要领域

中国仍然是发展中国家，而且从国际经验看，必须迈过中等收入陷阱。要驾驭社会经济发展活动中的深层矛盾，政府需要主导重要领域的社会保障。就目前及未来一段时期看，在中国政府还必须主导一些领域的公共产品生产经营活动。例如，社会保障问题必须以政府为主导，当然个中公平问题也必须彻底解决。为保障所有适龄学生在不同阶段的学习，绝大多数小学、初中、高中教育产品应当由政府承担，即所谓传统意义上的义务教育。可以借鉴发达国家模式，在政府能够保证所有适龄学生能够享有义务教育的前提下，那些所谓的精英教育、特色教育，等等，一律由社会各界通过竞争办学。其收费标准、项目定价由办学方自主决定。在政府垄断下，全国从省（市、自治区），到市、县（区），所谓的重点小学、中学，都成了少数人拉关系、走后门，甚至腐败的滋生地。另外，"985""211"大学在国家资源大力倾斜下，究竟对学科、教育质量有多大贡献？我们就全国公共管理学科从本科生考世界一流大学研究生、在国内权威期刊发表文章、获得国家基金项目资助、成果获得省级奖励的级别与数量等方面进行了调研，所得出的基本结论是：除了北京大学、中国人民大学、中山大学、清华大学等10多所东部地区的大学外，绝大多数的"985""211"是公共管理学科在全国都处于二、三流水平，其中80%以上的"985""211"大学还不如一些地方本科院校的水平，有20多所地方本科院校公共管理学科要强于绝大多数"985""211"大学。但是，这些"985""211"却一直享受着"平台"资源。人们不禁要问，政府垄断高效资源的绩效究竟在哪里，政府垄断体制下能够提供低成本的公共产品吗？不仅在形式上垄断资源，而且在实质上也形成了教育资源的垄断联盟。有关部门在评审学科、项目建设等方面，专家基本上是这些"982""211"大学的，难免有相互串谋的嫌疑。因此，政府还必须主导涉及国计民生的公共产品生产经营，但必须从更加广泛的领域退出。只有打破政府在普遍意义上对公共产品的垄断体制，才能更好地服务于国计民生。

3. 多元竞争模式必须消除政府特权

从社会经济发展现实出发，普通的公共产品需要建立多元竞争模式。例如，交通运输（高速公路、铁路、隧道桥梁等基础建设），基础教育领域中的精英教育、高等教育、医疗卫生（医院、疗养院、敬老院等）。在我国实行多元竞争模式的基本条件已经成熟，如果继续由政府垄断经营，不仅造成社会收入、市场竞争、体制内外等方面的不公平，而且会继续滋生腐败。党的十八大以来，所揪出的"大老虎"，几乎无一例外地与公共产品建设的政府垄断相关。洛克在其《政府论》中表明，"天赋人权""社会契约""分权制衡"和"有限政府"是合法性政府必须遵从的。个人权利和国家权力的关系是一对孪生矛盾。国家是个人权利让渡的产物，由此产生的政府必然是有限、法治、分权的政府。政府如果始终有某种意义上的特权，有限政府就会变为无限政府。试想，一个国家在社会活动中某一组织存在特权，公众或某些集体被剥夺了权利，或处于不根据权利而行使的权利之下，社会契约难有公平（洛克，1982）。公共产品的政府垄断，其本质是政府特权的客观反映。如果不革除特权弊端，公平就会难以出现。

从根本上讲，公共产品的多元竞争模式的建立，需要一个公平竞争的社会环境。无论是大型项目的建设计划、审批，或者在某些方面的特许经营权利，都需要认真评估，充分体现社会的共同意志。现实中影响竞争体制与机制建设的重要障碍是，在一些相对重要的公共产品领域，竞争过程中对于那些可能出现的违纪违法、损害公众利益等如何管控的问题。往往由于一些矛盾的管控机制不能及时到位，就会出现一些突如其来的社会矛盾。那些不愿意因改革而失去既得利益的人，往往利用这种矛盾试图扼杀本来能够为社会带来更大福祉的改革举措。实践证明，当某种不正常的现象延续多年，或者基本话语权掌握在因不正常现象存在的既得利益者手中时。矛盾的本来面目就会被掩盖，不正常似乎变为正常，而正常的东西似乎又变得不正常。例如，1978 年之后的改革开放，在一定时期内被个别人理解为不正常。在一定条件下，政府特权所形成的公共产品政府垄断模式，可能对于管控社会矛盾有一定的积极作用。所以，长期以来，政府可能节省了管控公共产品运行机制的成本。这样，政府特权作为中国社会根深蒂固的桎梏，如果要在短期内消除，可能会有相当大的阻力。但如果不消除政府特权，政府垄断公共产品的方式、方法、路径难以革除。

因此，建立公共产品多元竞争模式的前提，是消除长期以来根深蒂固的政府特权。只有消除政府特权，才能建立公平的社会体制与机制，也才能推动各级政府强化公共产品生产经营的管控以及建设科学合理的管控机制，使之与公共产品的竞争模式相对应。在多元竞争模式的具体选择上，考虑政府所有、私人领域所有、非政府组织所有、外商独资与合资、多元混合所有等。无论经营者是什么组织，都应当在平等竞争的基础上产生，消除任何形式的特权行为。

4. 政府退出是公共产品低成本服务的基础

政府垄断直接影响到公共产品资源配置效率，进而传导致使公共产品服务的高成本。要实现公共产品的低成本服务体制，必须首先考虑生产公共产品的要素、资源产生应有的效率。消除公共产品的政府垄断是低成本服务的前提，由此，消除政府垄断是基本抓手。在当前情况下，必须找到消除政府垄断公共产品的基本途径。既然政府在公共产品领域几乎是全方位的垄断，就应当考虑政府如何退出的问题。20世纪90年代的国有企业改革模式值得借鉴，为适应改革开放，搞活社会经济，大批国有企业进行了改制转型。政府全面退出国有商业，短期内带来的是物质生活丰富与发展，大批对于国计民生影响较小的国有工业企业、服务型行业改革的途径是政府退出，不仅推动了社会经济发展，而且直接降低了社会公众享受这些产品的成本。政府退出商业经营，人们的生活必需品由匮乏转向丰富；政府退出粮油市场，出现了粮油生产的十连增。

从公共产品服务领域看，无论是教育产品、医疗卫生产品，还是其他领域的公共产品，已经不再是动辄影响国计民生的事情，政府应当选择退出。公共产品的私人经营同样能够最大限度地调动各方面积极性，使之在竞争中降低成本。不仅如此，还能带动各类产业突飞猛进。例如，许多文化产业领域是公共产品，政府不同程度地垄断，限制了该产业应有的发展。教育领域的政府垄断，形成了中国特有的教育模式，青少年的人生目标几乎都是考大学。千篇一律的教育模式，造成了大量人才的流失，近年来，中国在世界各国的留学热潮就是很好的例证。中国的"985""211"项目在国际上比较，可谓投资不少，产出甚微。原因很简单，政府投资效应非常差。政府垄断的大学，其投入资金不仅要搞教学科研，而且要养活相对于私人大学数倍甚至于数十倍的管理人员。进一步分析，政府垄断的公共产品领域也存在大量腐败或财务黑洞，侵吞了教学科研经费，必然增加了公共产品成本。试想，如果这些大学是私人所有，政府投入同样的资金，其效应如何，人们会有正确的判断。

因此，政府广泛退出公共产品领域，就会消除政府对于公共产品生产经营的垄断，也才能建立多元竞争环境。公共产品最终在多元竞争体制下建立起内在协调顺畅的管理机制，提高生产效率，达到降低服务成本之目的。

第七章 公共产品服务的战略定位

公共产品低成本服务体制与机制建立，本身是一个系统工程。不仅要从现实的管理体制与机制入手，而且必须从更为广泛的影响边际出发，进行全方位改革。既要从国内竞争出发，也要有国际战略定位，从而真正建设低成本服务的体制与机制。

第一节 中国公共产品的国际战略

2014 年 11 月 9 日，国家主席习近平在亚太经合组织工商领导人峰会上指出，随着综合国力的上升，中国有能力、有意愿向亚太和全球提供更多公共产品。为促进区域合作深入发展提出新倡议、新设想。历史与现实证明，为世界提供公共产品是一个国家社会经济发展，提高综合实力的基本标志与基本战略。因此，必须确立公共产品的国际战略。

一、确立公共产品的国际战略是建设负责任大国的基础

建设负责任大国与确立公共产品国际战略是有机统一的。什么是负责任大国，我们认为是一个国家最大限度地提供向全世界提供公共产品与公共服务。国际社会包括国家之间、地区之间、群体之间在社会经济发展不平衡，贫富差距悬殊的情况下，公共产品的建设能够快速推动社会经济发展，同时能够从边际上缩小贫富差距。在当前以及未来相当长的时期内，中国的高铁、空间技术、卫星、航天等基础产业以及为基础产业服务的公共产品，可以为国际社会提供各种社会经济发展帮助。同时，中国为国际社会能够提供包括安全保卫、医疗卫生、科学文化等方面的公共服务产品，能够帮助国际社会提升软实力。作为政府来讲，如何立公共产品的国际战略，是中国公共产品更好地服务世界的基本前提；而中国公共产品的发展为更好地服务国际社会奠定了基础，通过公共产品国际战略的确立，携手国际社会共同发展。

公共产品包含了直接服务于公众的有形公共产品以及为有形公共产品发展服

务的无形公共产品。前者是直接投资建设的，如铁路、轨道交通、机场、各类建筑等。后者属于智慧性服务或指导，包括核心价值观、科学技术、安全保护、文体传播、体制与机制构建等。通常，人们大都重视有形公共产品的建设，但事实上无形公共产品的建设更为重要。近年来，中国为国际社会所做的贡献是有目共睹的。一些领域的援助项目以及在应对世界金融危机、医疗卫生危机、经济危机等方面，中国起了核心作用。然而，这些对世界在公共产品方面的贡献却没有获得国际社会应有的认可，甚至个别国家在认识上存在一些偏见。个中原因值得中国政府深思，从根本上分析，我们忽略了无形公共产品在国际上的推广。应当理直气壮地推广中国几千年来的价值观的基础上，把我们的传统文化、国家治理智慧、国防建设、公共安全理念等，向全世界推介。当前主要有以下两方面问题。一方面我们在战略上忽略了历史与现实教育。教育的失察对于公共产品发展的打击是毁灭性的，一个国家的公众如果发展到了认钱不认人、见物不思德，一切教育活动围绕"好工作"转，就会从根本上丧失荣辱感，哪个国家富裕就说那个国家的一切都好。另一方面一些西方国家利用教育资源优势，广泛吸收中国学生，灌输其有利于自身国家的理念。同时，个别势力利用金钱收买个别缺乏原则的学者，给自己的国家抹黑。因此，必须确立无形公共产品的国际战略，在为世界提供有形公共产品的同时，尽可能多地提供无形公共产品，从根本上做到正邪分明。

二、确立公共产品国际战略与中国自身发展相辅相成

从根本上讲，确立公共产品的国际战略与中国自身社会经济发展、增强综合国力、提升国家地位之间是辩证统一的。

首先，国际社会的快速发展需要中国提供更多的有形公共产品；中国积累的财富需要充满生机与活力，最大限度地体现其应有的价值。有形公共产品的国际战略不仅对被提供方而言是推动社会经济发展的基础，同时也对于中国的资本输出是一个利好机会。从经济学角度而言，四万多亿美元的外汇储备是一笔巨大的财富，但如果不能实时地合理流动，也是对社会财富的巨大浪费。因为，任何时候，金融利润来源于实业利润，是实业利润让渡给金融业的一部分利润。让既有的财富更加合理地流动起来，社会经济发展就会更加活跃。从当前中国整体状况来看，不仅国家储备了世界上最多的外汇，而且私人资本特别是老百姓手中的闲散资金量大面广，也是世界上少有的财富规模。千百年来，中国人一直习惯于储存一些应急财富。在现代社会，随着科学技术发展与社会保障体系的不断完善，

需要财富应急的风险可以说越来越少。因此，如果通过公共产品跨国供给途径，把社会闲散资金组织起来，不仅对世界上其他国家的社会经济发展有重大贡献，而且也为公众手中的闲散资金增值找到了门路。

其次，国际社会的综合发展需要中国的无形公共产品；充分体现负责任大国需要输出中国的无形公共产品。概述中国的无形公共产品，简单地讲，就是为国际社会贡献中国智慧。确立无形公共产品的国际战略不仅对输入国的文化、价值观发生变革，同时能够快速提升中国在国际社会的形象与地位。如何充分体现负责任大国理念，我们认为必须把几千年来中国博大精深的文化、公共治理智慧、包含着真善美的核心价值观理念等，不仅应无私地推广于世界，而且应当根植于世界各国人民心中。因此，作为一个负责任的大国，中国有义务并毫不吝啬地向世界提供丰富的无形公共产品。历史上，中国以保守的方式推介公共产品（包括无形公共产品），这其实是没有尽到负责任大国的根本义务。从管理学的角度讲，好酒也怕巷子深，必须以开放的思维推介中国的无形公共产品，让世界公众早日共享中国智慧。

最后，现代国家的发展与公共产品国际化相辅相成。随着科学技术的不断创新与发展，私人产品走向世界已经不是国家社会经济发展的标志性现象。而真正具有国际战略意义的是公共产品在国际间的竞争，公共产品一定程度上代表着一个国家在本领域甚至综合的国际竞争力水平。从长远的观点看问题，现代国家的综合发展，与公共产品占领国际市场密切关联。公共产品不仅代表着主流的科学技术水平，而且在很大程度上提振本国公众的士气，同时，也能够转变消费国公众对于公共产品提供国形象的认识。这是因为，公共产品的消费者是其管理半径内的全体公众，而私人产品的消费者是其中的部分公众。由此，公共产品的国际化战略与国家的综合发展相辅相成。只有当国家的有形、无形公共产品源源不断地走向世界，才能从根本上提升国家的综合实力；也只有当国家的综合实力快速提升，才能进一步推动公共产品更加顺畅地走向世界。

三、确立公共产品国际战略必须重视营销策略

确立中国公共产品的国际战略并付诸实践，必须从根本上重视公共产品在国际上的市场营销思路与策略，做到公共产品国际战略与营销策略的有机结合。

1. 有形公共产品必须制定系统的营销规划

凡事预则立，公共产品在国际上的竞争远比私人产品的竞争要复杂。由于许

多公共产品本身就是一个国家或地区的战略，失去本领域的市场，可能会在很长时期内失去本国在该领域的竞争优势。这不仅体现在供给国之间，对于需求国家来说，更加有如此考量。2014 年 11 月中国与墨西哥国家修建高铁的合同被墨西哥单方面废除，就是一个值得反思的典型案例。该案例告诉人们，无论是国家政府之间，还是私人组织与他国政府之间，以及私人组织之间。在有形公共产品营销过程中，必须制定系统的营销规划。不仅要考虑好常规的业务性问题，更要考虑非常规的应急对策。这样，一旦发生相关问题，就会从容应对。从一定程度上讲，判断预测可能出现什么问题，远比常规性地处理业务问题重要。随着我们国家的日益发展，大型公共产品走向国际市场越来越频繁，所面对的新问题也会随之增加。只有制定系统的营销规划，准确预测不同国家、不同势力、不同组织可能制造的各种摩擦，才能确保公共产品国际战略的实现。

2. 无形公共产品应该理直气壮地在世界上广泛推介

无论是一个国家的治理理念，还是传统文化，以及核心的价值观，标志着一个国家是否能够长期健康的发展。而有形公共产品的营销一定程度上受到无形公共产品推介程度的影响。例如，当公众在不知情的情况下，判断某一事物好坏的标准就由某政府或者个别学者说了算。由于过去多年的封闭，中国文化、中国理念、中国哲学以及核心价值观在国际社会得不到应有的重视，甚至在个别西方国家的误导下引起一些人的偏见，个别国内公众也对几千年的智慧缺乏自信。不仅影响了世界公众对中国的正确认识，也影响到他们对中国公共产品的正确评判。因此，相信中国传统文化与核心价值观，理直气壮地推介中国的无形公共产品，是确立中国公共产品国际战略的重要内容。可以通过主流媒体、扩大招收留学生数量、旅游行业正面引导，进行全面广泛推介。在这方面，我们国家存在很大的潜力。只有无形公共产品推介到位，才能使有形公共产品更加广泛地让世界公众接受。

3. 必须教育全体公众认识公共产品国际战略的重要性

公共产品是否能够客观地被国际社会普遍认可，公众的综合素质也不能忽视。如果一个国家的公众在他国的行为稍有不当，就会必然地影响到该国公众对其公共产品的认同。特别是无形公共产品，往往是个人表面的小毛病影响了国家内在的大智慧。目前，国际上个别人对于中国公共产品在认识上的偏见，基本上源于两个方面。其一是个别国家长期以来黑白颠倒的恶意宣传，其二是个别公众在国内、国外的随意不规范行为。在国际间交往越来越广泛的当今，社会各界必须重视公德教育。事实上，随意吐痰、乱丢垃圾、闯红灯等各种不良现象，归根结底都是自私的表现。这些看起来是小事的现象，实际上引导着国际公众对中国公共产品的认识，因为他们在很多情况下并不知道你的核心价值观究竟是什么。因此，必须充分认识到小事不小，把教育全体公众的随意行为作为确立公共产品国际化的战略，深入持久地进行下去，以确保公共产品国际战略的实现。

第二节　"中国制造"不仅是私人产品

中国制造是国际社会公认的奇迹，但有些人把中国制造与私人产品在世界上的低成本服务捆绑在一起。这会使中国未来的长远战略定位大打折扣。2014 年 11 月 9 日，国家主席习近平在亚太经合组织工商领导人峰会上指出。随着综合国力的上升，中国有能力、有意愿向亚太和全球提供更多公共产品，为促进区域合作深入发展提出新倡议新设想。历史与现实证明，为世界提供公共产品是一个国家社会经济发展，外显综合实力的基本标志。

一、公共产品走向世界才是真正的强国之举

党的十八大以来，包括中国外交战略的创新、文化软实力在国际上展现、公共制度的改革与自信、医疗卫生事业在非洲提供的帮助、金砖国家银行提出与筹划，以及有形公共产品，如高铁等在世界上的建设，不仅是中国制造的重要组成，而且是提升中国形象的重要标志。就长远战略而言，公共产品走向世界才是真正的强国之举。回顾近代以来的历史，文化的广泛根植使英美国家多年来主导世界话语权。制度的推广，使这些国家比较自信，当然也有点自以为是。美国人在控制世界金融的同时，掌握了国际经济主动权。俄罗斯有了强大的国防力量，才能在经济体量不大，而且发展势头疲软的情境下，与西方国家掰手腕。

就未来中国而言，建设负责任大国与确立公共产品国际战略是有机统一的。什么是负责任大国，我们认为是一个国家最大限度地向全世界提供公共产品与公共服务。就有形公共产品讲，其广泛提供能够使国际社会包括国家之间、地区之间、群体之间充分体现生产要素快速组合与配置。在当前以及未来相当长的时期内，中国的高铁、空间技术、卫星、航天等基础产业以及为基础产业服务的公共产品，可以为国际社会提供各种社会经济发展帮助。就无形公共产品讲，中国为国际社会能够提供包括安全保卫、医疗卫生、科学技术、历史文化等方面的公共产品，能够帮助国际社会特别是发展中国家提升软实力。因此，输出公共产品，

不仅能够帮助国际社会，而且能在各个领域奠定国家地位，也是强国之根本。

二、确立公共产品中国制造战略必须"有形""无形"并举

中国制造是华夏崛起的基石，个中的公共产品也有不少贡献。但从未来战略角度考量，潜力无穷。公共产品包含了直接服务于公众的有形公共产品以及充分体现软实力的无形公共产品。前者是直接投资建设的，如铁路、轨道交通、机场、各类建筑等。后者属于智慧性或服务指导性，包括核心价值观、科学技术、安全保护、文体传播、体制与机制构建等。通常，人们大都重视有形公共产品的建设，但事实上无形公共产品的建设更为重要。近年来，中国为国际社会所作的贡献是有目共睹的。一些领域的援助项目以及在应对世界金融危机、医疗卫生危机、经济危机等方面，中国起了核心作用。然而，这些对世界在公共产品方面的贡献却没有百分之百获得国际社会的认可，甚至个别国家在认识上存在一些偏见。应当在理直气壮地推广中国几千年来价值观的基础上，把我们的传统文化、国家治理智慧、国防建设、公共安全理念等，向全世界理直气壮地推介。更应建设与人口规模相匹配的强大国防，以震慑国际霸权与倚强凌弱行为。要坚定不移地秉持公共产品中国制造战略，在为世界提供有形公共产品的同时，尽可能多地提供无形公共产品。

三、落实公共产品中国制造战略与中国自身发展相辅相成

首先，国际社会的快速发展需要中国提供更多的有形公共产品。中国积累的财富需要充满生机与活力，最大限度地体现其应有的价值。有形公共产品的国际战略不仅对被提供方而言是推动社会经济发展的基础，同时也对于中国的资本输出是一个利好机会。四万多亿美元的外汇储备虽然是一笔巨大的财富，但如果不能实时地合理流动，也是对社会财富的巨大浪费。让既有的财富更加合理地流动起来，社会经济发展就会更加活跃。从当前中国整体状况来看，不仅国家储备了世界上最多的外汇，而且私人资本特别是老百姓手中的闲散资金量大面广，也是世界上少有的财富规模。如果通过公共产品跨国供给途径，把社会闲散资金组织起来，不仅对世界上其他国家的社会经济发展有重大贡献，而且也为公众手中的闲散资金增值找到了门路。

其次，国际社会的综合发展需要中国的无形公共产品。无形公共产品大多属于智库性产品，负责任的大国需要输出中国的无形公共产品。确立无形公共产品

的国际战略不仅对输入国的文化、价值观发生变革，同时能够快速提升中国在国际社会的地位。充分体现负责任大国理念，我们认为必须把几千年来中国博大精深的文化、公共治理智慧，包含着真善美的核心价值观理念等等，不仅无私地推广于世界，而且根植于西方以及世界各国公众心中。现实中，一些国家物质生活是相对丰富了，但他们由于缺乏文化等无形公共产品，缺乏战略智慧。因此，作为一个负责任的大国，中国有义务并毫不吝啬地向世界提供丰富的无形公共产品。

再次，现代国家的发展与公共产品国际化相辅相成。随着科学技术的不断创新与发展，私人产品走向世界已经不是国家社会经济发展的标志性现象。而真正具有国际战略意义的是公共产品在国际间的竞争，公共产品在更大程度上代表着一个国家在本领域甚至综合的国际竞争力水平。从长远的观点看问题，现代国家的综合发展，与公共产品占领国际市场密切关联。公共产品不仅代表着主流的科学技术水平，而且在很大程度上提振本国公众的士气。同时，也能够转变消费国公众对于公共产品提供国形象的认识。这是因为，公共产品的消费者是其管理半径内的全体公众，而私人产品的消费者是其中的部分公众。由此，落实公共产品的中国制造战略与国家的综合发展相辅相成。只有当国家的有形、无形公共产品源源不断地走向世界，才能从根本上提升国家的综合实力；也只有当国家的综合实力快速提升，才能进一步推动公共产品更加顺畅地走向世界。

第三节　宏观上判断共产品成本高低的基本标志

在政府执政周期内，我们将政府决策和政府行为给社会带来的支出和负担总和称为政府社会成本。各级政府决策活动和公务人员的行政活动，都因主客观原因，不同程度地对社会产生成本。这种成本的特征是影响面广，直接增加社会公众的支出，或者加重对社会的负担，影响政府形象，更多的是对经济社会的未来发展产生间接性影响，无论是现代循环经济问题，还是和谐社会问题，都可以归结为政府的社会成本问题①。当然，由于政府决策和政府行为所增大的社会成本具有潜伏性，即使有人意识到其对未来社会有影响，也可能因为没有形成迫切而尖锐的现实矛盾而缓和与政府决策的抗争。作为一个考虑长远发展的政府，一方

---

① 政府管理活动中的社会成本既有无形的，又有有形的。例如，20 世纪 80 年代中后期提出的在资源开发方面要 "有水快流" 口号，就是一个无形的社会成本；而湛江市水利部门 2003 年集体贪污挪用水利工程款 100 多万元，应该界定为政府对社会的有形成本。

面在各项决策中尽量避免或削减社会成本的扩大；另一方面要教育公务员严格规范行政行为。政府有责任为削减不必要的公众负担和影响社会发展的各种矛盾作出努力。

公共产品成本高低与否，是政府绩效或效应的基本体现，从公共福祉与社会公平分配等方面来探讨。

一、社会福祉增加程度

社会福祉最为直接的是充分就业，按照有关经济理论，就业是指适龄劳动者在四个星期内找到了自己愿意从事的工作且能获得相应的工资或报酬。一个失业率很高的国家或地区，其连基本的就业问题都解决不了，就谈不上让所有能创造社会劳动产品或劳务的人都能最大限度地为社会创造福利。同时，在就业压力很大的情况下，就业人员的全部劳动或劳务的价值量也不可能很大。一方面是创造社会福利的总劳动力相对减少，另一方面就业人员所创造的社会福利质量与数量有限。传统农业领域有大量潜伏的或隐蔽的失业人员，因而传统农业领域的社会福利相对就差一些。所以，要从真正意义上增加社会福祉。政府应该在弄清周期性失业、结构性失业，或者摩擦性失业等原因后，有针对性地解决就业问题。其次，社会保障问题也直接体现社会福祉的增加，社会保障体系是否完善，一般地讲，社会经济发展或公共福祉利改善的重要标志是社会保障体系的健全完善。如果某届政府在任期内，其行政效用给社会公众的感觉是生活的危机感增加了，那么就不可能得出其行政效用高或改善了人们生活福利的结论。20世纪70年代以来，一些发展中国家如墨西哥，曾出现过经济增长速度很高的情况。但终因失业率膨胀、社会保障及其他社会福利问题成堆，被人们称之为"有增长无发展"现象，公众对政府行政效用的评价相当差。当然，由于社会经济问题的产生与发展具有潜伏性和周期性，许多社会经济问题其实是前届甚至前几届政府共同作用的结果，这和人体疾病的发生、发作过程是一个道理。所以判断政府行政效用必须用动态的眼光看问题。另外，通货指数是否适宜。通货指数是衡量一个国家或地区一段时间内经济发展状况的重要指标，通货膨胀标志着社会福祉的降低，是政府始终要重点考虑的；从社会发展的角度讲，也不能一味地追求通货紧缩，按照凯恩斯理论和菲利普斯曲线，一定的通货膨胀率可以推动社会经济的发展，同时在经济发展过程中，又可以实现充分就业。对于社会公众来说，一味地要求政府紧缩通货或把降低物价指数作为衡量政府行政效用的依据，那是有失偏颇的。虽说较低的物价指数对于人们的货币储蓄不会引起贬值，可以提高人们消费的预期效用，对社会产生一种稳定感，但过低的物价指数或过紧的通货率政策不利于经济发展，也不利于充分就业。因此，评价政府行政的效用，还必须考虑通货指数的适宜性。此外，对当期社会福利的增加程度的判断，还应当包括公共福利设施的增加程度，财政收支、国际收支平衡等方面的内容。

二、公共资源的宏观配置程度

自由放任的市场经济可能对资源优化配置有负面影响，政府必须通过宏观调控干预经济，宏观经济管理是政府的重要职责。过去人们一直重视私人领域的改革，也取得了预期的效果，不论是兼并、破产，还是股份制改造，都属私人领域资本的战略决策。现代公共管理时代，公共资源的宏观配置重点应该从私人领域向公共领域转移。例如，国民收入的三次分配问题的调整已经是刻不容缓的，国民收入过于向垄断行业、政府机关以及其他大型国有部门的倾斜，已经使许多竞争性领域和产业工人感到非常不公平，这也从当前中国过高的基尼系数可以明显看出来。在政府部门、垄断行业还存在着由政府或者垄断行业自己制定收入分配的权限，尽管在垄断行业内部也可能是市场化的收入分配，但是这些垄断行业本身与其他竞争性行业或产业之间又是不同的竞争平台，形成了收入分配上的"国中之国"。从现象上看，大家似乎都是市场化的分配机制，但从根本上看，这部分是属于曲解了的市场化分配，垄断利益在这里充分体现，等量劳动并不能转化为等量价值，不同收入的群体或不同的社会阶层就这样被分隔出来了。因此公共资源的宏观配置问题已经从无形公共产品的角度直接或间接地影响到公共产品的成本，在宏观上判断公共产品成本问题时，必须首先从公共资源的优化配置情况入手，最基本的标志是公共资源配置的帕雷托改善。

三、对社会发展的贡献

无数事实说明，社会生态环境问题已成为全球性的重大课题，成为全人类共同的忧患。政府在考虑当期人民福利的同时还必须考虑未来的可持续发展问题。假如某一届政府在任期间不顾及未来的福利，进行掠夺式经营，如大肆砍伐林木、无原则地开荒，造成沙漠化或生态失衡等。该届政府的行政行为就是高成本的，其对未来的影响将是长期的。随着现代文明的不断发展，公众对社会生态环境保护的要求也日趋强烈，因此，政府仅仅从其本身要赢得公众支持的角度出发，也必须在行政效用上体现对社会生态环境的保护与发展。现代循环经济理论和实践，对政府行为是一个重要的评价标准。

概略地说，政府行为就是指政府运作的全过程，包括政府的决策，政府部门的日常工作，以及政府公务员执行公务的各种活动。可以归纳为政府的公共管理与公共服务能力。政府行为有功有过，这是主客观环境所决定的。既不能把全部功绩都记给某一届或某一层次的政府，同样也不能把全部过失归于某一届或某一层次的政府。为推动政治文明的发展，建立长久的和谐社会，提高政府的执政能力，控制公共产品成本，需要对政府行为功过进行科学的分析。

首先，政府行为本身是一个系统工程。越是涉及范围广，体现公众福利的工作就越复杂。根据系统理论，要使一件事取得成果或相对理想，必须力求该系统中每一因子都达到相对优化状态。如果这一系统牵涉 100 个因子，其中 99 个因子是优化的，1 个因子却很糟，其结果是，该系统的效应都以这一因子为标准体现出来。这与经济学上的"木桶原理"大体相似，就植树造林而言，即使各方面的工作非常到位，但在降雨量非常小且地下水也很短缺的地方，其他一切努力很难奏效，就容易成为"劳民伤财"之举。一个讲究决策与管理科学化的政府，可以经过系统的论证，尽量避开不许可的客观条件，尽可能抓准关键问题来创造条件。

其次，客观环境具有不可测定性。政府行为过程是一个周期较长的过程，短则几个月，长则几年，面对的主、客观因素非常复杂。客观环境往往具有不可测定性。在现实生活中，很有把握的事，实践的结果未必成功。因为，设想的政府决策是在理论上进行的，而影响政府管理活动的因素是人们无法预料或控制的。20 世纪 80 年代以来的大力发展乡镇企业举措，从根本上改变了我国社会经济特别是农村经济状况，可能很多人没有想到由此而带来的循环经济问题，以及人与自然和谐共处问题。如果忽视客观环境的千差万别，就不能正确认识与控制公共产品成本。政府的决策与行为多为大举措，不可测定因素非常多，所产生的反差可能也大得多。因此，在评价政府行为的功过时，必须考虑客观环境的不可测定性。当然，一个按科学规律办事的政府或公务人员，面对客观环境的种种不可测定性可以而且应当作出灵活机动的判断和应变。能否做到这一点，也是不同政府、不同行政人员对同一事物采取不同行政行为带来不同效果的根本原因。

再次，公众对政府行为的偏激认识。人们对过于复杂的社会现象往往认识不足，实践中也往往遇到这样的情况：甲某做的一件事情，在乙某看来非常简单，因而不论甲某做得如何，乙某都认为甲某干得不如自己。当甲某遇到挫折或失败时，乙某更是觉得不可思议。而如果让乙某去做这件事，往往情况更糟。这就是"说起来容易做起来难"。在政府行为过程中，同样有如此现象，许多人对政府行为有偏激的认识，表现为对政府工作或决策的期望值过高。几乎是所有的公众都希望政府能够满足公共产品的供给，使公共福利提高更加快速，但是政府必须考虑城市管理的规划、公共设施的布局、如何确定最优的税收率以及各种自然因素等。20世纪70年代，西方一些国家提出"死亡政府"之说。现在，许多人期望一举把所有的国有企业搞活，充分实现社会就业，而且用农村经济体制改革的效用来衡量城市经济体制改革，这实际上是忽略了客观事物或社会现象的复杂性。由于人们对政府行为产生偏激的认识或过高的期望，当心目中的期望没有到位时，就会产生"播下的是龙种，产出的是跳蚤"的评价。

这里我们勾画了公共产品的成本机理，用以分析决策和政府行为的成本代价，考察或评价政府的执政能力以及在任期内对社会、生态与经济发展的有益性程度。从政府作为社会人又是社会管理者这一双重角色出发，可以有不同组合的分析以及产生不同的分析结果。例如，当外敌入侵时，一切服从于抵抗外敌，这时的公共产品成本就不能用前面的模型来模拟分析了。由于会计成本具有一定的刚性，政府最终消费支出的控制在现实中往往难以奏效。在收不抵支的情况下，政府及其公务员容易将目光投向社会，通过灰市场或黑市场交易扩大公共产品成本，具体表现为五花八门的寻租行为。这些行为及其后果的实质是，政府违犯了社会制度，侵吞了社会利益和生态环境的长远利益。政府行为的最优目标为社会收益最大化时，其自身成本控制达到法定财政收入来源与支出的均衡点。不同的政府目标会导致不同的社会成本，从而导致不同的社会与政府的利益均衡。

就我国目前情况讲，政府控制的行业与竞争市场之间也存在一种自身成本与社会成本的矛盾，对于社会消费来说，政府垄断行业必须是自身成本小于这些行业进入市场去自由竞争的成本，否则政府就是凭借手中的权力为社会生产高成本产品以增大社会成本。例如，某些行业在政府垄断的情况下，产品成本明显高于社会平均成本，但政府仍然利用手中的权力控制垄断利益而给社会消费者以高成本消费。尽管各类法律监督和市场竞争对政府的行为有所制约，制度设计也可以起到控制政府社会成本的作用，行政诉讼法、行政许可法、国土资源法等多种法律手段有助于缩小公共产品成本、保护资源、增加社会福利、促进社会经济发展，但在各级政府及其部门利益驱动下，公共产品成本控制必然受到政府谋求自身利益的干扰。这样，把公共产品成本控制建立在事先、事中、事后三个阶段，系统治理，是现代公共管理的基本要求。控制活动应当主要包括目标成本、分解成本指标、社会经济及生态技术定额等。同时要制定各项规章制度、成本考察制度与标准、工作质量的差异计算和分析，等等。从政府作为社会人管理者的双重行为模型看问题，研究公共产品成本及其控制办法，不仅对社会和公众，而且对政府自身，都具有重要的和积极的意义。

第八章 公共产品低成本服务的切入途径

党的十八大以来，随着改革主题的确立，政府在改善民生、提高公共福祉、优化资源配置等方面绩效突出。对于构建幸福中国、建设创新型政府等战略决策，并采取切实可行的措施，深化政府管理体制改革，推进党的执政能力建设、政府管理创新和服务型政府建设，都是很好的研究支点。这既为中国公共部门，尤其是政府的改革与发展提供了新的巨大空间，对政府管理理论与方法的研究提出了更高的要求，也为该学科的发展提供了前所未有的历史机遇。政府购买公共服务应该根据公共产品的特征分为有形公共服务与无形公共服务①，这是基本理论的研究基础，也是学科成熟程度和研究规范水平的重要标志。因此，必须根据转型期中国公共服务的实践发展和现实需要，选择更具有战略性和针对性的理论与实践课题进行研究，切实帮助党和政府处理与解决复杂的政府管理和服务问题。公共服务的理论与实践、成本与绩效、体制与机制等，是政府购买公共服务的理论与方法近期亟待研究的重点和主题。

第一节 从政府购买公共服务出发控制公共产品成本

中共十八届三中全会提出把资源配置的决定权交给市场，为政府购买公共服务的顶层设计提出了基本要求。在学术研究领域，如何从现实出发，归纳总结国内外状况，找到问题的核心与研究主题，是引领政府购买公共服务实践的必由之路。

一、政府购买公共服务研究状况梳理

在国际上，政府购买公共服务的理论研究已经有了多年的历史，在中国政府

---

① 把公共服务根据公共产品的特征，分为有形公共服务与无形公共服务。所谓的有形公共服务，即能够用生产要素直接生产公共产品的那些公共服务，如教育、文化体育、医疗卫生、交通运输等实体性公共服务；所谓无形公共服务，即国家各级政府及其相应机构提供的所有公共政策，以及政府公务员向社会提供的指导实际工作的服务活动。政府的无形公共服务指导有形公共服务，起基础性作用，而有形公共服务是无形公共服务的客观现实，在公共服务中起顶层设计作用。

购买公共服务的研究起步相对较晚，但也有不少有益的探索。党的十八大强调，要加强和创新社会管理，改进政府提供公共服务方式，新一届国务院对进一步转变政府职能、改善公共服务作出重大部署，明确要求在公共服务领域更多利用社会力量，加大政府购买服务力度。从本质上分析，无论是理论研究，还是实践操作，都缺乏切实可行的体制制度与机制，对政府购买公共服务的全过程进行科学的成本分析、绩效管理。由此可以说，政府购买公共服务无论是概念论述还是深入研究，在国内并没有进入系统分析的实质阶段。但从某一个方面、不同角度研究公共产品（公共事务）或政府绩效评价的成果颇丰。

从国外理论界来看，非常有参考价值的研究公共产品或公共事物问题的代表人物是，2009年诺贝尔经济学奖得主，美国行政学家、政治学家、政治经济学家奥斯特罗姆夫妇。他们指出，公众能够选择公共服务，必须有包括政府在内的多主体提供该产品（奥斯特罗姆等，2000），从理论上提出了公共服务的多元化竞争生产模式。公共服务本身是产业，任何产业在多主体提供下才能体现公共资源优化配置。地方公共经济的发展需要多中心体制，公共服务的产业机会越多，公众收益程度越大（麦金斯尼，2000）。公共事务的制度创造不需要多少成本，但却能够产生无比巨大的作用，同时，制度也潜藏着风险，对于制度组织者来说是很大的考验。因此，在绝大多数情况下，制度创新是被现实逼出来的，但面对现实社会而言，公共事物必须要有新的治理之道（奥斯特罗姆，2000）。前美国总统克林顿的特别顾问，纽约城市大学的萨瓦斯教授认为，公共服务由政府垄断的高成本是不争的事实，必须建立考核标杆，让政府由"划桨"变为"掌舵"。即政府购买公共服务，当然不是政府为某个主体出钱，由该主体提供公共服务，而是把政府不该垄断的公共服务拓展到市场。这样，政府干自己应该干的事情，公共服务的成本才能有效监控（萨瓦斯，2002）。

政府购买公共服务的前提是政府体制改革，建立开放型的市场化、弹性化、参与式、解制型政府，是公共服务绩效尽可能大的基础。政府改革是一个持续不断的过程，而且对于政府部门来讲，变革与其说是一种特例，不如说是一种惯例。只要有一个不完美的政府，人们就会持续不断地寻求理想的治理形态，尽管变革在政府部门中司空见惯（彼得斯，2001）。奥斯本与普拉斯特里克的《政府改革手册：战略与工具》建立了公共产品供给的标杆。把公共服务提供拓展到社会所有组织，政府从生产者转变为成本、绩效引导者，不仅能够降低公共资源配置的成本，更能够推动管理体制的解体。由此，这种改革起到了满足公众需求与提供公共服务的良好作用。英国北威尔士大学的邓肯·布莱克、詹姆斯·布坎南和戈登·塔洛克等针对"政府过于垄断公共产品，造成效率低下"现象，创造了公共选择理论，从官僚体制上解释了公共产品成本居高不下的主要原因。这些理论的实质与核心不仅是在体制上创新，而且从管理上在公共部门领域内引入私营部门的管理方法和管理技术，创建一个企业化的政府，以节省政府对公共产品的管理成本。

从国际研究情况看，主要解决的问题与发展动态是：一是公共产品的政府预算成本膨胀是公共政策失误的渊源。二是政府扩张或政府垄断是有形公共产品成本膨胀的必然。三是营造多维服务主体之体制与竞争机制，是公共产品低成本供给并提高公众福祉的前提。政府部门谋求内部私利而非公共利益产生"内部效应"，可以归结为政府垄断公共产品高成本的重要体现。同时，政府扩张与对无形公共产品的垄断导致社会资源浪费，经济效益降低，资源配置低效，社会福祉减少。官员们为自身利益的需要，扩大或盲目增加多于社会需要的公共物品，扩大采购范围，造成资源的浪费。四是与公司老板不同，政府官员管理公共产品的目标并不是利润的最大化，而是规模的最大化，以此增加自己的升迁机会和扩大自己的势力范围，这势必导致社会成本膨胀，对政府官员的监督乏力。实践证明，推行政府向社会力量购买服务是创新公共服务提供方式、加快服务业发展、引导有效需求的重要途径，对于深化社会领域改革，推动政府职能转变，整合利用社会资源，增强公众参与意识，激发经济社会活力，增加公共服务供给，提高公共服务水平和效率，都具有重要意义。

从国内情况看，王浦劬、萨拉蒙等学者认为，政府购买公共服务必须要从公众最需要的领域着手，制订计划，公开招标，监督管理，跟进评估（王浦劬和萨拉蒙，2010）。政府管理绩效评价理论，是研究政府购买公共服务问题的参照理念之一。在公共服务领域，行政效率和效能一直是学科研究的重要主题，提升行政效能的相关技术，如目标管理、绩效考评等应该是公共服务考虑的重点（周志忍，2009b）。吴建南等（2005）的财政管理、角色冲突与组织绩效理论，对于公共服务的财政转移支付问题提出规范模式。现阶段政府组织绩效的影响因素，固然有内部管理的问题，而整体财政管理体制尤其是事权与财权的严重不对等，是造成现阶段乡镇政府绩效不佳的根本原因。如何从宏观层面规划政府绩效的目标、内容，着力解决关键问题、研究的方法、技术线路及研究的特色是当前公共服务研究急需解决的首要问题。基于绩效评价的地方政府公共事业治理，既是地方政府公共事业治理研究的一个新的视角，又是地方政府公共事业管理绩效评价研究的一个新的拓展（彭国甫，2006）。

综上所述，国际上也有许多研究政府购买公共服务的代表性成果。也不同程度地涉及公共产品成本、绩效以及服务体制与管理机制的建设，在一定程度上解决了政府购买公共服务中许多操作方面的问题；国内的研究主要集中在理论建设与政府成本与绩效方面，同时一些学者就有形公共产品供给体系的统筹、融资体系建立以及预算活动的科学规律进行了探讨。这些研究为政府购买公共服务的研究奠定了基础，对中国公共产品低成本运作的体制与机制建设是很大的贡献，为进一步研究政府购买公共服务的体制与机制创新问题铺垫了很好平台。但从十八届三中全会《中共中央关于全面深化改革若干重大问题的决定》、国务院办公厅关于政府向社会力量购买服务的指导意见，国办发〔2013〕96 号文件精神的要求来看，政府购买公共服务还必须从体制与机制创新、成本与绩效分析、开放型政府与行政超市建设等方面进一步探讨、发展并突破。政府要加强发展战略、规划、政策、标准等制定和实施，加强市场活动监管，加强各类公共服务提供。加强中央政府宏观调控职责和能力，加强地方政府公共服务、市场监管、社会管理、环境保护等职责。推广政府购买服务，凡属事务性管理服务，原则上都要引入竞争机制，通过合同、委托等方式向社会购买。政府购买公共服务在主题研究上必须进一步突破以下几个问题。其一，政府购买公共服务体系应该如何建设。一个能够从真正意义上优化公共资源配置、降低服务成本并提高社会与公众福祉的服务体制与机制的完整体系，是当前必须解决的重大问题。必须把政府购买公共服务与公共产品的低成本供给与提高公众福祉有机结合起来，特别把建立、创新体制等问题直接提出来进行深入解剖与分析。其二，必须突破政府购买公共服务的概念。把公共服务分为有形公共服务与无形公共服务两种类型，无形公共服务是有形公共服务生产经营的操手。其三，政府购买公共服务是广泛的概念，不仅是政府出钱给某个组织，而且是把公共服务拓展到市场。既往的公共服务方面的理论研究，不仅没有找出政府购买公共服务低成本供给应有的体制框架，使政府垄断有形、无形公共产品的成本膨胀趋势不能遏制，更没有建立起行之有效的硬约束管理机制。

正如中共中央第十八次全国代表大会报告所指出的，积极推进政府管理理念、体制、机制、制度、方法创新，完善党委领导、政府负责、社会协同、公众参与的公共产品服务格局。因此，政府购买公共服务的研究，必须首先从概念突破入手，如何找出一个合理规范的政府购买公共服务的体制与机制，设计出理论模式，让公众正确判断有形与无形公共产品的管理服务模式与低成本运作，力求公共资源配置的帕雷托改善效应，从真正意义上提高社会与公众的福祉。

二、政府购买公共服务概念思辨

概览国内外关于政府购买公共服务研究机理，研究解决中国政府购买公共服务的现实问题，必须首先准确把握政府购买公共服务的概念。许多研究把政府购买公共服务看成政府采购，或者狭义地界定政府购买①。马俊达和冯君懿（2011）认为，政府购买服务是各级党政机关、事业单位和团体组织为履行社会管理与公共服务职能、更好服务与保障民生，使用财政性资金采购社会组织、企事业单位提供的专门服务，并按程序实施监督管理的行为。几乎是所有研究政府购买公共服务的成果都把概念界定在这一范畴。如果把政府购买公共服务限定在政府出钱由相关组织或个人生产公共产品，在越来越庞大的公共服务体系里，政府购买公共服务只能是零星的，这种零星的公共服务只能起到拾遗补缺的作用，对于全面的社会公共服务的发展也只能在边际上起作用，实质性的推动作用难以奏效。从重塑公共服务体制与机制出发，政府购买公共服务的概念有必要进一步讨论。为此，我们所谓的政府购买公共服务，就是政府根据社会经济发展需要，把能够由社会其他组织承担的公共产品或公共服务交由社会生产经营，同时，政府根据情况在必要时给予相应的财政支持。政府购买公共服务的目的是最大限度地丰富或满足公众对公共产品的需求，并节省公共资源。政府购买公共服务模式应该是多维的，如政府与社会其他组织合资的伙伴关系、社会其他组织之间的合作模式、政府与非政府组织以及私人组织合资等。公共产品的生产不一定完全由政府出资，而是尽量利用社会资本，即用富人的钱为穷人做福利。

为使研究更有针对性，在概念上把公共服务进一步细分为有形公共服务与无形公共服务两种类型，其涵盖标的可分为两大体系。其一是各级政府在包括教育、文化体育、交通运输、农村设施、医疗卫生、社会福利等在内的所有实体型公共产品生产供给领域。这些有形公共服务的成本与绩效、体制与机制是直观存在的。其二是各级党委、政府以及相关机构出台的指导社会经济发展并指导或引导公众行为的各类公共政策、制度规定，以及各级政府及其公务员对公众所提供的各类服务等所有无形公共产品供给领域。这种无形公共产品的成本与绩效、体制与机制是隐形存在的。与人民群众日益增长的公共服务需求相比，不少领域的

---

① 这种狭义的理解与顶层设计有关，例如，国务院办公厅关于政府向社会力量购买服务的指导意见，国办发〔2013〕96号，文件中所界定的范围就是政府是出钱购买者，似乎政府不出钱，社会其他组织就不能进入公共服务领域。

公共服务存在质量效率不高、规模不足和发展不平衡等突出问题，迫切需要政府进一步强化公共服务职能，创新公共服务供给模式，有效动员社会力量，构建多层次、多方式的公共服务供给体系，提供更加方便、快捷、优质、高效的公共服务。在公共服务领域，有形公共产品与无形公共产品之间有一种特殊关系必须首先弄清，即无形公共产品的生产处于指挥地位，而有形公共产品的生产处于执行地位。无形公共服务的生产是有形公共服务高成本的前提，而有形公共服务的高成本是无形公共服务高成本供给的具体体现。

明晰政府购买公共服务概念问题，对于提高公共资源优化配置并提高对公众的福祉尤其重要，同时在很大程度上可以几何级数的性质提高公众的幸福指数。随着社会经济的发展，公共服务领域的高成本问题已经是摆在世人面前的重要课题，特别是各级党委、政府垄断造成的公共服务成本问题，已经严重地影响社会经济的发展和公众的生活福利、生活质量，同时，对政治文明、体制改革，实现中国梦也造成了巨大的障碍。传统的公共服务政府垄断体制，不仅造成了公共服务越来越不适应社会经济发展要求，更造成了现实的公共服务高成本①。要建立科学的政府购买公共服务体制与机制，这里还要提出开放型政府与行政超市理念。我们所谓的开放型政府，是指政府各机关部门把能够公开于公众的管理、决策活动在公众参与的基础上展开②。所谓行政超市，就是在开放型政府基础上建立的不同机关部门在一个开放的场所办理公务③。只有建立了开放型政府，科学的政府购买公共服务体制才能健全；也只有建立了的行政超市，科学的行政超市机制才能完善。

---

① 多年来，笔者在研究有形公共产品经营管理成本时发现，在公共产品经营活动中私人经营管理的成本为 15 元时，政府经营管理的成本为 46 元，这和萨瓦斯对美国、加拿大、瑞士、日本的公私垃圾收集业进行的对比研究结果 17：49 基本一致。然而，人们忽视了个中的根本原因，公共服务领域的体制与机制是问题的源泉。特别是指导有形公共产品服务的相关政策（无形公共产品）完全是由各级政府垄断的，进而在无形公共产品垄断服务的基础上产生了有形公共产品服务的垄断。如果要彻底消除公共资源的低效率配置问题，让有限的公共资源发挥出无限的社会福祉，就必须与国际公共管理的理论与实践接轨，把公共管理的视角从重结果转向重视前提，即要彻底解决公共服务领域的政府垄断问题。

② 政府应当把那些不涉及保密、安全等方面的管理、决策活动在公开透明的环境下进行。网络化办公不等于开放型政府，既要形式上的开放，又要内容上的开放。只有愿意参与政府政务并能够参与政务时，才可谓开放型政府。

③ 行政超市是开放型政府的必然产物，公共服务的买卖活动中，作为承接方的社会组织（包括企业、非政府组织、私人，以及其他任何形式的合成组织）在作为购买方的政府那里进行交易活动时，必须有包括财政、民政以及其他政府部门等多个单位的参与。如果有了行政超市，使这些部门在同一个开放的场所办公，就会节省时间、人力等成本，大大降低各类有形或无形的交易成本。

三、政府购买公共服务研究必须解决的重大问题

政府购买公共服务实际上是与政府垄断体制的决裂，这一决裂不仅挑战的是公共服务成本与绩效，更挑战传统政府体制遗留的各种劣迹。在垄断体制下，公共产品服务成本一定程度上具有刚性支出的性质，而且公共产品服务成本与政府管理活动中的行政成本、风险成本、政府决策的机会成本之间具有密切的联系，即许多行政成本、风险成本与机会成本是因为公共服务不合理的成本问题而诱发或膨胀的，它比行政成本、风险成本、机会成本更加直接且影响的程度更大，也要求政府行政行为更加规范，必须建立一个科学的理论模型来引导政府转变各级政府垄断公共服务的体制与传统的管理机制。因此，政府购买公共服务研究要集中解决如下问题。

1. 解决传统的公共服务体制问题

传统的政府垄断公共服务体制，是影响公共服务功效最大化展现的桎梏。要充分体现公共服务的公平、公正、低成本、高绩效服务，最大限度地满足社会需求，必须从根本上打破政府垄断体制。政府购买公共服务体制的创新，是针对不同性质的公共产品低效率设计的，在理论上讲，如何建立由政府独立服务、混合型服务（政府、私人组织、非政府组织、企事业多元参与）、其他组织的独立型服务等公共服务体制，是研究政府购买公共服务必须首先解决的重点问题，否则政府购买公共服务难有大的作为。

2. 解决传统体制下滋生的管理机制问题

在公共服务政府垄断体制下，公共服务载体在政府管理与市场之间的夹层中游离，"二政府"模式下的管理机制难以避免软约束问题。体制内人员"占座"现象突出，服务质量低劣，公共产品成本膨胀，都是当前公共服务不公的主要根源之一。通过政府购买公共服务机制的创新研究，重塑公共服务内部管理业务流程，形成公共服务体制内部的多元竞争，引入私人领域的管理与监督制约方式，建立公共服务领域硬约束机制，消除公共服务领域长期存在的"桶底漏水"问题，以优化公共资源配置。

3. 解决公共服务领域成本膨胀问题

受体制与机制制约，公共产品生产活动中成本膨胀，效率低下，公共资源难

以最大限度地发挥效应，甚至是少数人寻租的温床。建立公共服务新体制、新机制的根本目标，是从根本上决策公共服务的高成本问题，进而提高公共服务绩效。通过针对性地解决公共服务领域的成本膨胀问题，使有限的公共资源发挥最大限度的作用，充分体现公共资源配置的帕雷托改善效应。传统体制下，很少有人关心公共服务运行成本与公共产品的生命周期，有形的公共产品无人主动保护也是普遍现象。政府既是公共服务提供主体，又是监督、保护的主体，造成了除政府之外的其他组织在保护公共产品方面是漠然置之的（奥斯本和普拉斯特里克，2004）。而政府垄断的高成本对政府组织本身带来相应的实惠，社会其他公众既没有能力监管，又由于产权悬空的原因，缺乏监管的积极性。公共服务在政府垄断下必然地成了"公地悲剧"。不仅在生产过程中高成本，而且在经营过程中野蛮使用，大大缩短了公共服务项目应有的生命周期，无形中浪费了公共资源。如何建立多元的、产权到位的公共服务体系，从客观上消除"公地悲剧"，是政府购买公共服务必须解决的问题。

4. 解决公共产品配置不公问题

在现实生活中，公共产品配置不公平是一个尖锐激烈的问题。体现在包括教育、体育文化、医疗卫生、交通运输在内的公共产品，在农村与城市之间、东部与中西部之间、不同群体之间的配置不公。逐渐演变为影响民生的首要问题，在一定程度上演变为社会问题，也是构成贫富差距的主要因素。这些问题与中等收入陷阱之间直接挂钩，也是造成公众之间收入分配不公的原因之一。政府购买公共服务一定程度上对于国民收入分配格局产生影响，我们假定政府购买公共服务投入的财力足够多，并且吸引的社会资本足够多，就会极大地起到调整国民收入分配效应。一方面公共资源可以通过丰富公共产品供给为穷人搞福利，另一方面公共服务拓宽渠道，客观上形成了用富人的钱为穷人搞福利（Borcherding，1982）。这一惠及民生的途径，应当通过政府购买公共服务理论研究，清晰地展现出来，提出公共产品公平配置的基本模型，科学体现公共财政转移支付，使稀缺的公共资源在使用过程中公平地提高全体公众福祉。

5. 解决公共服务决策活动中的暗箱操作问题

政府垄断体制下的公共服务决策之所以难以形成客观的科学程序，与公共服务决策活动中的暗箱操作有很大关系，在一定程度上已经是腐败的重要源泉。个别公务员不是以社会或公众需要使用公共资源，而是按照各种关系和自己的利益得失寻找租金机会。在农村，甚至于一些政府购买的公共产品通过形式转嫁，产权性质彻底改变，直接成了个别人的私人产品。政府购买公共服务活动中滋生了灰市场交易，甚至于演变成黑市场交易，出现了"三色市场"下的政府购买公共服务。作为理论研究者，应当勇于拿起真理的武器，在制度上建立能够克服这种随意决策的体制与机制，建立"提出服务项目计划—调查研究—提供备选方案—专家讨论—选择方案—领导决策—监督反馈"公共服务决策模式，从而使政府购买公共服务活动在阳光下运行，客观上能够体现公开、公平与公正。

6. 解决政府购买公共服务随意问题

科学的政府购买公共服务是，政府既要积极购买，又要在科学评估中购买。毕竟政府购买的公共服务是公共性的，因此，对卖方主体的选择，必须全面评估其资质（包括社会信用、志愿者理念及行为、对所购买的公共服务领域熟悉程度、运转资本的能力等）。研究发现，既往的政府购买的随意性表现是多维的。一是缺乏可供选择的多个买卖方案；二是"人情味"太浓，往往忽略了公众的普及性、广泛性；三是个人意志掩盖专家的理性分析；四是对卖方主体缺乏科学评估。各种原因，造成了政府所购买的些许公共服务难以体现应有公平、公正，低成本高绩效的服务性价比低下在所难免。通过政府购买公共服务的成本与绩效研究，针对性地解决这些现实问题，是公共管理理念赋予理论家的历史使命。

从逻辑上梳理，管理机制不活是公共服务质量低下、成本膨胀、暗箱操作、政府购买随意的根源。而服务体制陈旧，则是影响内在管理机制的桎梏。无论是政府购买公共服务的理论，还是政府购买公共服务的成本与绩效研究，都应当承担起对社会的责任。由此，一系列问题必须通过创新政府购买公共服务的体制与机制研究来解决。但无论从我国还是国际范围内来看，目前对这一课题研究不是很充分，特别是不能把政府购买有形公共服务与无形公共服务区别开来，很难找到针对性治理措施，其结果是难以找到规范或硬约束公共服务成本的体制与机制模式的理论支点。由此，以新原理、新技术、新方法为目标，从新的视角、新的观点和角度深入研究政府购买公共服务，对社会公众的福祉增加、减轻纳税人的经济负担，改进政府管理、提高对公共服务项目的经营管理质量，有着重大理论意义和深远的实践意义。

四、政府购买公共服务研究的主题

政府购买公共服务的理论研究，必须找出公共服务低成本运营并最大限度地惠及民生的经营体制与管理机制模式。使公共产品的提供由既往的政府垄断走向公平竞争，政府在服务导向上由传统的"划桨"真正走向"掌舵"（奥斯本和普拉斯特里克，2004）。探索多中心治道的制度、方法、模式、思维的创新，构建起现代公共管理时代政府购买公共服务的经营管理理念、组织结构、运行机制、效益机制、管理技术和方法，并获得实践应用的效果，为揭示政府购买公共服务的新规律提供理论支持（麦金斯尼，2000）。

1. 解放"象牙塔"：政府购买公共服务的前提

政府经济学科有其独特理论标的，同时，还必须结合公共管理现实，拓宽研究思维，形成多维学科交叉共鉴的新风格。由此，如何兼容社会科学与自然科学研究工具与方法，提出既在宏观上抽象又在操作上具体的理论模式，使公共管理理论在现实应用时，战略有目标，操作有支点。传统的封闭型政府始终没有摆脱官僚体系的象牙塔，政府在做什么，对于社会其他公众来说似乎非常"神秘"。这种"神秘"造成了公共服务的不透明，同样，要建立公平、透明的政府购买公共服务制度也是神秘的。我们所谓的开放型政府理论，其机理应该是，与社会其他任何组织一样，政府的所有活动也是一种市场活动，只不过这种市场有其特殊的性质。开放型政府除了那些涉及国家机密领域之外，其他的一切政府活动都应该向社会公开。开放型政府即透明政府、民主政府、能够受到全体公众监督的政府。建立开放型政府理论，既是政府经济学理论创新的目标之一，又是创新政府购买公共服务实践的必然。提出建立政府的行政超市理论与开放型政府理论之间是附属关系，有了开放型政府，才会出现行政超市。我们所谓的行政超市，就是把同一级政府的所有部门（保密以及相关的工作除外）集中起来，在共同的场所联合活动，进行全方位开放式行政（公众在多个部门所办理的事情，可以在同一个场合一次搞定）。这样既能提高行政效率，降低政府成本，又能克服政府的各种弊端，在公众中树立"阳光"政府的良好形象。政府超市理论的建立，可以在政府购买公共服务的实践中节省社会资源，最大限度地降低政府成本，提高工作绩效。

政府购买公共服务研究的主题，还必须思考现实的有形公共服务与无形公共服务之区别。把公共服务进一步分解为有形公共服务理论、无形公共服务理论，才能为进一步研究政府公共服务问题找到更好的切入点。如果不能区分有形公共服务与无形公共服务理论，公共服务的成本与绩效问题往往被蒙蔽。人们往往就事论事地看待现实的体育文化、教育、医疗卫生、农村公共设施，以及其他基础设施资源配置的不公或者高成本问题，绝大多数公众并不关注这些有形公共服务背后的指挥棒，即无形公共服务问题。由此，建立有形公共服务与无形公共服务理论，是政府购买公共服务理论创新的重要主题。在此基础上，创立政府购买有形公共服务体制与机制、政府购买无形公共服务体制与机制，丰富政府经济管理研究理论。

2. 公平趋向：政府购买公共的制度构建

到 2020 年，要在全国基本建立比较完善的政府向社会力量购买服务制度，形成与经济社会发展相适应、高效合理的公共服务资源配置体系和供给体系，公共服务水平和质量显著提高[1]。民生问题，如教育资源、医疗卫生资源、社区公共服务资源、农村公共设施资源，等等是中国当前以及未来很长时期内必须解决的重大问题。集中体现出的问题，一是公共服务资源配置不公平，农村与城市之间、地区与地区之间，以及不同群体之间，存在很大反差（我们研究过北京、上海等城市与甘肃定西市的漳县、岷县山区小学之间，平均每个学生所享有软硬公共资源反差为 16 倍之多。医疗卫生领域亦然）。二是公共服务高成本。根据我们多年的研究发现，同类公共产品，政府垄断或者政府购买由相关团体经营，成本要比私人组织高出数倍（我们在宁波、杭州、天水、西安、深圳等市研究发现，同样一个感冒病例，在政府所属的医院要比私人医院价格高出 3~6 倍）。三是公共服务发展滞后。受到公共服务体制与机制的制约，公共产品供不应求现象越来越突出。在北京、上海、杭州、宁波、广州等东部地区城市，敬老院到了一床难求的地步，甘肃、贵州、宁夏、四川等省份，农村里的孩子上幼儿园，必须要到几十千米外的县城。今天的中国，公众对于敬老院之类的公共服务已经到了多层次需求阶段，但目前连最基本的产品都供不应求。通过政府购买公共服务研究，针对性地解决包括教育、医疗卫生、养老保障等涉及民生领域的实践问题，应该是最基本的出路。

针对性地解决实践问题，是任何理论研究的根本宗旨。例如，如何通过建立开放型政府与行政超市，解决政府购买公共服务活动中的不透明、低效率、高成本等问题；如何通过公共财政的转移支付，解决不同区域间公共服务不均衡问题，最终解决公共服务资源配置不公问题；如何通过公共服务成本与绩效研究，解决政府购买公共服务的高成本、不公平等问题；如何通过政府购买公共服务体制建设，解决公共产品供求矛盾问题，等等，都是实践中急需解决的大问题。科

---

[1] 国务院办公厅关于政府向社会力量购买公共服务的指导意见，国办发 [2013] 96 号，2013 年 9 月 30 日。

学地设计出政府购买公共服务操作途径，一方面，使各级政府在有形公共服务与无形公共服务体制构架上有清晰的思路。另一方面，使不同的经营公共服务主体在管理机制上遵循科学思路，充分体现理论来源于实践，又为实践服务的规律，应该是政府购买公共服务研究的最终目标。

3. 市场化：政府购买公共服务的长远战略

研究政府购买公共服务，是为各级政府提供明确的决策依据。首先，对于中央政府而言通过科学的调查研究，采取什么样的政府购买模式，才能体现社会公平，从宏观上节省政府成本，体现公共福祉最大化。得出通过实证检验的政府购买公共服务的体制模式，使政府多一种可供选择的决策方案，充分体现决策的科学性、程序性，降低顶层设计的机会成本。其次，对于各级地方政府来讲，研究出公共产品供给服务的多维模式、管理机制，为不同情境下的政府服务区域半径、不同性质的公共产品供给，选择适合的服务模式并选择合适的政府购买公共服务管理机制，提供决策依据。例如，政府独立经营服务模式，可供经济欠发达地区在一些特殊领域广泛使用。而混合经营服务模式、私人经营服务模式、非营利组织经营服务模式、股份制经营服务模式等可以为不同区域、不同性质公共服务提供参考。

公共服务的民营化作为公共服务体制发展的趋势，影响着政府决策的基本思路。在除了意识形态上主张有限政府或者小政府的理想目标以外，现实压力、经济推动力、商业动力和平民主义都对将来公共服务民营化产生导向作用。公众要求成本收益比更高的公共服务，同时人们的生活日渐富裕又使他们能够接受民营化的公共服务，并且公众权利意识的提高也使得他们要求获得更多的公共服务参与权和选择权，而私营企业也希望通过民营化来获得更多的商业机会，这些因素都成为民营化的动力，促使政府公共服务的供给逐渐从政府转向民营部门。

政府之所以与营利性企业不同主要还体现在效率上，前者存在超额雇佣、待遇过高、过度建设等问题，并且政府的成本意识不强，还存在人浮于事的行为，这都导致了政府在提供公共服务的时候成本高，但质量却难以保证。在这种情况下，要求政府变革也就成为社会共识，而单纯走改革政府内部的老路显然已经难以取得想要的效果。应该说，没有哪种公共服务天然需要政府提供，只要能够满足这些物品的特性，什么组织都可以提供，而选择何种组织提供的判断标准应该是其供给的效率如何。认识到这个问题之后，我们就基本可以消除对政府在服务供给方面的惯性思维。

当然，这并不是说这些服务由政府来提供是不合理的，在现代文明社会，政府尽可能地保证公民能够过上富足、文明而有尊严的生活是其应尽的责任，问题是如何做。政府提供服务并不代表政府直接从事生产活动，政府需要做的仅仅是确认需求，然后根据不同组织生产效率的不同将这些服务的生产交给特定组织，之后政府需要做的就是监督和评估绩效。在政府不能更有效率地提供某种服务的时候，它完全可以将其转包给其他层级或者区域的政府，以更合理、更高效地提供这类服务。

现实中，政府在公共服务提供上存在特有的效率低下的问题，这就需要政府更多地尝试将这些服务交给私人部门决策，最常用的方式就是合同承包，在这种制度安排下，政府确认了特定服务的需求，然后通过竞争性招标过程选择合适的承包商来提供服务，政府此后所要做的就是通过监督来保证服务供给的数量和质量。另外，个人也可以根据自身条件来自我提供这些服务，或者通过市场力量来加以满足。例如，许多人转向私立学校和医院来接受教育或者医疗，而不花费政府的一分钱。政府提供公共服务方面存在低效率等各种问题，比如质量低劣、缺乏管理技能、投入不足、过度的垂直一体化、产能过剩、目标多样化、腐败等问题，这就导致公共服务民营化的必要性、必然性。尽管民营化过程中不可避免地存在诸多问题，甚至会造成许多损失，但民营化作为一种手段最终是趋向政府公共服务供给效率的提高，只要坚持下去并对之加以完善就能够真正改善服务质量，从而使公众获得更多更优质的服务，进而使民众的生活质量得到真正意义上的提高，从这个角度上讲，民营化不仅是政府现实的决策，更是公共服务的长远战略决策。

第二节　通过农村城镇化推动人口适度集中

从政府管理半径与管理密度角度讲，公共产品在农村以及西部地区的低成本服务，必须考虑人口适度集中。

一、人口适度集中有利于增进生态环境保护和建设效应

实践证明，人口越是分散、稀疏，离现代文明就越远，这是由信息交流频率及交易成本理论所决定的。人口过于分散也是西部地区的一个特点。这种过于分散的现象是有碍于生态环境保护与建设的。就生态环境保护讲，处于深山老林的人，无节制地乱砍滥伐，捕掠各种野生珍奇动物，这种无法在统计资料中显示的

生态环境破坏活动，对西部生态环境造成了很大的负面影响，对保护自然资源与生态环境增加了相应的难度。从生态环境建设角度而言，过于分散的人口本身住在林草覆盖率很高的区域内，对于他们来说，进一步建设生态环境的边际效应是非常低的，从主导思想上就缺乏建设生态的愿望，保护和建设生态环境的效应可能还是负数。因此，对于西部的一些偏远山区分散居住的人口来说，应当通过人口适度集中的活动来增进西部地区生态环境保护和建设效应。对于这种具有反哺性作用的措施在西部大开发活动中再不可忽略了。否则，可能还会出现隐性的毁林、毁草种粮现象，缩减退耕还林所产生的效应。

二、人口适度集中有利于降低公共产品的综合成本

西部城镇化，涉及的几乎都是经济要素及其市场发育问题，人口适度集中可以降低经济发展过程中的整体成本。首先使基础设施建设中的交通运输成本降低。从硬设施总量上讲，在人口集中的情况下，过于偏僻无人居住生活的山区就没有必要在近期内花费大量资本修公路、铁路等。减少上述硬设施建设的总量，就等于直接降低公共产品开发过程中的综合成本。其次在人口适度集中的情况下能够间接地降低市场发育成本。市场发育成本主要由商业成本、信息成本、人际交流成本等要素构成。当人口过于分散时，市场载体的承载率非常低，各种商业设施对个体交易的边际效应几乎是无穷大而总效应过小，使得商业交易的边际成本无限小而总成本无限大。同时，在人口过于分散的情况下，就会形成信息成本的无限性扩大，这是因为传递信息的渠道单一或传递点缺乏，传播信息的媒体闲置而无功效，而每一个人既是信息接收者又是信息传播者，信息量在人的增减过程中是以几何级数增减变化的。另外，人口适度集中，人际交流广泛，商业活动增加，在不断增加的商业活动中市场逐渐发育成熟。当人口过于分散时，人们相互之间交流不再广泛，就会使人际交流的成本大大增加。再次，人口适度集中大大降低了公共消费成本。现代经济社会的公共消费项目，如学校、医院、通信电信、社会福利、社会保障等的消费成本同样应该以单位时间内所提供的消费人次为标准。在人口非常分散的情况下，这些消费项目几乎经常处于闲置状况，造成公共消费不经济或成本过大。正是由于人口过于分散状态下存在公共消费不经济或成本过大，政府资源有限时，首先要减少或砍掉这些地区的公共消费项目，民间资本更是如此，落后由此产生了。一旦人口相对集中，公共项目的消费频率提高，公共消费成本也就降低了。

三、人口适度集中能够加快城镇化的步伐

西部城镇化，是一个城乡社会经济整体腾飞的过程，特别是对于农村经济的开发与发展更为重要。现代农业的建立必须以消除自给自足的自然经济为前提。在人口过于分散的情况下受到公共消费成本过大的影响，使农村社会经济发展的基础设施和市场发育的基本要素发展缓慢，处于商业活动单调、信息闭塞、社会交易费用相对过大状态下的农村经济，无法摆脱仅仅依靠传统种植业、畜牧业养家糊口的现实条件。当人口分散的农村始终处于落后状态时，无论从二元经济结构的消除上，还是农村产业结构的调整上，以及西部整体经济的水平上，都不能认为是西部大开发已经到位。因此，西部大开发完整的效应必须是城乡经济的整体性腾飞，而人口适度集中又是振兴或发展农村经济的重要条件。如果没有人口的适度集中，处于偏远山区的农村人口在近期内不可能改变闭塞落后及愚昧状况。要加快西部大开发的步伐，并提高开发的效应，政府应从战略上考虑人口的适度集中。

由上述分析可以看出，公共产品从内涵上渗透着人口适度集中的内容。然而，在整个发展过程中还必须找出人口适度集中的实现途径。一方面根据人口分布规律的"推拉"原理，制定一定的优惠政策激励人们自觉地向小城镇流动，给予一定量的迁移资金或生产启动资金，降低他们的迁移风险，通过城镇现代文明水平的提高、物质和文化生活水平的提高与乡村分散居住者之间的反差，来吸引过于分散的人口适度集中。另一方面还必须出台一些硬性制度，通过相应的约束措施迫使他们放弃"原始"而进入现代文明，具体为封山、封沙、封林、封草原等，不仅要使现存的分散人口适度集中，而且要防止未来出现相应的"回流"，做到社会、经济、生态的良性循环。总之，过于分散的人口布局，是公共产品供给高成本的重要因素，人口适度集中是值得重视的问题，绝不能等闲视之。

第三节　农村城市化的脉络与途径

所谓农村城市化是社会生产力发展到一定阶段后出现的变传统落后的乡村社会为现代先进的城市社会的自然过程。一般地讲，城市化的内涵主要内容包括农村人口向城镇人口转化，生产方式与生活方式由乡村型向城市型转化，传统的农村文明向现代的城市文明转化等。农村城市化是衡量一个国家和地区经济社会现

代化程度的重要标志。

一、农村城市化的机理与脉络

在现代社会理念与实践中，农村城市化与传统意义上的农村城市化有了显著的区别。因此，梳理并把握农村城市化的机理与脉络，是实现农村城市化活动中体现帕雷托改善效应的基本前提。

1. 农村城市化的机理

从根本上讲，农村城市化的内在实质是通过切合实际的规划，将传统的人口分散的农村相对聚集起来，并以此推动社会经济、文化、科技综合提升的人类自主活动。从发展经济理论的角度看，主要有托达罗模式、刘易斯模式、拉尼斯－费景汉模式等。三种模式虽然形式不同，但内涵都是研究农村剩余劳动力向非农产业的转移，暗中假定了产业转移与乡城转移（劳动力从乡村到城市的转移）是同步的，所以没有涉及产业转移与乡城转移的关系，实际上就是典型的劳动力同步转移模式。农业劳动力向非农产业转移是工业化过程的基本内容，农村劳动力向城市、城镇转移是城市化的主要特征，而工业化与城市化本身相互联系、相互影响，是经济发展与结构变革同一过程的两个方面。从工业化与城市化两者关系演进来探讨中国农村城市化，有助于理解与把握农村城市化的一般规律与中国农村特征以及中国现阶段农村劳动力转移的基本特征。农村劳动力转移的规模与速度，取决于工业化、城市化的发展，而农村城市化的发展更取决于农村生产要素与未来公共产品的优化配置。

2. 农村城市化与农民市民化的区别

现实中存在着把农村城市化简单理解为农村市民化的认识，一些人认为把既有的农村在城市工作的人口户口签转为大城市户口，就是农村城市化。这是一种很不成熟的理念，农村城市化的目的是把现实的传统农村及其农村生产活动，通过因地制宜并用发展的眼光改变为能够更有效地发挥生产要素的资源配置形式，这种形式就是将相对分散的农村人口集中到尽可能集中的区域，使他们能够便于应用现代科学技术、社会化的生产等手段，或从事农业生产、或从事工业生产、或从事其他第三产业生产的公共资源配置活动。由此，农村城市化并非农村劳动力向既有城市的转移，二是农村高素质劳动力的巩固，甚至还有可能是一些大城市剩余劳动力向新兴城市的转移。其内涵是传统的农村生活与劳作方式转化为城市生活或劳作方式；传统的农业生产方式转化为工业化的生产方式；传统的农村消费方式转化为城市消费方式；传统高成本公共产品供给通过人口集中转化为公共产品的低成本供给。由此，如果把农村城市化简单认识为农村市民化，就会在理念上出现误区，而理念上的误区往往是事倍功半的根源。

3. 农村城市化的脉络是综合生态平衡

这里所谓的综合生态平衡，包含了下列内容，即社会经济可持续发展，自然生态优化布局、生活质量提高、信息技术相对对称、格局特色的建设文化。

社会经济的可持续发展农村城市化的总目标。无论是公众的幸福指数的提高，还是生活水平的提升，都是社会经济发展的结果。因此，提高城市化程度，不仅要体现出现实的社会经济发展正能量，更要通过城市化的改造，奠定千秋万载的可持续发展基石。

自然生态的优化布局是农村城市化持久效应的前提。所谓自然生态的优化布局是指经过人类的主观活动改善自然资源布局，使之最大限度地发挥其效应，应当以适应自然生态、充分发挥自然生态功能为原则。传统的农村经济活动难以充分发挥自然生态的作用，甚至在一定程度上破坏了自然生态，农村城市化应当具有超前思维，考虑当前与未来，有一个综合规划。

生活质量的提高是农村城市化的目标。为什么要使农村城市化，其宗旨是最大限度地提高农村公民的生活质量，使他们能够享受到城市公民在文化、公共产品、生活方式、教育、社会保障、劳动就业等方面的综合生活质量。一方面，各级政府要因地制宜地创造优良的软环境，另一方面，多元化筹资在相应的区域进行硬设施建设，从而真正提高农村公民的生活质量。

二、农村城市化可能出现的误区

农村城市化本身是一个推动社会经济综合发展的人类改善或适应自然的活动，但如果不能深入思考并认识其深层次内涵，可能会出现误区。

1. 农村城市化不等于把农民迁入既有城市

国际上一些发展中国家在农村城市化过程中的经验值得注意。例如，拉美国家把农村人口集中到大城市，使城市人口比例接近80%，但社会经济发展中的问题短期内难以解决。因此，切忌在农村城市化的理念上以大城市或者原有城市的盲目扩张为目标，而是要以就地规划为主，既有城市扩张为辅。即一些城市公共产品丰裕（如学校、医院、文体设施等），城市人口密度相对小而管理半径相对大，造成相关公共产品相对成本高的既有城市，可以从管理成本与资源配置优化的角度考虑进一步吸纳农村人口，作为农村城市化的途径；而那些农业条件相对好，或者通过农村城市化活动可能进一步改善农业生产条件，拓宽产业化经营的区域，应当通过考察，在最具有城市基础的村镇进行城市化改造，其宗旨是通过城市化改造提升原有农村人口的生活质量，最大限度地发展社会经济，使农民想务农仍然有务农的机会，想务工有务工的机会，想做第三产业更有搞服务业的机会，从而切实通过农村城市化促进社会经济、文化事业的发展。

2. 农村城市化不等于大城市扩张

在提出农村城市化以来，人们针对现实进行了许许多多的有益讨论。其中一些观点认为，根据北京、上海等大城市的经验，农村城市化会把大量的耕地转化为建设用地。我们认为，持此观点的人混淆了两个概念，他们把农村城市化与大城市扩张混为一谈了。如果就北京、上海的经验而言，就是在现有大城市基础上，通过房地产开发，让农村户口的一些人拥有大城市户口并居住在大城市，但这根本就不属于农村城市化的范畴。我们理解的农村城市化，应该是在广阔的农村，根据实际，在具备相应条件的城镇进行城市化公共设施建设，这种理念的农村城市化，就是把分散的农村人口适度集中，在既往的农村建设星罗棋布的微型城市，市民在就业选择上亦农、亦工、亦三产（以笔者调研的甘肃中部地区、关中平原、宁夏西海固等地区为例，如果在高速、国道沿线建设微型城市，再配置以便利的交通设施，即使距离微型城市最大半径的土地，人们也是可以兼顾耕作的）。如果把农村城市化的理念统一到广大农村的微型城市建设上，由于建设相对向高空扩张，不仅不会使农地转为建设用地，反而还可以大量节省土地作为更好的农地（现有的农村居住用地都是能够作为最好的农田用地，而且各家各户居住相对分散，与城市化居住比较浪费了大量田地）。由此，农村城市化与大城市扩张是全然不同的，前者不仅浪费良田用地，而且往往带来就业压力、公共产品供求失衡、大城市病等社会问题，后者能够节省良田用地，拓宽就业渠道，推动消费，是促使农村社会经济、文化、生活质量飞跃的举措。

3. 农村城市化不能简单理解为农民弃农务工

农村城市化的机理应该有如下几点，一是使广大农村居民以此为基点通过丰富各类公共产品享受城市化生活质量，二是推动农村社会文化体育、卫生事业以及社会保障全方位提升，三是拓展农村社会经济发展思路与途径，四是通过农村城市化改造传统农业为现代农业。依据农村城市化的机理，如果把农村城市化狭隘地理解为农民弃农务工，就会使农村城市化误入歧途。在西方国家，一般聚居10万人的地区就可以命名为城市，俄罗斯把小城市界定为常住人口5万人以下。中国一直以非农业人口为标志界定农村与城市的性质，划分城市的大小，这种界定与划分明显是受到传统农业思维定式的影响。随着生产方式的变革、产业化程度提高，农业产业与工业产业的生产方式逐渐趋同，划分越来越模糊，城市人可能从事的是农业生产工作，而农村人也可能从事的工业生产工作，如各类农产品加工活动。并且随着公路与交通工具的丰富，城市工作与居住地之间的半径越来越大，只要交通便利，50千米半径范围内完全可以从事务农工作。因此，农村城市化的重点应该是就地城市化，是人们能够从事工业、农业、第三产业多元选择的城市化，这样的农村城市化才有厚实的长远发展基础。如果把农村城市化界定在非农人口数量上，必然走不出农民弃农务工的误区，实际上是既往的大城市扩张的继续，而非农村城市化的发展，甚至还会出现新市民与老市民之间争抢就业岗位，酿成大城市病或社会矛盾。

三、农村城市化的实现途径

如何实现农村城市化，应该说可供选择的途径非常多。但是必须科学选择，最大限度地发挥公共资源效应以及最大限度地节省社会成本，这是任何决策都应该遵循的理念。就农村城市化的实现途径讲，应当遵循以下规律。

1. 在理念上必须遵循帕雷托改善

在任何时候，资源都是稀缺的，因此，理性的农村城市化活动绝非政治运动，必须建立在科学基础上，这种科学就是在理念上遵循帕雷托改善。农村城市化是彻头彻尾的公共资源与私人资源重新配置活动，如包括公共交通、通信网络、供水设施在内的所有与农村城市化相关的公共资源配置，以及房地产建设、人口从分散区域到向既定城市集中、人们在劳动方式上的改变等，都要通过当前或长远的经济效益、社会效益、生活质量、幸福指数等方面比较后才能进行决策。其原则只有一个，就是农村城市化实现活动中的所有资源的综合指数效应大于不进行农村城市化的其他活动，只有坚持这一理念，农村城市化活动才是有前景的。当然，真理往往掌握在少数人手里，许多人可能对于农村城市化的当前成本与未来效应一时难以分析透彻，从而错误地认为一些活动可能与帕雷托改善相悖。例如，甘肃中部地区的一些农民认为在山区修农路会占用农地，造成粮食减产，等等。也有一些地方领导，出于管理绩效或其他方面的考虑，或是认识偏颇，缺乏理性论证地进行"大干快上"式的农村城市化，偏离帕雷托改善轨道。对于是否符合帕雷托改善，必须通过相关专家分析后，向全体公众仔细解释。总的来讲，农村城市化在理念上必须遵循帕雷托改善原理，否则，其偏右或者偏左都会有形或无形地浪费稀缺的私人资源与公共资源。

2. 在策略上大、中、小城市因地制宜

任何事情都有共性，但在操作活动中更应搞清其个性特征，农村城市化当然也不例外。中国是一个南北区域与东、中、西部区域差异非常大的国家，特别是山区、高原、平原以及人口密度和产业布局的差异，这些差异告诉人们，任何国家走过的农村城市化路径都有适合中国的部分，也都有不适合中国的部分。例如，沿海东部地区可以吸收日本、韩国的一些经验，平原地区可以借鉴德国、法国以及东欧国家的模式，西部地区则应当考量现实的自然条件采取人口适度集中的策略。就目前中国情况而言，平原地区根据人口分布特征应当相对多建设一些大城市并辐射微型城市发展；东部沿海地区可以多发展中型城市，如长江三角洲的城市群应该是适合沿海地区农村城市化相对成功的模式；西部地区其实是自然地理、人口分布最为复杂的地区，如西南的成渝地区、陕西的关中平原等区域，其特征与东部地区相宜，其他地方的特征是人口密度相对小、地形相对复杂，应当把发展小城市作为主要模式。小城市发展应当形成不同城市文化特色，把保留、弘扬传统文化与新型城市建设有机结合起来，像甘肃省通渭县被国务院命名为书画之乡，可以建成"中国地方书画城"，有马铃薯之乡称谓的定西可以建成"中国马铃薯城"，等等。总之，农村城市化在建设策略上，应当遵循因地制宜的原则，不能只顾及求大、求洋、求新。

3. 在战略上把城市化与农村公共交通建设有机结合

之所以称之为农村城市化，就是要在广袤的农村地区植入城市元素，从根本上改变农村现状。但是，农村城市化不等于彻底抛弃农业产业，恰恰是农业产业化的全方位升华，保护并在力所能及的情况下扩张耕地是农村城市化的重要红利，农民享受城市生活，部分人仍然可能要以种植业为生计。伴随农村城市化的一大跨越是农业产业化、现代化、工业化，一个必须考虑在前的问题是，各地在规划战略上要把农村城市化与农村交通建设有机结合，特别是农路建设，在平原地区可能问题不大，但在广大的丘陵地区、山区，特别是像黄土高原地区（山西大部分地区、陕西北部地区、宁夏西海固地区，以及甘肃的中部地区，等等），几乎到处是山地，也到处是耕地，村社交通、农路交通规划建设必须统筹先行。如果农村公共交通建设不到位，就会出现因城市化而耽误农业生产。

人们居住在城市，工作在种植业领域的成本是非常高的，不仅影响农业种植业生产，而且因大量的农民城市化造成产业门类少，无法拓宽就业渠道，城市失业率大增，给社会劳动保障、公共财政等带来负担，也造成"新型"市民生活质量的下降。因此，在战略规划上必须把农村城市化与农村交通建设有机结合，以避免由此而带来的社会问题。

4. 准确定位城市化的目标与结果

为什么要搞农村城市化，如何搞农村城市化，这是一个值得思考的问题。就农村城市化的目标而言，应当考虑的是全方位提高公共服务水平，最大限度地提高社会公民的幸福指数，让社会经济发展的红利惠泽每个公民。实现这一目标，就必须科学规划，对基础设施、产业布局、发展特色、公共事物、文化内涵等方面综合分析，确立可行并切实能够为公众带来福祉的目标；从农村城市化的结果来讲，应该是把人类与自然界的和谐发展放在首位，在城市建设活动中必须珍惜自然资源，包括自然生态资源与社会文化资源的开发、利用、保护，绝不能竭泽而渔。如果因农村城市化而影响到了自然资源的可持续发展，就是与农村城市化理念相背离。因此，必须准确定位农村城市化的目标与结果，将农村城市化活动中可能出现的问题消灭在萌芽状态。

第九章 公共产品低成本服务的政策选择

第一节 从现代养老保障事业市场化说开去

养老保障问题，本来就是国民经济的重要组成部分。从再生产角度看，既是要素产业，又是第三产业；从社会视阈发展看，既是保障事业，又是社会养老问题。如何在理念更新的基础上，做好养老保障事业的长远战略与具体对策，是当前理论与实践必须深入研究解决的重大课题。

一、必须从理念上正确认识养老保障的真正功能

在传统意义上，养老保障就是包括政府、非政府组织、社区、企业以及家庭与个人的经济负担。如果把养老保障作为社会事业，与国民经济综合发展有机结合起来，其根本意义远不只是社会负担。就宏观层面分析，现代意义上的养老保障究竟是什么，除了表面上所体现出来的社会负担外，它所产生的诸如综合服务、社会就业、充分挖掘劳动力潜力、发展社会产业等都是值得深入研究的。

在古代，由于社会经济发展相对落后，单一的农业耕种产业结构下，"养儿防老"是最为基本的养老保障理念，养老保障成了经济负担。之所以养老问题是经济负担，是因为社会资源几乎都是通过体力劳动所得，老年人基本丧失了体力劳动能力。随着获得经济收益唯一途径的劳动力丧失，就必须依赖于他人的劳动成果维持生计。另外，传统社会时期的自给自足经济条件下，以及分散的家庭生产单位模式下，不可能产生现代社会情境下的诸如敬老院式的养老模式。随着现代社会的发展，产业结构由单一逐渐过渡到多元，特别是工业革命与社会化生产的出现，使第三产业由产生到发展至社会经济主体产业。人类获取生活资源由传统社会的完全依靠体力劳动，过渡到体力劳动为主脑力劳动为辅，进而过渡到体力劳动为辅脑力劳动为主。此时，现代养老模式随之由产生到发展，逐渐演变为一种产业。从现代养老保障的基本特征分析，可以归纳出下列功能。

一是释放家庭主要劳动力的功能。传统的分散式家庭式养老，不仅是家庭个人的经济负担，而且往往可能分散家庭主要劳动力的精力，使他们从事专业劳动的功效大打折扣。只有通过现代养老模式创新，把被养老者适度集中起来，由专业化的养老机构提供专门的养老保障服务。不仅能够使被养老对象有更加利于身心健康的环境，而且能够全面释放主要劳动力，使之全身心投入到专业劳动活动中，为社会创造更多的经济价值。

二是拓展医疗保健事业与产业。随着社会经济发展，传统意义上的纯粹事业、纯公共产品越来越少。各类事业在生产形式上由政府专属演变为多元竞争，在提供方式上由政府单一渠道转变为由政府、非政府组织、私人领域、个体甚至国际间相互渗透的多渠道、多体系提供。这种多元竞争与多渠道、多体系供给自然把个中保障性事业产业化。养老保障与医疗保健事业在相互结合中有了产业化的趋势，而且随着社会经济发展，成了拓展产业的新型增长点。

三是增加就业岗位。随着国际社会老龄化趋势的不断加剧以及社会事务的专业化发展，传统的居家养老体系必将随之解体，逐渐向社会化、实业化、专业化演变。它一方面扩充了第三产业的发展，另一方面也为社会创造了新的就业岗位。如果以 1 个工作人员服务 20 个老人计算，中国在 2020 年预计需要养老人员1000 多万人。这是各级政府未来值得开发的项目，同时，更应当是那些有识之士参与创业的目标之一。

四是延续被养老者的社会价值。现代养老模式的功能不仅是养老活动本身，而且更加体现在延续被养老者自身的社会价值与贡献。老年人的幸福不仅是退休后的享受，而且是享受社会服务的同时对社会提供应有的责任与贡献。传统的居家养老已经体现出信息网络社会背景下的弊端，离开社会化工作活动的老人感到只有家庭这个小社会是不够的。提供集体生活，营造宽松的环境，从而延续被养老者的社会价值，并使之更高质量地享受生活。现代养老模式是创造这种环境的根本载体。

二、养老保障事业发展的长远战略是建立完整的服务体系

1. 发达地区与城市养老通过多品质服务满足长远需求

随着社会经济与文化的不断发展，人们对养老服务品牌的需求也由传统的单一逐渐向多元化转变。不同群体有不同的文化偏好，以及不同的养老服务质量的要求。例如，知识分子群体喜欢相互交流科学技术，公务员群体喜欢了解国内外

政治形势，等等。因此，各级政府及其主管部门在考虑长远规划时，就应该针对不同群体、不同阶层的养老需求，建设不同品质与品牌的养老服务产品。从当前现实看，几乎是所有的城市养老产品匮乏，远不适应社会需求。除了居家养老模式，就是敬老院模式，而且敬老院里都是一床难求，个中原因必须认真分析。首先，社会智库发展的滞后，使实践活动思维受限。研究养老保障，并没有把养老保障市场需求作为一个系统进行预测分析。如何把社会经济发展与养老保障需求有机结合起来，为长远规划作出理性定位，应该是理论研究或本领域智库建设必须重视的。其次，传统体制下政府垄断敬老院还没有从真正意义上建立起多元竞争环境。养老保障在强化政府购买的同时，还必须调动非政府组织、企业、外资等各方面积极性。只有不同主体的竞争，才能生产多品质服务的养老产品。

2. 中西部地区养老保障应以政府购买服务为主

在中西部，特别是农村，建立多元主体竞争的养老保障模式还不具备完全意义上的条件。一方面投入资金还不充裕，另一方面即使引入外来资本投入，被养老者也缺乏足够的消费能力。应该适应社会经济发展前景，适应现代信息网络环境，通过政府购买养老服务，大力发展敬老院。中央政府应当通过转移支付形式，支持部分贫困地区发展养老保障事业。同时，考虑到政府财力有限，可以采取政府购买与社会资本混合参与的办法。在理念上要跟上现代养老保障步伐，在规划上结合现实，分步骤推行。还可以试行劳动力顶替入股形式，即一些有服务能力的人，先去敬老院做义工，不领取服务报酬，等他们完全丧失劳动力之后，由敬老院按照其以前的服务价值，再行返还补偿服务。

3. 建立完善的养老服务保障模式体系

战略观念上，完善的养老保障体系必须坚持国家政府、企业组织、非政府组织、个人以及其他志愿者援助等多层体系。国家保障是最基本的，应该是养老保障的资金来源主渠道。企业与个人养老保障是第二层次的保障，是养老保障资金重要补充源泉。非政府组织以及其他志愿者援助属于第三层次的养老保障，起着养老保障的拾遗补缺作用。这一战略设计是改革开放初期甚至于计划经济时期确立的，任何时候都是必须坚持的养老保障战略。就当前与未来看，养老保障不仅要有科学的体制与体系，更要在科学体制与体系基础上创造多维的养老保障模式。科学的模式不仅是体制与体系的基础，更是发展养老保障满足社会需求的载体。结合社会经济文化发展现实，分析不同群体收入结构状况，社会养老保障服务模式可以从下列方面考虑。

纯粹享受式（休闲娱乐），也可以称为一般模式，这应该是社会最为基础的养老模式。任何具有养老保障资格的对象，都能够且有能力享受基础养老模式。被养老者在这里可以享受到服务人员所提供的衣食住行，集体娱乐（诸如唱歌、跳舞、读书看报，等等）。一般的工薪阶层退休后可以享受这种养老模式。

智慧贡献式，也可以称为社会大学式养老模式，是养老保障的特色模式之一。随着知识分子、企业管理人员、公务员退休人员的逐渐增加，社会上潜藏了越来越多的智慧。如果把他们都分散在各自家庭或者与一般退休人员一起，他们的智慧可能从此灭失。但如果把他们通过养老模式集中在一起，就可能成为不可估量的社会或国家财富。

技术创造式，可以称为技术再生性模式。退休人员中大量存在各类具有一技之长的工程技术人员。一旦把这些人员通过养老方式集中起来，让他们在享受生活的同时，寓技术创新于快乐之中。在既没有任务压力，又没有生活压力的情况下，从事自己喜欢的技术研究，可能也会有奇迹出现。

我们可以把第一种模式界定为基础养老模式，后两种模式界定为特色养老模式。

三、养老保障事业发展的基本对策是提供多元服务产品

现代信息网络背景下，现实的养老保障措施相对滞后。养老保障本身属于公共产品范畴，需要在政府主导下对接社会经济与文化发展现状，推动其与社会经济文化发展同步。任何意义上的产品，必须由生产者引导消费。其机理是，生产者预测未来潜在的市场，并向潜在的消费者进行宣传引导，让消费者意识到该产品对自己带来的好处，进而满足各自需求。从目前情况看，既要引导社会转变传统观念，又要生产符合不同群体、不同阶层心意的养老产品。

1. 政府购买服务生产的纯保障产品

任何时期、任何社会制度下，鳏寡孤独都是客观存在的。他们本身或者先天性地丧失了劳动能力，或者没有可依靠的亲人。政府必须购买服务作为这一群体的养老保障，当然，也不排除志愿者通过各种资助方式帮助其养老，但整体上政府必须考虑完全意义上的购买服务。事实上中国政府一直都是这样做的，当前存在的问题是，许多地方这种养老是分散式的，即以现金资助为操作途径。这种方式不仅对于养老对象难以直接服务到位，而且还可能潜藏其他方

面的问题，诸如资金分散不能形成规模效应，增大养老成本，个别人截留、贪污，等等。因此，采取集中养老，既能够使养老服务质量提高，又能够带来规模效应。

2. 私人提供养老服务应注重高端产品

随着社会经济发展，私人领域参与公共产品生产服务日益频繁。一方面他们的闲置资本要找新的增值机会，另一方面也有许多有识之士热衷于公共事业。这不仅解决了政府养老保障在资金方面的不足，而且丰富了养老服务模式，增加了养老服务产品。无论从社会需求看，还是从私人资本增值角度出发，在当前情况下，私人提供养老服务都应该把重点放在高端产品上。那些曾经的创业者在创业期间付出了寻常人没有付出的智慧代价，到了老年阶段，应该享受相对奢华的养老服务。十多亿人的国家，每个细分市场都是相对庞大的。

3. 大众型养老服务模式应灵活多样

灵活多样的养老服务产品是满足社会需要的根本途径。随着中国普遍地进入中等收入阶段，收入结构也越来越复杂，公众的养老保障服务需求随之多样化。为此，必须有各类形式的养老服务载体，以满足不同个性需求者的养老服务。一些资本雄厚有实力的投资者，可以搞成大型的综合性养老服务产品"超市"，以满足涵盖服务半径内所有愿意消费的对象。其他所有的养老服务应根据各自特长，创造特色品牌。包括针对不同社会群体的服务品牌，针对不同阶层的服务品牌，以及针对不同爱好、特长等的服务品牌。如果不考虑被养老者收入差别、个性差异、群体特征、阶层素养，养老服务产品与被养老者之间难以很好对接，社会需求无法满足，养老保障事业难以发展。

4. 资金短缺地区可以实行"公私伙伴"

社会经济发展不平衡本来是正常现象，即使在发达地区也有不平衡问题。在相对贫困区域，养老保障服务机构建设可能会遇到资金短缺等方面的问题。解决资金短缺的途径一般都在体制机制上。例如，股份制解决了私人领域资金短缺问题。作为公共产品的养老服务同样可以参照私人领域的做法，通过多渠道、多途径募集资本。除此之外，构建充满生机与活力的体制与机制是值得人们考虑的途径。诸如政府在购买服务的基础上选择与愿意为本事业贡献的企业组织、非政府组织、个人、国外投资者，等等，合作创办养老服务载体。政府投资可以是直接配送形式，也可以是参股形式。这样结成的"公私伙伴"关系，不仅利于筹集建设资金，而且利于政府监督管理，更利于总结借鉴政府服务与私人组织服务的经验，从而更好更快地发展养老事业。

总之，社会养老保障作为社会经济发展中的重大事业，几乎是信息网络时代全社会所有人都要关注的。从认识上讲，它不仅是社会的人力、财力、物力等方面的负担，同时，也是一项社会经济发展的重要事业或产业。只有在正确认识的基础上，才能确立长远战略，并通过各种举措推动其快速发展。

第二节　公共产品低成本经营管理体制的战略设想

一、公共产品低成本服务的前提是改革现行的绩效评价体系

公共产品低成本服务的前提是改革现行的绩效评价体系。政府及其公务员绩效评价肩负着检验公众生活质量，选拔人才，考核公务员、政府绩效等重要使命，在过去几十年的改革实践中，积累了很多宝贵的经验，但仍然存在一些弊端。

首先，各级政府设置的社会经济发展指标体系被普遍用来作为评价公务员及政府绩效的唯一标准，从而导致对某些现象指标片面、盲目的追求。由于目前最主要的社会经济发展问题都较侧重 GDP、PIC 以及人均纯收入，等等，公共产品服务实践往往受其影响，强调表象，而忽略公平、幸福指数、实际生活中的方便等，严重制约了公共产品全面、均衡的发展。

其次，在我国目前的绩效评价实践中，对公务员成绩的解读仅止于得到一些简单的描述统计量（如 GDP 在国内的排名等）。殊不知，这些数字貌似非常精确，容易统计，便于比较，但它完全不同于物理测量单位的直观含义，纠缠其中实在是极大的谬误。例如，在同一类型的公共产品建设活动中，价格和市场需求状况差距截然不同。即使两个公务员的绩效分数完全相等，也不能认为他们的知识、能力与素质等综合水平完全相同，因为构成总绩效分数的各部分的具体情况可能存在差异。同理，某次评价的 70 分和另一次评价的 80 分也无从比较，因为评价内容、难度、时间与空间等都可能存在较大差异。

同时，这些统计量与预设的工作质量标准缺乏联系，使得人们无法从中解读如何取得进步的反馈信息。公务员仅能看到自己依据本次评价在群组中的状况，但究竟哪些方面的工作好了，哪些方面欠缺了，是否取得进步，却不能从评价结果中体现出来，更不用说客观评价公务员或政府进步的程度了。这很容易造成公

务员按照某一定式机械地追求绩效，却影响社会的健康发展。

在对公务员、地方政府评价时，很多地区会采用以公式化的指标为主要依据的评价方式。这不仅会使公共产品服务活动进入程式化的误区，并且由于这种做法不考虑自然、社会环境基础、政治背景等因素，还会对一些条件及其基础较差的地方产生较严重的负面影响。这里对改进政府绩效评价提出设想：

1. 对公务员及政府机关绩效采用更为科学、公平的增值性评价

现行的政府对公务员的评价缺少体现工作规律的客观标准，实际上是以笼统且单一的成绩为主要标准。这种评价标准和方法把拥有不同环境和条件的社区，以同一标准衡量工作的绩效，使占有优质资源的政府始终处于优势地位，而那些资源和现实条件差的政府及其公务员则不能根据社区实际提高工作绩效。增值性评价的概念，即评价公务员在工作一段时间后的"绩效"，以变化取代原来对公务员在某一个特定时刻的状态的关注。这种评价方式将公务员原有的工作成绩及环境背景等多个因素考虑在内，提出一个合理增长的模型。它不光关注于工作过程的最后产出，更着重工作过程所带来的增长，凸显了"以人为本"、尊重每一个公务员的工作思想。运用这种方法评价政府、公务员绩效，有利于促进社区和区域间的公平比较，有效激发环境质量差的区域促进公共产品低成本服务的动力。这种新的评价方法在世界上很多国家得到了关注和研究。特别是美国在2005年，对《不让一个孩子掉队》法案作出重大调整后，政府要求各州建立基于学生水平增长的绩效模型，增值性评价成为评价实践和研究的热点。一些州通过建立纵向链接的测量工具，将学生每一年的学业水平增长与该州的标准要求、学生历史水平和学校历史水平、其他学校增长情况等，进行多角度的跟踪评价（谈松华和黄晓婷，2013）。

中国教育领域也出现了增值性评价研究，但起步较晚，目前仍采用传统的学校名次变化比较、标准分比较等较原始的评价指标。各类学校完全可以在此基础上，加快步伐，使这一更科学的新方法得到广泛运用。

2. 改进评价技术，科学解读评价结果

政府以及公务员绩效在过去的评价中，成绩主要用来解读政府或公务员升迁、离任审计等，很难了解成绩背后每个公务员的优势和不足。要全面细致地阐释评价结果，从中了解公务员个人及政府群体的能力结构，必须改进目前笼统的评价技术，采用测量理论及先进统计方法，结合工作设置、政府目标、社会发展指标等工作标准，深入细致地分析绩效的"成分"和"含量"，并联系各种背景

信息，研究影响绩效质量的因素。这些反馈信息可以为公务员弥补不足、促进均衡发展，以及发挥优势、培养个性化特长，提供有效依据。

以教育领域为例，美国等教育评价发达地区，专业评价机构已常规性地向政府、地方教育机构、学校乃至个人提供详细书面反馈。以国际大型标准化考试 PISA（"学生能力国际评价项目"）为例，经合组织不仅公布收集到的各地学业水平、政府投入、学校组织、个人生长环境等方面的总体信息，还深入研究各种影响学业的因素、教育质量发展的趋势等。同时，还向各地提供分析该地区情况的分报告。此外，美国等国家还通过向在职教师提供教育评价知识培训，帮助老师解读和利用各类评价结果，因材施教，提高教学质量。国际教育领域的先进经验，各级政府与各个领域公务员绩效考核完全可以借鉴。

3. 在绩效评价标准、内容上建立 4N 体系

就操作层面讲，可以改进绩效评价内容，转换绩效评价的命题思路。公务员作为社会的主导管理者，应该注重对其社会作用进行考核。具体应从哪些范围考核，我们认为应当将那些庞大的考核指标归结为 4N。具体阐述如下，首先，他们最为重要的是设想出让社会做什么，而不是自己做什么。因此，思维智慧及想象能力是公务员及其政府考核的主要内容；其次，配置资源的能力是每个公务员的必备能力，公务员作为社会管理的主导者，就是配置资源的资源，因此，配置资源的能力是公务员或各级政府绩效考核的核心内容；再次，综合协调能力是公务员或各级政府的基本职责，社会阶层最终由政府引导，一个缺乏综合协调能力的公务员政府难以创造社会经济发展的好环境；最后，专业水平是公务员实现绩效的基本技能，每个公务员在其各自的领域里必须具有相当的专业水平，否则，就难以指导公共管理实践。

除了传统的科目考试外，我们还应该丰富评价方式，拓宽评价范围。在评价标准方面，固定而僵化的准绳不利于培养公务员的想象力和创造力。如何改进标准，在评价中向公务员提供开放性问题，对管理创新的尝试给予更多的权重等，正是目前评价研究开始探索的课题。

二、必须重视影响公共产品的基本环境

无论是从国家层面，还是某一区域，如果不能正确判断或认识公共产品影响环境，就会失去公共产品供给的公允。一般地，影响公共产品的环境应当分为自

然环境与社会环境两大方面。

1. 影响公共产品的自然环境

影响公共产品的自然环境，是环绕公共产品周围的各种自然因素的总和。是一切直接或间接影响公共产品的自然形成的物质、能量和现象的总体。它是人类出现之前就存在的，是人类赖以生存和发展所必需的自然条件和自然资源的总称，即地球的空间环境、阳光、地磁、空气、气候、水、土壤、岩石、动植物、微生物以及地壳的稳定性等自然因素的总称。这些是人类赖以生存的物质基础，也是公共产品生产活动的基础条件。人们通常把这些因素划分为大气圈、水圈、生物圈、土壤圈、岩石圈等五个自然圈。人类是自然的产物，公共产品也是自然的产物，而公共产品的活动又影响着自然环境。

当人类处于原始社会时，由于生产力极其落后，人类对于自然环境只能处于被动的适应状态，对自然界的改造力量很微弱。人类对自然环境真正产生影响，主要是有文明史以来的几千年时间，尤其是资本主义工业革命以来的200多年。20世纪以来，科学技术突飞猛进，工业发展的速度大大超越以往任何历史时期。人类从开垦荒地、采伐森林、兴修水利，到开采矿藏、兴建城市、发展工业，创造了丰富的物质财富和灿烂的文化。现在人类的足迹上及太空，下至海洋，可以说是无处不有。然而，人与自然环境是相互依存、相互影响、对立统一的整体。公共产品属于人与自然环境关系的一个方面，因此，公共产品的活动与自然环境也是融为一体的。人类对环境的改造能力越强大，自然环境对人类的反作用也越大，在人类改造环境的同时，人类的生活环境随之发生了变化，环境问题就是这种反作用引起的必然后果。当人类向自然界索取的物质日益增多，抛向自然环境的废弃物与日俱增，一旦达到大自然无法容忍的程度，在漫长岁月里建立的平衡就遭到了破坏。在公共产品生产活动中，环境影响主要包括资源状况（自然资源短缺）、生态环境（生态环境日益恶化）、环境保护（对自然资源和环境的保护加强）等。

从自然环境的内涵可以看出，环境因素对公共产品的影响是不可忽略的。一方面，政府在配置公共产品资源时，必须考虑不同区域的环境特点。例如，由于自然环境的影响，在中西部配置教育资源时，就必须相对于东部地区要投入更大的人力、财力、物力。再如，当衡量公共产品建设与使用绩效时，也应当充分考虑环境影响所带来的区别。另一方面，人们应当针对环境影响的重要性，考虑保护并进一步建设好的环境。在环境保护方面，要做好包括环境保护法、水污染防治法、大气污染防治法、固体废物污染环境防治法、环境噪声污染防治法、海洋环境保护法；在资源保护方面应当包括森林法、草原法、渔业法、农业法、矿产资源法、土地管理法、水法、水土保持法、野生动物保护法、煤炭管理法等；就环境与资源保护方面，主要有水污染防治法实施细则、大气污染防治法实施细则、防治陆源污染物污染海洋环境管理条例、防治海岸工程建设项目污染损害海洋环境管理条例、自然保护区条例、放射性同位素与射线装置放射线保护条例、化学危险品安全管理条例、河流流域水污染防治暂行条例、海洋石油勘探开发环境管理条例、陆生野生动物保护实施条例、风景名胜区管理暂行条例、基本农田保护条例。

　　从根本上讲，建设或保护环境，其本身就是公共产品的生产经营活动，任何政府或社会公众责无旁贷。20 世纪 90 年代以来社会和公众面临的主要问题之一是日益恶化的自然环境。自然环境的发展变化对社会经济的发展产生强烈的影响。所以，各级政府以及不同组织的最高管理层必须分析研究自然环境的发展动向。首先是某些自然资源短缺或即将短缺。地球上的资源包括无限资源、可再生有限资源和不可再生资源。目前，这些资源不同程度上都出现了危机。就无形资源讲，如空气和水等。从总体上讲是取之不尽、用之不竭的，但污染问题严重，亟待解决。此外，近几十年来，世界各国尤其是城市用水量增加很快（估计世界用水量每 20 年增加一倍），与此同时，世界各地水资源分布不均，而且每年和各个季节的情况也各不相同，所以目前世界上许多国家和城市面临缺水问题。中国随着城市化的发展，像北方的济南、天津和北京等 300 多个城市也开始为水资源不足的问题所困扰。其次是可再生有限资源，如森林、粮食等。中国森林覆盖率低，仅占国土面积的 12%，人均森林面积只有 0.8 亩，大大低于世界人均森林面积 3.5 亩。耕地少，而且由于城市和建设事业发展快，耕地迅速减少，近 30 年间中国耕地平均每年减少 810 万亩。最后是不可再生资源，如石油、煤和金属等矿物。由于这类资源供不应求或在一段时期内供不应求，必须寻找代用品。在这种情况下，就需要研究与开发新的资源和原料，公共产品的开发本身是资源或原料开发的重要途径之一。例如，在中国西北部建设太阳能发电基地，开辟一条"电力丝绸之路"；在内蒙古推广风力发电，充分利用草原上丰富的风力资源。

　　在一定程度上，环境污染治理是最主要的公共产品。在许多国家，随着工业化和城市化的发展，环境污染程度日益增加，公众对这个问题越来越关心，纷纷指责环境污染的危害性。这种动向对那些造成污染的行业和企业就是一种环境威胁，更是对社会治理的挑战，各国政府不得不采取措施控制污染，治理污染；另外，这种动向给控制污染、研究和开发污染环境的公共产品行业和组织带来了新的市场机会。

2. 影响公共产品的社会环境

所谓社会环境，就是我们所处的社会政治环境、经济环境、法制环境、科技环境、文化环境等宏观因素。社会环境对公共产品生产活动与产品本身的生命周期乃至未来发展都有重大影响。狭义上讲，仅指公共产品的直接环境，如社会经济发展、劳动组织、学习条件和其他集体性社团等。社会环境对公共产品的形成和发展起着重要作用，同时公共产品作为人类活动，也给予社会环境以深刻的影响，而公共产品本身在适应改造社会环境的过程中也在不断变化。

社会环境的构成要素是众多而复杂的，但就对传播活动的影响来说，主要有四个要素。一是政治要素，它包括政治制度及政治状况，如政局稳定情况、公民参政状况、法制建设情况、决策透明度、言论自由度、媒介受控度等；二是经济要素，它关系到经济制度和经济状况，如实行市场经济的程度、媒介产业化进程、经济发展速度、物质丰富程度、人民生活状况、广告活动情况等；三是文化要素，它是公共产品服务现实中的教育、科技、文艺、道德、宗教、价值观念、风俗习惯等；四是信息要素，它包括信息来源和传输情况，信息的真实公正程度、信息爆炸和污染状况等。如果上述因素呈现出良好的适宜和稳定状态，那么就会对公共产品的生产经营并为人们提供服务的活动起到促进、推动的作用；相反，就会产生消极的作用。

国家经济的发展和科技的进步，会导致公共产品结构的变化，新的公共产品会出现，还有一些公共产品会衰退，或是有些公共产品虽然存在，但其相关属性或内涵已经发生了变化。

是否能预测公共产品的发展趋势，是否能预测公共产品内涵的演化，对公共产品是否有深刻的认识将关系到我们能否在把握社会环境变化的基础上，为社会的综合发展找到或创造适宜的公共产品平台，有效地规划公共产品战略。如果人们希望抓住机遇，建立明确的公共产品目标，有效降低机会成本和选择的风险，那么加深对于公共产品环境的分析是必不可少的重要一环。社会发展趋势对于目前存在的公共产品有何影响和需求，选择的这个公共产品是不是社会越来越需求的公共产品，在此行业里，组织是否具有竞争力和发展机会，如何让自己的组织在选择的公共产品中保持核心竞争力，可能的风险是哪些，我们可以通过有效的公共产品环境分析得到启示或答案。

3. 认识公共产品影响因素追求公平服务

在一个国家或区域，不同的自然环境与社会环境造就了公共产品不同的供给或服务成本。环境相对差的地区的服务成本肯定要高于环境相对优越的地区，政府在公共产品投入成本上必须考虑这一特征，可以经过模型计算，对于不同环境条件下投入不同的成本，以平衡由于环境不同而造成的差别。必须认识的是，中国西部与东部地区，无论是自然环境还是社会环境都出现了很大的差异，从根本上讲西部地区人们的付出要比东部地区大，政府应当考量个中的差异，要向西部倾斜。政府从根本上承担着公平分配公共产品的职责，就要下决心在资源配置上向西部倾斜，至于倾斜到什么程度是判断公平的标准，应该是无论是东部地区的人才，还是西部地区的人才，他们认为在哪里工作都一样，最起码的是不会出现"孔雀东南飞"现象。人口始终存在一种流动趋势，说明公共产品服务在区域上存在着不公平。这是建立公共产品公平服务体制必须认真考虑的。

三、建立公共产品低成本服务的评价标准

1. 社会福祉增加程度

首先，社会福祉最为直接的是充分就业，按照有关经济理论，就业是指适龄劳动者在四个星期内找到了自己愿意从事的工作且能获得合理的工资或报酬。其次，社会保障问题也直接体现社会福祉的增加，社会保障体系是否完善，一般地讲，社会经济发展或公共福祉改善的重要标志是社会保障体系的健全完善。如果某届政府在任期内，其行政效用给社会公众的感觉是生活的危机感增加了，那么就不可能得出其行政效用高或改善了人们生活福利的结论。最后，通货指数是否适宜。通货指数是衡量一个国家或地区一段时间内经济发展状况的重要指标，通货膨胀标志着社会福祉的降低，是政府始终要重点考虑的。

2. 公共资源的宏观配置程度

过去人们一直重视私人领域的改革，也取得了预期的效果，不论是兼并、破产，还是股份制改造，都属私人领域资本的战略决策。现代公共管理时代，公共资源的宏观配置重点应该从私人领域向公共领域转移。例如，国民收入的三次分配问题的调整已经是刻不容缓的，国民收入过于向垄断行业、政府机关以及其他

大型国有部门倾斜，已经使许多竞争性领域和产业工人感到非常不公平，这也从当前中国过高的基尼系数可以明显看出来。在政府部门、垄断行业还存在着由政府或者垄断行业自己制定收入分配的权限，尽管在垄断行业内部也可能是市场化的收入分配，但是这些垄断行业本身与其他竞争性行业或产业之间又是不同的竞争平台，形成了收入分配上的"国中之国"。从现象上看，大家似乎都是市场化的分配机制，但从根本上看，这部分是属于曲解了的市场化分配，垄断利益在这里充分体现，等量劳动并不能转化为等量价值，不同收入的群体或不同的社会阶层就这样被分隔出来了。因此公共资源的宏观配置问题已经从无形公共产品的角度直接或间接地影响到公共产品的成本，在宏观上判断公共产品成本问题时，必须首先从公共资源的优化配置情况入手，最基本的标志是公共资源配置的帕雷托改善。

3. 对循环经济的贡献

无数事实说明，社会生态环境问题已成为全球性的重大课题，成为全人类共同的忧患。政府在考虑当期人民福利的同时还必须考虑未来的可持续发展问题。假如某一届政府在任期间不顾及未来的福利，进行掠夺式经营，如大肆砍伐林木，无原则地开荒，造成沙漠化或生态失衡等。该届政府的行政行为就是高成本的，其对未来的影响将是长期的。随着现代文明的不断发展，公众对社会生态环境保护的要求也日趋强烈，因此，政府仅仅从其本身要赢得公众支持的角度出发，也必须在行政效用上体现对社会生态环境的保护与发展。现代循环经济理论和实践，对政府行为是一个重要的评价标准。

四、公共产品低成本服务制度设想

公共产品之所以不能低成本服务，除了公共产品经营本身存在问题之外，与传统的服务制度有很大的关系。为此，必须从制度建设入手，探索公共产品低成本服务途径。

1. 克服公共产品享有的特权现象

公共产品享有的特权现象几乎渗透到各个角落，就医疗卫生而言，几乎是所有的医院都有三六九等之分。一些地方官员把医院作为放松的地方，医疗过程不仅自己不花钱，而且以各种形式索取高级药材、滋补品。特别是公立医院，从医院到医生，在理念上或多或少存在等级差别。从公务员到事业单位职工，再到国有企业职工，直至普通农民，不仅政府现行的政策不均等，形成不同程度的特权许可①。而且医院本身也有实际操作上的特权现象，有关报道指出，宁波某公立医院为两家国企提供 VIP 服务。据了解，服务的内容包括提供预约门诊、健康咨询；享受专门医护人员陪同检查、代挂号、代缴费、代取药品及检验报告等服务；同等条件下优先安排手术、住院等服务；同时体验积分兑换体检服务等。其实这种状况在现实中非常普遍。比如一些公立幼儿园里，除了公务员子弟，几乎很难看到普通民众的子女，以至于很容易让民众产生"公立"等同于"为公务员而立"的错觉。而事实上，"公立幼儿园"是为公众而立，是纳税人共同汇集的公共财政建立起来的教育设施，纳税人中既包括公务员，也包括普通市民、农民工子女。这也就意味着，所有纳税人的孩子应该平等享有公立幼儿园的资源，怎能将其变为公务员群体的福利后花园（时言平，2013）。各地的学校也是如此，从政府机关幼儿园不收除机关公务员之外的其他儿童，到公务员的子女几乎都能够通过各种渠道上重点中学、小学，甚至那些有实权的公务员子女都能够上重点大学、享受公费留学等，享受公共产品的特权几乎无处不在。因此，克服公共产品享有的特权现象，是重塑公共产品低成本服务体制的前提，只有克服公共产品享有的特权"政策"、特权"现实"观念，才能建设公共产品低成本服务的体制。

2. 消除公共产品垄断制度

以军工、电网电力、石油石化、电信、煤炭、民航、航运等 7 个行业为例。目前这 7 个垄断行业职工占全国职工人数的 8%，而工资和福利收入却占全国总额的 50% 以上，这是造成收入不公的主要根源。垄断制度不仅直接造成了公共产品的高成本，同时在边际上也拉动了公众享有公共产品的成本，具体反映在社会收入差距越来越大、腐败蔓延滋生难以扭转、社会矛盾集中爆发。必须看到，垄断造成的贫富差距拉大不但造成社会心理失衡，诱发各种深层次极端事件和问题，而且正在消耗中国经济发展效率和动力。贫富差距过大，财富过度集中在少数人手中，低收入阶层不断扩大，实际上是政府把能够投入到公共产品事业上的那部分资本从制度上分配到少数人手中，真正意义上成为公共产品低成本服务的巨大隐患和羁绊。同时，垄断行业对中国经济发展、市场经济的破坏性，对广大消费者的强制剥夺性，对市场公平、公正、公开核心要素的杀伤力，已经凸显出

---

① 现行的医疗卫生保障政策，对公务员、事业单位等体制内职工，以及国有垄断企业等体制内职工的保障与其他公众之间是完全不同的。

来。贫富差距过大本身就是公共产品的高成本服务，造成贫富差距越来越大的主要原因是垄断体制没有与时俱进，在 20 世纪 80 年代中期，小平同志就表述过这样的意思，发展起来后随之到来的是贫富差距，这个问题必须要解决，什么时候解决呢，20 世纪末期或者 21 世纪初期就要着手解决这一问题。然而，时至今日，贫富差距没有引起足够重视，分配体制改革处于停滞状态，结果使得城乡之间、阶层之间、生产要素之间和国家企业与百姓之间的分配比例严重失衡，致使公共产品的供给越来越体现出高成本。现行的垄断体制是最为根本的原因之一。当前的垄断应该是多维的，不仅有垄断企业，还有政府的垄断福利，及其公共产品本身的垄断。政府可以凭借垄断权力为自己制定特殊的工资福利、养老保障以及退休待遇，教育、医疗卫生以及其他政府所有的事业单位亦然。如果再考虑到金融行业特别是国有和国有控股金融行业，如大型商业银行、国家控股参股的股份制商业银行、国有控股的保险证券公司等。这些金融行业都是高薪酬、高福利行业，财富更加集中。研究发现，中国经济发展带来的财富流入到了不到 10% 的群体的腰包。

因此，消除公共产品的垄断体制，是社会财富公平分配的前提，而只有当社会财富实现公平，才能体现公共产品的低成本服务。

3. 公共事业领域消除行政级别工资制度

多年来人们一直强调取消公共事业单位的行政级别，而实践中一直没有取消其行政级别。其原因不在于行政级别本身无法取消，而是因为有行政级别的工资存在，有了行政级别工资，实际上客观上就有了行政级别。现实中人们所谓的官本位思想，实质上是福利待遇思想。经过调查，当前大学生认为公务员是首选职业，究竟是什么思想让他们狂热地选择公务员职业。有 0.62% 的学生认为做公务员能够更加体现社会价值，为社会做更大的贡献，而 99.38% 的人认为公务员的工资福利以及养老保障条件好，没有后顾之忧。在公共事业单位，在不考虑职称的情况下一个处长的工资要高出普通工作人员许多，从校长到处长、科长、科员以及办事人员，工资等级森严，大家都去追求当领导，也就出现了几十个教授竞聘一个后勤副处长的现象。在行政级别工资制度下，首先滋生了"帕金森"定律现象，人们通过各种办法争做管理人员，各级领导以各种理由增加管理岗位编制，从而增加了公共产品的成本。一所普通的本科院校，设有党、政管理机构40 个之多，加上二级学院的各类管理人员，管理人员共有 700～800 人，与教学科研人员数量相当。这与国外著名大学以及国内的一些私立大学相比较，差别是巨大的。许多发达国家的大学，几乎就没有管理人员，一般地临时雇佣几个人员保障教学、科研服务即可。其次，分散了办学精力，往往出现行政管理者与专业人员争资源的现象，处长要有支配权，手中要有业务经费，管理人员与专业人员比收入，边际上也增加了公共产品的成本。

因此，从真正意义上实现公共产品的低成本服务，必须考虑取消公共事业单位内部的行政级别工资制度，只有当管理人员感觉到收入并不丰裕时，才能彻底减少公共事业单位的管理人员。

4. 收入向苦、脏、累阶层倾斜

收入分配作为公共产品成本高低的总闸阀，在公共产品成本上起着关键性调节作用。在中国还不富裕的情况下，收入分配很不公平，在绝大多数农民、产业工人还没有全面小康的情况下，少数人花天酒地，挥霍浪费现象非常严重，有关资料反映，中国一年仅在餐桌上的浪费就能够养活两亿人。这些浪费不可能来自于占80%以上的低收入阶层，既然他们有能力大肆挥霍浪费，充分说明其收入已经高到非常可观的程度了。2010年，中国平均工资最高的行业金融业为人均70 146元，平均工资最低的行业农林牧渔业为人均16 717元，两者之比为4.2∶1；就城乡而言，城镇居民家庭人均可支配收入19 109元，而农村居民家庭人均可支配收入为5919元，城乡之比为3.23∶1（冯蕾和邱玥，2013）。更加值得思考的问题是，垄断行业内部的工资差距也非常之大，而且差距亦越来越大。2002年，中央企业高管平均年薪与央企职工平均工资比较的情况是9.85∶1，到了2012年其比例又扩大到13.39∶1。在上市公司里，高管的最高年薪平均值与城镇在岗职工平均值之间差距也非常之大。

收入差距对于公共产品的绝对成本没有影响，对于低收入阶层来说是不仅使其相对成本变得非常高，而且从边际上也增加了成本。例如，高收入阶层可以拿出数万元购买大学教育，而让低收入阶层拿出同样的资金购买大学教育的情况就完全不一样了。如何让低收入阶层感觉到公共产品成本降低，就分配体制而言，设想向苦、脏、累阶层倾斜是值得思考的。20世纪80年代，收入向苦、脏、累阶层倾斜，出现了被人们诟病的"脑体倒挂"问题，随着高等教育的普及化，实际上这种"脑体倒挂"问题已经不是影响社会公平的大问题。在发达国家，一般都是分配向苦、脏、累阶层倾斜，以澳大利亚为例，教授的收入每小时为35澳元，而清洁工的每小时收入为70澳元；公务员的月收入为5000澳元，普通工人的每星期的工资为1500澳元。从根本上讲，体制内外、区域之间、城乡之间，以及垄断行业与一般行业之间过大的收入差距是有些公共产品高成本服务的桎梏。要从根本上改变这种现状，必须转变传统的分配方式，使之向苦、脏、累阶层倾斜，直至收入在全社会各个阶层之间相对平衡，使全体公众能够公平享受社会经济发展的成果，才能从真正意义上体现公共产品的低成本服务。

第三节　公共产品低成本运行机制建设及其政策选择

一、塑造低成本行政的机制

党的十八大报告明确指出，必须坚定不移反对腐败，永葆共产党人清正廉洁的政治本色，并强调要加强反腐倡廉教育和廉政文化建设。以孝文化为根基的中国优秀传统文化是廉政文化植根的沃土，在当今仍具有强大的生命力和积极的导向作用。因此，找准孝文化与廉政文化的结合点，大力发掘"爱民、奉公、清廉"的低成本行政精髓，积极营造"以孝为美、以廉为荣、孝廉并举"的社会文化氛围，对于增强广大党员领导干部的廉政意识，构筑高尚的精神家园，具有重要的理论和现实意义。

1. 寻求公务员低成本行政的思路

低成本行政是公务员长期以来形成的一种廉政价值观和行为方式的总称。低成本行政以廉政为思想内核、以绩效为表现形式，是廉政建设与绩效建设相结合的产物，它涵盖了传统孝廉的思想意识、法律制度、行为规范、民风民俗等社会现象和客观存在。低成本行政的内涵主要包括以下几个方面：

从理念层面上讲，是指公务员在整个公共产品生产活动过程中的思想、理论和价值体系，是公共产品低成本服务深层次的思想内核。古人云："孝慈，则忠"，"事君忠，则处官廉"。"赤诚无偏""尽心于人"，强调奉公。从根本上讲，低成本行政与传统的孝廉是一个道理。一个人若将对自己亲人的爱敬延伸到非亲领域，转化为为社会尽责，便产生了忠。如果一个人对待家人都不能恪守孝道，就更别期盼他能忠诚于党、热爱人民、报效国家，成为清廉自守、方正高洁之士。同样，忠本身就意味着无私奉献。只有真正做到夙夜在公、勤勉工作的官员，才能称其为"勤政爱民、克己奉公"的公务员（韩锐和李景平，2012）。孝能养廉、忠可促廉，这无疑是低成本行政中最基本的价值理念范畴。

从制度层面上讲，低成本行政是指规范公务员从政的规章制度、法律、法规、仪俗、乡约等。制度文化是制度形成的深层次背景之一，也是制度发展过程中经验的积累与理念的升华。把低成本行政作为一种荐举、选拔、任用官员的制度，是传统文化在廉政建设中的集中体现。据《汉书·武帝纪》记载："令郡国举孝、廉各一人。"孝，主要是指孝子贤孙；廉，主要是指廉洁之士。除博学多才外，更须忠于公众、行为清廉，其基本要求实为全心全意服务社会。低成本服务作为选任官员的一项科目，从政者的廉洁表现极为重要，没有廉洁之品德者不能为官。低成本服务之制不仅拓宽了人才选拔的渠道与官德考评的方式，客观上也促进了注重名节操守的社会风气的形成。

从行为层面看，是指公务员秉持低成本理念而具有的基本行为方式，如工作方式、生活习惯、言谈举止等。低成本行政不仅仅是理论层面的一种抽象，而且还是实践层面上主观见诸于客观的反映。在中国传统道德品行中，廉被视为"仕者之德""为政之本"，它们不仅是普通民众在社会活动中所遵循的伦理规范，更是为官从政者必须遵守的行为准则，正所谓"为人立身以孝为本，任官从政以廉为方"。这种孝廉行为规范强调要"以孝养廉德，用廉尽孝道"。作为公众，不仅要侍奉父母、谨身节用，而且要正直清明、守法敬业；作为官员，不仅要清廉正直、奉法为公，而且要博爱广敬、率先垂范。千百年来，中华民族涌现出了包拯、范仲淹、司马光等一大批廉吏，堪为世人的楷模。因此，把低成本理念与廉洁从政实践结合起来，引导为官者守孝廉、重品行、作表率，对加强廉政建设具有积极的促进作用。

从物质层面上讲，是指包含和体现人们回馈社会意识和智慧的、能影响反腐倡廉效果的教育场所、设备设施、技术手段和其他实物。低成本行政既是具有先进性的文化，也是大众文化。就其先进性而言，各级领导无疑要在物质文化建设上率先垂范；从其大众性来说，物质文化建设离不开社会大众的积极参与、共同培养。

2. 定位低成本行政的时代价值

大力弘扬低成本行政，彰显其时代价值，有利于推进公共产品建设发展。

低成本行政的价值理念，有助于强化公仆意识。"奉公"是低成本行政的核心范畴，对当前我国廉政文化建设具有积极意义。随着市场经济的快速发展，其所带来的多元价值理念猛烈冲击着党员领导干部的思想观念，对他们的理想信念产生了较大的负面效应。一些政府官员蜕化变质，往往是从理想信念上的动摇和蜕变开始的，具体表现为拜金主义、极端利己主义滋生、理想信念缺失、为人民服务宗旨观念淡化等。低成本行政的理念，可以启迪各级党员干部在全面建成小康社会的使命面前，牢固树立公仆意识、服务意识、宗旨意识，"始终把人民放在心中最高位置"，坚持以人为本，踏实为党工作，立志为国奉献，永葆共产党人清廉本色。

低成本行政的制度规范，有助于完善官德考评。对于完善领导干部道德考评机制，加强反腐倡廉制度建设，具有操作价值。当前，一些地方政府出于加快发展的需要，在干部选拔任用上过分强调"有政绩"，而忽视了对干部"品德"的考察和严格要求，致使少数干部"带病提拔""带病上岗"。部分官德缺失者的贪腐行为败坏了国家声誉，蛀蚀着国家政权的根基，严重影响了党的执政纯洁性和执政地位（韩锐和李景平，2012）。因此，当前必须要把对干部考评的重点放在"德"上。党的十八大报告强调选任干部要坚持"德才兼备、以德为先"，并提出要"完善干部考核评价机制"。这为干部道德考核与培养工作提供了理论依据，也为低成本行政提供了思路。只有将低成本行政纳入各级公务员考评中，选拔、任用德行好的人为官从政，才能从根本上为清廉官德的生成提供有力的制度保障。

"正身固廉"的行为准则，有助于促进廉洁自律。领导干部的行为对社会行为有着明显的引导和示范作用，低成本行政所推崇的"守孝廉、重品行、作表率"的行为规范，对于当前廉政文化建设仍有启示意义。近年来，我国政府不断深化行政管理体制改革，加快转变政府职能，坚持不懈地开展反腐败斗争，政府自身建设初显成效。但少数公务员存在慵懒贪奢的不良作风，这严重损害了党和政府的形象，降低了政府及干部的公信力。低成本行政强调提高为官者自身的品行修养是廉政建设的重要环节。其现代意义在于告诫领导干部必须严于律己、率先垂范，坚持"正身固廉"的行为准则，在全社会带出一个好的风气。

公务员低成本行政的社会氛围，有助于构建廉洁社会。一方面，要发挥党和政府在低成本行政建设中的主导作用，使抽象的低成本行政观念转化到现实的公共产品建设上来，不仅丰富人民群众的文化生活，还要使党员干部得到潜移默化的教育，产生润物无声的效果。另一方面，要重视社会大众在低成本行政建设中的主体作用，鼓励社区、学校、家庭和其他社会成员创新低成本行政载体，采取灵活多样的形式将低成本行政的内容真正融入社会生活中。此外，要在低成本行政建设中实现大众的良性互动，只有全社会形成"以孝为美、以廉为荣"的文化氛围，低成本行政建设才能发展繁荣，才能真正深入人心，也才能为构建低成本公共产品服务体制与机制提供强大的社会动力。

3. 探索低成本行政的管理机制

低成本行政最终要落实到管理活动中，从现实分析，公共产品高成本问题主要体现在各类行政活动中的交易成本，具体体现在各种接待与其他活动方面。必须从各类机制入手，切断膨胀交易成本的根源。

首先从公共产品经营管理活动中的接待入手，建立勤俭节约机制。公务接待中的奢侈浪费属于公共产品的交易成本，奢侈浪费之所以流行，一是因为在公共产品经营活动与行政配置中，权力过于集中，下级部门为了获取支援和利益，不惜破坏国家规定，以美酒珍肴取悦于领导；二是因为某些部门公共资源配置过程透明度低，缺少监管；三是政府在公共产品中的预算约束软化为一些部门的铺张浪费大开方便之门。这样，拿浪费当消费，靠接待出政绩，不仅使地方财政不堪重负，极大地败坏了政府形象，玷污了政治文明，也扼杀了政府管理绩效，更损害老百姓的切身利益。

防止公共产品经营管理活动中的公务接待腐败，要将公务接待预决算的情况向全社会公开，接受人大代表、政协委员、普通公众及社会媒体的质询和监督；要增强预算约束力，减少预算执行弹性，压缩预算外资金，同时对于违法违规接待和天价接待要加大追责力度，特别是要追究被接待方的责任，以此方式督促上级部门自我约束、以身作则，防止公共产品公务接待蜕变成"取之于民，用之于官"的"亚腐败"现象，从而切实降低公共产品的交易成本。

其次，切实做好经费公开工作，不断探索和完善公共产品经费公开的监督机制，将经费公开精细化、常态化、制度化。必须按照"类、款、项、目"四个级别规范、细化公共产品经费公开内容。财政部门应把紧预算口子，对于开支过大的政府部门与公共产品经营管理单位坚决削减其预算经费。

再次，公共产品经费公开的形式应真正透明，充分利用各种监督平台，发挥其作用，保障社会公众的知情权和监督权。将公共产品经营管理活动中的公务接待消费的详细清单如实地公布于众，让老百姓不仅看得到，也能看得懂，要明明白白、合情合理。让公众知道纳税人的钱花在哪里，是否合理、合法，自觉接受群众监督。当然这需要勇气，但这是预防公共产品公务接待消费等腐败造成高成本的有效措施，也体现了政府部门自觉接受监督的诚意。

最后，进一步加强廉政建设，强化监督管理，用有效的制度来遏制吃喝等公务接待消费行为扩张的公共产品交易成本。纪检监察实施严厉的问责机制，加大问责力度，从意识上、制度上、机制上加以控制，成立由纪委、审计、财政部门以及抽取社会公众、非政府组织组成的审查小组，并且将公共产品经营管理成本或绩效评价交由非政府组织，对公共产品经费公开的内容的真实性、合法性进行审查，尤其对那些与公众心理预期反差较大的交易费用，更要在第一时间进行重点督查，检查是否存在虚报、瞒报等弄虚作假行为，及时向社会公开发布检查报告，接受公众监督，让公共产品经营管理活动中的公务接待消费，尤其是吃喝行为成为官员不敢轻易触犯的"高压线"。

二、弥补农村公共产品短板

从建立新型的农村城镇化出发，破解农村公共产品建设的难题，是弥补农村公共产品短板的重要途径。

1. 农村公共产品建设问题

农村公共产品设施薄弱。农村公共产品设施薄弱主要体现为农村公共产品设施和公共产品供给产品严重不足，如水利设施、体育设施、农路、书馆、文化馆、博物馆、科技馆、艺术馆、影剧院等设施缺乏，许多乡镇文化站因缺乏资金支撑很少开展文化活动，水利设施、文化场所被闲置、挪用、挤占或变卖的现象普遍。村级文化设施则更少，农民书屋或文化大院数量少、书刊少，且针对性不强，难以满足农民文化生活的需要。

农村公共产品人才匮乏。这主要表现为，农村公共产品人才严重流失，后备人才和高素质人才严重不足。其原因在于：一是农村公共产品设施薄弱，专业工作难以开展，个人价值和专业能力难以体现，且待遇较低；二是农村民间从事公共产品建设与管理活动多是自发行为，经费筹集困难，往往因生活所迫而放弃传承和发展，改从他业。三是县乡两级一般不安排专职公共产品干部，具体工作无专门人员管理。

农村公共产品主体地位缺失。农民是农村公共产品建设的主体，只有农民创造的公共产品，才是最适合农村发展需要的。但在农村公共产品建设的实践中，由于未充分发挥农民创造公共产品的主体作用，导致农村公共产品因缺乏适用性而不足以反映现代农村的需要，不能适应广大人民群众的需要，进而导致农村公共产品发展失去动力。

2. 加强农村公共产品建设的对策建议

以农村城市化为抓手，加强农村公共产品基础设施和服务设施建设。国家应设立专项资金加强农村公共产品设施建设，以求进一步缩小城乡公共产品服务差距，推进城乡体育、文化、消费等一体化。一方面要加强农村公共产品的硬件建设，如建设服务功能齐全的体育馆、文化馆、图书馆、博物馆、纪念馆等基础设施和较高水平的乡镇服务站，在中心村建设图书室、文化室、活动中心等，在非中心村发展以农户为依托的体育场、农民书屋、文化大院等。另一方面，要重视农村公共产品的软件建设，创造条件让农民免费享受公共服务。政府要加大送水利设施、科技、图书、戏曲、电影等公共产品下乡的力度，促进农民思想观念和生产生活方式的转变；建立以城带乡联动机制，把农民工纳入城市公共产品服务体系，引导企业、城市社区积极开展面向农民工的公益性文化活动；鼓励各级政府管理机构为农村服务，使图书馆、文化馆、博物馆、艺术馆、科技馆、纪念馆等成为农村真正意义上的公共产品。

加强农村公共产品体制机制建设。农村公共产品体制机制建设主要包括三个方面的内容：一是建立强有力的领导体制，成立党委领导、政府主导、管理部门组织协调、相关部门分工合作的农村公共产品建设领导组，广泛吸收社会力量参与，形成农村公共产品建设的巨大合力。党委要确保以社会主义核心价值引领农村公共产品建设，以科学理论武装农民，以正确舆论引导农民，以高尚品德塑造农民，以优秀作品鼓舞农民。政府要为农村公共产品活动提供安全保障、场所安排等服务，让农民广泛享有免费或优惠的公共服务，确保农民在农村公共产品建设中的主体地位。二是激励社会各界为农村公共产品提供捐赠，建立不同组织捐赠的水利设施、扶贫公路、体育场、文化馆、文化站、村文化室等，组织并指导农村公共产品活动，充分发挥党和政府丰富农民文化生活、提高农民素质的桥梁和纽带作用，农村公共产品建设与注重挖掘并弘扬民间优秀文化有机结合起来，为农民提供丰富多彩的公共产品，提高生活品位，保障农村公共产品的生命活力。三是建立财政拨款、社会筹款、农民捐款等筹资机制，在便于农民集中的中心村建设文化基础设施和服务设施，在农民流动性大的非中心村则用于向农民传播城市文明和培训技术技能。

三、推进公共产品服务均等化

从根本上讲，公共产品低成本服务是实现其服务在公众之间的均等化。就当前看，公共产品服务差距首先是城乡之间、不同群体之间的差距。党的十八大报告明确提出，要积极推进和注重实现基本公共服务均等化。基本公共服务均等化是国民经济又好又快发展的必然要求，是加快城乡统筹步伐和缩小区域发展差距的直接动力，是构建社会主义民生、公众福祉的重要前提。

1. 推进公共产品均等化的基本前提是转变各级政府理念

实现公共产品服务均等化，政府必须牢固树立以基本公共服务为中心的职能观。目前，我国公共产品服务体系整体呈现出"总体水平偏低、发展不平衡、效率低水平趋同"的基本特征。为此，各级政府必须进一步强化政府基本公共服务职能，认真落实科学发展观，大力推进体制创新、机制创新、制度创新，实现人人享有基本公共服务的目标，加快建设人民满意的服务型政府。当前，各级政府必须在经济发展的基础上，更加注重基本公共服务均等化建设，着力保障和改善民生，努力使全体人民学有所教、劳有所得、病有所医、老有所养、住有所居，推动建设民生、公众福祉。

2. 推进公共产品均等化的物质基础是改革公共财政

以农村城市化为抓手，建立公共财政体制。要成功构建公共财政，必须实现两个转变：一是财政收支运作的立足点要由主要着眼于国有制经济单位的需要扩展至着眼于满足整个社会的公共需要；二是财政收支效益覆盖面要由基本限于城市里的企业与居民延伸至包括城市和农村在内的所有企业与居民。与此同时，我们要注重改革公共收入制度、公共支出制度，科学划分中央和地方各级政府之间的财政事权。在改革公共收入制度方面，要适度提高财政收入的"两个比例"；努力实现国民经济又好又快发展，增加国民经济总量，扩大税基；加大增收力度，做到应收尽收；适时开征新税种。在改革公共支出制度方面，要建立公共服务投入稳步增长机制，优化政府公共支出结构，把有限的公共财政资源优先用于基础教育、基本医疗和公共卫生、基本社会保障、服务就业等基本公共服务领域；建立规范的转移支付制度，确保全国各地城乡居民无一例外地真正享有均等化的基本公共服务。按照公共财政一般原理和国际经验，我们须注重理顺中央政府和地方政府之间以及地方各级政府之间事权财权划分体制，并建立健全规范的财政转移支付制度，做到事权财权对称（肖陆军，2008）。

3. 推进公共产品均等化的关键环节建立公共管理新机制

转变政府职能，创新基本公共服务体制机制。面对基本公共服务均等化的新任务，各级政府必须勇于和善于转变政府职能，切实履行经济调节、市场监管、社会管理和公共服务四项基本职能，加快推进政企分开、政资分开、政事分开、政府与市场中介组织分开，坚决纠正和防止政府越位、错位和缺位。在创新基本公共服务体制机制方面，我们要注意以下两点：一是必须建立规范的基本公共服务需求表达、信息反馈和民主决策机制，真正做到思想上尊重群众、感情上贴近群众、行动上深入群众、工作上依靠群众，切实解决人民群众最需要、最关心、最现实的公共需求；二是改革公共服务供给模式，建立以政府为主导，市场主体和社会主体有序参与供给的"一主多元"的公共服务供给模式。

4. 建立推进公共产品均等化的法治保障

加快基本公共服务均等化的法治体系建设。为了有效推进全国基本公共服务均等化工作，我们必须加快基本公共服务均等化的法制体系建设。首先，规范基本公共服务均等化的制度架构，确保广大人民群众在享有基本公共服务方面权利平等。其次，规范基本公共服务均等化的财政投入体制，以从财政投入上确保广大人民群众在享有基本公共服务方面资源均等。再次，规范基本公共服务均等化的决策参与机制，从决策参与上确保广大人民群众在享有基本公共服务方面机会均等。最后，规范基本公共服务均等化的资源配置机制，从资源配置上确保广大人民群众在享有基本公共服务方面效果均等。

5. 推进公共产品均等化的人才保证

全面加强公务员能力建设。当前，我们尤其要着力提高公务员以下几种能力：一是提高公务员的科学服务能力。随着人类社会由农业经济社会、工业经济社会进入知识经济社会，公共服务的科技含量也与日俱增。因此，广大公务员必须尊重公共服务发展规律、把握人民群众的实际公共需求、以科学的态度、科学的制度、科学的方式稳步推进基本公共服务均等化，切实改善民生、保障民生。二是提高公务员的民主服务能力。人民群众的支持和参与是顺利推进基本公共服务均等化工作的力量源泉，广大公务员必须坚持全心全意为人民服务的宗旨，保证人民群众基本公共服务权利的落实。公务员要积极动员和组织人民有序参与基本公共服务事务管理，充分发挥人民群众在公共服务决策、执行、评价和监督过程中的作用，做到问政于民、议政从民、执政为民。三是提高公务员的依法服务能力。公务员作为基本公共服务均等化政策的具体实施者，必须适应依法行政和基本公共服务均等化的新形势，不断提升依法服务能力。因此，公务员必须树立较强的法律意识，准确领会和运用相关法律和政策措施，严格按照法定的职责权限和行政程序履行公共服务职能，始终做到热情服务、严格执法。

6. 推进公共产品均等化的根本目标是社会全面发展

实现人的全面发展，促进社会和谐。为广大人民群众提供均等化的基本公共服务，是促进新阶段中国发展的关键。我们转变经济发展方式的目的不是为了经济增长本身，最终目的是为了实现人的发展。建立有效的基本公共服务均等化体制，为广大社会成员提供义务教育、公共卫生和基本医疗、基本社会保障、公共就业服务，既是促使经济发展成果转化为人的全面发展的有效途径，也是促进社会和谐的重要途径。义务教育是整个教育体系的基础，推进义务教育均等化可以为城乡适龄儿童提供公平的个人成长起点，有助于提高人力资本存量，有助于促进社会流动。推进公共卫生和基本医疗均等化，可以公平地提高人民群众的健康水平，消除"因病致贫"和"因病返贫"现象，造福于人类。基本社会保障是社会的"安全网"和"减震器"，为广大城乡居民提供均等化的社会保障，有助于提高全体社会成员的生活质量，营造安定有序的社会环境。就业是民生之本，目前我国劳动力供大于求的总体格局没有改变，城镇新成长劳动力、农村转移劳动力和下岗失业人员依然是就业工作的焦点人群，就业总量过剩和结构性短缺继续同时存在，政府提供均等化的公共就业服务是促进就业的重要手段，是缓解就业压力的重要途径。

第十章 结束语：公共产品低成本服务的 长远战略与短期对策

公共产品是人们生活直接或间接的必需品，直接关系到公众的福祉与社会公平。假定公共产品在政府垄断下确实是高成本的，那么社会公共资源就遭到浪费，这种由于政府垄断产生的公共资源浪费完全是有可能通过相应的制度、体制与管理机制改善来控制的。如果政府对公共资源或者对公共产品的服务完全垄断了，一般情况下高成本现实是无法避免的，正如尼基塔·卡鲁斯切夫所说，政治家都是一丘之貉，即使在没有河流的地方，他们也许诺建造桥梁（缪勒，2002）。在国际范围内，公共产品政府垄断的高成本是非常普遍的，原因是政府集团和社会其他集团之间不可避免地存在着利益博弈，现实的管理体制下在政府组织面前其他任何组织都显得非常弱势，如何找到理想的公共产品的服务体制是改善公共产品高成本的根本出路。从 20 世纪 60 年代开始，经济学家就关注这个问题了，无论是公共选择理论，还是政府改革理论，都从不同的角度与不同的提法上深入讨论这个问题，但涉及服务体制等方面的战略理念与操作依据并没有清晰地建立，以至于至今实践中的问题没有得到解决。

一、难以在垄断体制下找到控制高成本的依据

既然公共产品的高成本问题是国际范围内关注已久的问题，而且几乎是世界各国都没有从真正意义上解决这一问题，是否可以认为，公共产品客观上就不存在高成本问题。对于这个问题其实完全可以否定，因为几乎在全世界任何国家，一旦出现政府和私人组织或者其他组织共同提供同一品种公共产品，就会计成本而言，政府要高出私人组织 3～4 倍，由此公共产品政府垄断的高成本问题确实是存在的，而且相当严重。当肯定了公共产品政府垄断的高成本客观存在，而且是世界通病时，可否说明公共产品可以通过政府在垄断组织内部想办法解决，实践证明应该是否定的。因为垄断在任何领域都是低效率的，公共产品并不例外，托儿斯托伊说过，我骑在一个人的背上，使他窒息，让他背着我行动，还要使我自己和其他人都确信我非常对不起他，并且希望用可能的办法减轻他的负重——

除了从他背上下来（缪勒，2002），别无他途。垄断本身就是高成本，已经是颠扑不破的真理，而垄断所造成的高成本是外部性的，即高成本由垄断组织之外的公众所承担，如果在垄断组织之外没有一种强大的力量或者就根本没有反对垄断组织的力量的情况下，这对于垄断组织本身来说，希望把垄断永远延续下去，其结果是社会资源的分配失衡，部分人占有另一部分人的福利，实际上成了一种制度保护下的剥削或租金。1962 年，布坎南和塔里克就提出，政府必须在立宪下活动，他们认为，立宪是在一种类似豪尔绍尼和罗尔斯所描述的背景中制定的。个人对其未来的处境并不能预见，因而他们出于自利，去选择那些考虑到所有其他人处境的规则①。如果人们把处于制定政策的政府组织视为功利主义者，他们就会通过预想他们具有同等的概率处于任一其他人的境况来实施偏袒性政策，所以其出台的公共政策肯定会打破社会资源公众均衡享有的帕雷托效应。看来，帕雷托改善效应同样不可能在任何垄断组织下出现。

　　私人产品在垄断体制下虽然是低效率的，但是其不可能无形地高成本提供，因为私人产品在现代社会无法完全垄断，在不完全垄断的情况下，至少还有市场竞争来控制成本，同时，在绝大多数情况下还有替代品。即当牛肉价格超过消费者理想价格时，大部分消费者可以猪肉或羊肉代替牛肉。但是，政府垄断往往是完全垄断性质的，几乎无可替代，特别是公共产品，虽然成本已经到了非常的地步，很难找到替代品，也很难找到其他组织在同等条件下的竞争。例如，当垄断行业的职工和公务员享受着高收入、退休养老产品等，其他领域广大公众通过比较感觉成本过高时，人们有替代品可以选择吗，也不可能有其他组织来竞争（除非你改变国籍）；再如，政府出台一个不公平的区域开发支持、地方保护政策，假定这些政策对社会及其公众的反面效应比较大，社会公共成本特别高的情况下，人们同样无法找到替代产品逃避这种高成本。由此，公共产品的政府垄断具有完全性质的垄断，也没有其他替代产品选择，其成本和公共资源配置的低效率等问题，远远超过了私人产品的低效率。

　　其实公共产品的高成本问题不仅是中国公共管理领域的问题，也是世界性问题。多年来，世界各国的政治家、实践家、理论家，都在研究公共产品的高成本问题，但是，几乎没有在原有的体制内部降低或者找到降低公共产品的依据和实践结果。许多学者从政府管理的角度也提出了非常中肯的观点和理论设想，诸如建立政府管理绩效标杆，进行政府绩效评估；转变政府职能，变划桨型政府为掌

---

① 莱本斯坦因 1965 年通过设想，由一组老年人为其子孙所作出的集体决策的情形，也得出了相同的结果。

舵型政府，等等，但各国政府提供的公共产品（无论是有形的还是无形的）成本和私人提供的相比仍然居高不下。萨瓦斯教授自 20 世纪 80 年代针对公共产品的政府垄断高成本提出了民营化改革，遭到了来自联邦政府和州政府几乎是上上下下所有人的质疑，这种质疑的根本是什么，其实还是垄断利益与公众享受更多福祉之间的博弈。撒切尔首相、克林顿总统似乎充分体现了执政魄力，提出推行企业家政府，对国际公共管理和政府管理在理论与实践上的贡献是不言而喻的。诸如此类的理论研究与实践探索，解决了许多重大问题，但是政府垄断继续存在的领域都没有降低成本。

看来，不可能在垄断体制下找到控制高成本的依据。要从根本上找到控制公共产品成本的依据，首先是在相应的领域消除公共产品政府垄断的服务体制，因为在当前或者为了相当长的社会历史阶段，任何人都有经济人的一面，有垄断必然有寻租行为。

二、无法用公众监督从真正意义上约束政府管理机制

假定一种资源在制度上被某一群体垄断，而且不能打破这种垄断制度，在这种前提下，要降低这种资源配置的成本，最基本的途径就是在垄断组织内部建立科学合理的管理机制。在这一方面，研究最为透彻且被人们推崇的学者是戴维·奥斯本和彼得·普拉斯特里克，他们的经典之作《政府改革手册：战略与工具》影响了全世界同行和各国政府及其公务员。他们系统地提出政府组织要明确自己的组织目标，剔除不符合公共资源配置优化的行为，在理念上把掌舵与划桨分开，设立绩效标杆进行奖罚以约束公务员在公共产品服务过程中的不尽职行为，把公共产品交与公众进行检验，赋予基础公务员改进结果的权利，以及创建企业家文化，等等。英国人弗林针对政府在公共产品领域的高成本或者公共资源配置的低效率问题，从公共支出、社会政策与管理、管理制度、法律、政治与行政、引入市场机制合同式管理等方面对政府提出了完整意义上的建议。包括萨瓦斯、奥斯托罗姆等许许多多的研究与建议，无一不是以建立政府内部管理机制和公众监督机制为载体提出的。但是，从世界各国的实践来看，公共产品的高成本问题并没用得到应有的遏制。在一个被垄断了公共资源或者说是否垄断这种公共资源由政府组织自己说了算的体制下，任何意义上针对公共产品高成本的改革与管理制度、监督机制都是苍白无力的。欧洲标准提供给进入竞投标序列的组织中的工人的保护程度并不是很确定，1977 年的 *Acquired Right Directive* 和 1981 年的 *Transfer pf Under takings*（*Protection of Employment*）*Regulations*（简称 TUPE）规

定，被接管的公司中的工人，其条件和根据交易所指定的雇佣期限不变。关于这些规则是否适用于公共部门竞投标接管的交易，法律界存在着长期的争论。但从1994 年起，它们确实提供了一些短期性的保护。当公路代理机构（highways agency）宣布，摩托车道和主干道将会推出去竞投时，其首长说，虽然我们必须向竞投这些工作的公司提供现有职员的信息，但是应由它们决定是否按 TUPE 申请（弗林，2004）。因为公共部门的职工相对于其他私人领域其待遇是更加优厚的。公共产品无论在竞标建设还是在日常服务活动中，政府都是以各种准入政策限制私人组织进入，一条由政府发包的公路，真正到建筑单位的手中，其价格已经是发包价格的三分之一左右。

在中国，为控制公共产品成本，政府及其他权力机构想了比其他国家政府更多的办法，一些学者也有针对性地进行了研究。在管理制度上，不仅有政府自身的内部约束机制，诸如财政监督、审计监督、纪检监察监督、公检法监督等①，还有体制外部的监督，即全民监督。无数事实证明，任何组织的内部监督难以从根本上抑制内部人寻租问题的，所谓医不自治。因此，中国的民主监督或者说公众监督是最有约束力的监督途径。但人们不要忽略了现实中最为让人烦恼的问题，即"公地悲剧"问题，几乎人所有的人在公共产品高成本问题上是搭便车态度。例如，当前政府公务员、垄断行业与其他产业工人之间在公共福利与社会保障方面存在非常明显的不公平，也没有任何一个产业工人直接找政府论理。再如，许多国家级公路都是由财政拨款修建的，同时某些国道或者高速公路建设中即使有贷款，经过多年收费其贷款早已还清的情况下，还在一如既往地收过路费，对于政府或该公路组织以外的公众来说虽然是高成本的，也没有任何人去相关部门或政府讨公道。

仔细分析起来，搭便车思想指导下形成的公地悲剧是主要原因，同时，即便确实有人认真负责地去找政府或相关部门论理，也难以有一个公正的结局，公众监督对于政府来说是非常弱小的，而且，在许多情况下，公众难以有切实对称的信息，其监督很可能是任何意义都没有。实际上公共产品的顾客导向是空论，而垄断组织内部寻租是根本。斯格尔切尔认为，很多部门都不愿意将一些基础性和战略性的问题授予其他公众，选择提供什么样的服务以及谁有资格或者由谁提供这种公共产品的服务其实是利益博弈。

许多基础性决策都是通过某种民主程序确定下来的，而不是市场交易的形

---

① 应该说纪检和公检法监督不属于政府自身的监督，但根据中国管理机构与管理体制，这里把纪检和公检法监督也视为政府内部监督。

式，即所谓的民主决策，不论是在地方层面上，还是在议会立宪层面上，都并非全部通过民主协商，什么该协商与什么不该协商的界限并不总是清晰的、固定不变的（弗林，2004）。实际上，公共产品在服务活动中公众的民主监督是空论，而相关组织的寻租似乎永恒不变。之所以有如此理论，除了其他方面的原因，与传统的中西方文化约束人的行为内涵之差异相关。

传统的西方文化认为，人始终要通过"罪恶感"来判断自己的行为善恶；而传统理念下的中国文化则认为人的价值观是以廉耻为判断标准，如果自己认为错了就感到"羞耻"。羞耻与罪恶之间存在的区别，造就了不同的个人理性行为，罪恶感对于任何人在任何情况下都有约束，而"羞耻感"则不同，一些人很可能人前一套，人后又是一套，因为当有了除自己之外的其他人时，就有了羞耻的条件，当你做了任何事情在没有除了自己以外的其他人或者公众不知情时，就根本没有羞耻感，结果是背着公众做坏事。

由此，在任何条件下无法用公众监督从真正意义上约束政府管理机制。因为当管理机制客观存在时，它本身就是一个主观行为，就像当一个有行为能力的生命客观存在于世界上时，人们不可能完全通过外界因素限制其行为，过分限制的结果是使其失去生机与活力。对于政府管理机制来说亦然，关键是界定政府该做什么，不该做什么。例如，什么样的公共产品由政府提供服务，而什么样的公共产品应该多元化竞争。

三、公共产品政府垄断高成本问题的根源不在某一生产主体

在理论上任何管理者都属于配置资源的资源，生产公共产品的组织或主体都不例外。实际上，公共产品的服务成本高低与否，取决于两个环境，当一种客观体制或模式确定之后，资源配置的能力就其决定公共产品的成本高低，这里所谓的客观体制或模式是外界因素，也是前提条件。在竞争性领域，是一种客观体制或模式，在垄断领域是一种客观体制或模式。在竞争性领域，生产某一产品的主体资源配置能力决定自己产品的单位成本，而在政府垄断领域生产某一产品的主体配置资源的能力恐怕决定不了该产品的单位成本，因为政府垄断领域里的人员编制、体制惯性及其政府垄断特征等诸多问题不是该生产主体自己能够决定的。在我们的调查案例中，选取一家政府所有的医院 X 与一家私立医院 Y，经过比较发现构成成本的项目比例截然不同，可列表 10-1 所示。

表 10-1　政府所属医院 X 和私立医院 Y 的相关资料　　（单位：人）

抽取案例对象	病床位	医疗设备价值/万元	职工总数	业务人员数量	管理人员数量
政府医院（X）	320	6560	260	108	282
私立医院（Y）	308	10280	120	96	24

可以看出，政府所属的医院在人员编制上的规模相对膨胀，而且基本上都是管理人员，这些管理人员都是长期以来不同时期的政府和医院领导物色的结果，并非完全是医院本身决定的。特别值得分析的问题是，这家政府所有的医院的320个病床中有40~50个专门用于领导干部或一些重要部门的领导、公务员修养，长年累月不收任何费用。据悉，一些领导干部及其相关人员每年在该医院拿走的保健药品价值600万元左右。由于是政府所有的医院，这些成本对于医院管理者本身来说难以控制。

也许有人会说，既然公众不喜欢向上级举报或者抗议政府垄断的公共产品之高成本问题，就说明公共产品的成本是被公众认可的①，其实真正意义上的体制变革也并不那么轻而易举，许多管理体制与制度、机制，绝大多数公众可能心怀不满，但如果要改变公众可能也会犹犹豫豫。政府的基础放在公众的不稳定的意见和不确定的情绪之上，将会使政府利益受到一定程度的损失。但是，社会公众一般只感觉公平与否之间的心理反差，并不考虑这是由于体制带来的弊端。我们假定，一旦公众从真正意义上反对一种体制或管理机制并且付出实际行动，那么政府必然首先要考虑公众利益，内部寻租当然要让位于公众利益。事实是不到迫不得已的情况下，公众都想搭便车，政府在体制建设和管理机制上并不希望朝令夕改，即使一些志士仁人提出好的改进思路（其中也包括政府公务员和政府垄断的提供公共产品组织内部的人员），也很难说服政府来改变业已习惯的缺陷，即使存在着机构产生之初就有了的缺陷或者日积月累的腐败或寻租，并且人们都看到也有改变这些缺陷的机会，一个阶层的利益也不会轻而易举地改变（洛克，1982）。

政府以及垄断行业迟迟不肯放弃传统体制与内部管理机制的倾向，在多年来

---

① 笔者在调查宁波的一所大学时，找到了一份该大学2006年的一个重要会议上校长的讲话文件，该文件上有这样一段话，"我们的管理制度很少有人提出质疑，说明我们过去的管理制度是好的，被大家认可的。"这位校长确实忽略了公众对待问题的行为态度，难道让所有的老师去他办公室提意见才承认管理制度有问题。

的改革实践中应该是司空见惯的。事实就是如此，如果我们自下而上来看，在一定范围内失去公平的公众在搭便车思想作用下，并不争取应该在国民收入分配中本来属于自己的公共资源而可能被他人占有的那部分资源，而这些在一定程度上失去本来属于自己的部分资源的人所在的组织中的领导自己实际上在公共资源分配过程中并没有比其他部门或组织中的人少分一杯羹，也不会为其所属的职工主动找政府论理，相对官僚的政府在认为矛盾不是很激烈的情况下，并不愿意伤害内部人的利益。

既然一直以来公共产品都是政府垄断提供，公众对垄断所造成的高成本并不以为然。对公共产品政府垄断的某一生产主体来说，要在他们身上找到控制或降低成本的依据似乎不太可能，因为政府垄断的公共产品的高成本不在于该公共产品生产的主体，而在于公共产品传统的供给体制。因此，人们把控制公共产品高成本问题的希望寄托于生产公共产品的单位主体是非常不理性的，因为无论是公共产品的机会成本还是公共产品的会计成本，都不是由生产单位自身能够控制的。

四、长远战略：建立公共产品公共服务体系

在政府垄断体制下找不到公共产品低成本服务的依据，公众监督一方面无法在"搭便车"理念下形同虚设，另一方面也由于信息不对称难以撼动体制造成的高成本现实，公共产品生产主体或组织内部实际上没有控制公共产品成本的基础。那么，如何才能找到降低公共产品成本的途径，必须从新的理念与思维入手。我们认为，在战略上建立公共产品服务体系是控制公共产品高成本问题的必由之路。

所谓服务体系，是一个服务束，并非由某个阶层单一服务。例如，在计划经济时期，一切生产服务都由政府垄断，改革开放之后，形成了多元化的经验，私人产品的服务体系出现了，私人产品的社会成本在竞争中降低了，从有了私人产品供需两旺的现实。公共产品要体现出社会服务体系的体制，前提是要满足两个条件。其一是要保证公共福祉不能有任何意义上的损害，其二是充分体现公共产品的繁荣或低成本服务。

首先，建立公共产品社会服务体系在公共福祉上究竟会不会受到损害。政府垄断公共产品的理论是保证公共产品的全民公平服务，以达到公众能够公平享受社会劳动成果。实践证明，互帮互学公共产品进入多元化经营并不影响公共福祉的均等化，仔细想来，传统的计划经济时期私人产品匮乏，绝对平均的企业内部

分配机制更加降低了劳动效率，改革开放之后人们得到了无法与计划经济时期相比拟的实惠。改革逐渐进入些许的公共产品领域，如医院、学校等，不但没有出现公众看病与子女就学等福祉的不公平，而且更加丰富了公众选择的余地，反而就是在政府垄断体制下才出现了公共产品服务的不公平和相对匮乏。个中的原因是什么，就是因为公共产品的政府垄断造成了公众消费这种产品的高成本，其高成本机理前文已经论证。人们可以看到，当政府、非政府组织以及私人领域的幼儿园、敬老院、俱乐部等服务体系建立后，多元竞争提高了资源配置效应，确实体现了资源配置的帕雷托改善，其服务质量、服务品质以及供需矛盾等都发生了很大变化，不仅没有使这些领域原有的公众福祉受到损害，而且惠泽广大公众。其机理不在于建立的公共产品体系本身，而是公共产品服务体系的建立推动了生产主体的内部管理机制之变革，即只有当公共产品生产者控制了成本并提高质量，才能得到消费者的青睐。

其次，建立公共产品社会服务体系能不能降低公共产品的服务成本或进一步繁荣公共产品。过去政府之所以垄断公共产品的服务，还有一个理论根据，即公共产品一旦多元化经营，就会造成本领域混乱的局面，在私人利益驱使下可能使公共产品的社会成本膨胀，影响社会公众的基本生活或公共福利。公共产品和私人产品的生产经营与社会服务并没有本质的区别，市场规律告诉人们，在经济资源非常稀缺的情况下，市场上由于技术、资本、人才等原因，人们就会有选择地提供那些最为便利并最能够盈利的产品，此时，政府要保证某一领域因私人不介入而社会必需的产品必须提供，当经济资源已经自然地满足某一领域产品提供的情况下，政府应当退出这个领域，否则，对于社会来说政府对于社会的高成本是在所难免的，因为政府操作的是公共资源，政府控制公共资源的能力与私人控制私人资源的能力是无法比拟的。某一公共产品是由政府提供还是建立社会服务体系，是由阶段的或者说是由历史时期决定的，当相应的一个时期结束时，应该寻找新的供给体制。因此，从社会发展规律以及社会现实来讲，建立公共产品社会服务体系能够降低公共产品的服务成本，而且能进一步推动公共产品的繁荣。从国际范围来看，公共产品的服务体系主要从改革现有的公共产品政府垄断着手。第一层次，政府应当继续保留那些市场还不能完全消除公众必须消费而因各自原因使部分公众因市场化而无法消费的公共产品，如基础教育等；第二层次是建立公私伙伴关系的竞争机制，即那些已经可以市场化而当市场化以后并不能在很大程度上影响公众消费的公共产品可以放开由政府、非政府组织、企业组织、私人等竞争服务，如高等教育、医疗卫生、福利院等，只要软硬条件具备，政府不应该设置其他组织进入的障碍；第三层次是政府完全退出的领域，许多公共产品已经完全可以市场化了，但是政府还在财政全额或者差额拨款下对社会高成本经营，即使这些产品表面上对社会并不提供服务，其财政拨款实际上对社会公众是一种隐性成本的支付，如政府所属的房产公司、由财政补贴的宾馆、各类事务所、场馆等，政府应彻底退出，应由私人组织提供服务。

任何事物、任何管理体制与服务体系都是有生命周期的，公共产品政府垄断的生命周期事实上已经到了末期，因此，从长远战略的角度出发，应当废除公共产品的政府垄断供给体制，建立公共产品的社会服务体系，在不同主体竞争中降低公共产品的社会成本。

五、短期对策：调整国民收入分配结构

公共产品的高成本问题已经在一定程度上影响到民生、公众福祉建设和科学发展，不仅要从战略上制定长远的规划，而且还必须从当前状况着手，在短期内作出相应的改变。

1. 公共产品高成本问题不在于公共产品本身

如果不考虑公共产品政府生产活动中消耗了的成本，仅仅从现实的公众消费支出的角度看，其成本并不高，如现行的大学学费在同等情况下政府所属的大学在社科人文方面每学年为 4000 元，而私人所属的同类型的大学一般为 12 000 ~ 15 000 元①。可能一般的公众忽略了政府所有大学的隐性成本，即政府所属的大学所有的硬件（固定资产）都是由政府财政投资的，同时日常的教学科研以及职工工资基本都是财政拨款。经过比较研究发现，假定政府把投入大学的全部经费（包括固定资产和日常开支）收回，同类大学按照当前私人所属的大学一样收学费，以弥补政府所属大学现行的所有软、硬件开支，是难以为继的。通过对抽取的 12 所政府所属的大学的研究发现，如果财政收回所有固定资产投资并不弥补任何意义上的办学经费，以 2008 ~ 1010 年的成本计算，这些大学每个学生每学年至少需要提供 28 000 元才能维持大学的日常运转。其实政府所属大学职工的工资相当于私人大学工资的 60% ~ 70%。是什么原因造成的如此大的反差呢？关键是政府所属大学的管理费用与私人所属的大学相比较高得惊人，据不完全统计，基本上在 16：1 之间，同等情况下政府所属的大学管理费支出 16 元，

———

① 通过对浙江、广东、陕西等省的抽样调查，大体都是文中所述的价格。

私人所属的大学管理费支出 1 元，其中管理人员的比是 9∶1，科长以上管理人员的比例是 11∶1，副处长以上人员的比 7∶1。与此同时，在私人所属的大学教授的工资是政府所属大学的 1.66 倍。

之所以出现如此的成本反差，根源在于财政拨款。私人所属的大学不可能有其他资金来源，他们最懂得发展学科并节省成本的理念，而政府所属的大学由于存在财政拨款，许多人也有想求一官半职的愿望，学校领导难以控制并降低管理或领导岗位编制，成本越来越膨胀。所以说，公共产品高成本问题不在于公共产品本身，而在于财政拨款，实质是国民收入的分配问题，不科学的国民收入分配比例造就了公共产品的高成本。

2. 短期内结束一个体制的生命周期并不现实

虽然说随着社会经济的发展，传统的公共产品政府垄断的供给体制已经不适应公平社会福利分配的需要，公共产品传统的服务体制生命周期在理论上已经处于末期，但是由于不同阶层的既得利益博弈是个相对恒久的话题，并不是理论上已经结束了生命周期在实践上就马上结束生命周期，即使这种体制不怎么合理，但是既得利益者阶层肯定要维护。

首先，各级政府以保证社会和谐为由，不可能在短期内完全放开。作为各级政府来说，在社会集团之间也是一个博弈主体。按照各级政府出台一般公共政策的过程，都是由本领域的主管部门先提出相应的意见或方案，再由决策者讨论通过，最终决策者所作出的决策，基本上都是主管部门的意图。主管部门不愿意或者根本不可能提出不利于本部门的政策。政治实体的整个权力本身具有一种特殊的动力，这种权力可能成为其成员的一种特殊奢望要求产生的基础，而这种要求又影响着他们的决策（韦伯，1998）。政府在许多情况下，会有意识地地放弃被公认为是公平的、进步的以及民主的政策，这种放弃实际上就是对所属部门及其部分公众的利益妥协。一般地，可以把对政府的意见分解为两类，即一类是来自政府之外的意见，就是整个社会的意见，另一类是来自政府组织内部的意见。在没有重大政治问题的时，组织内部的意见对于组织本身的压力更大，政府组织内部的和谐也是社会和谐的重要方面，因此，考虑政府组织内部和谐也是保证社会和谐的重要方面。当公共产品政府垄断对社会造成不大公平的现实后，失去福祉的人并没有激烈的反应或者有反应而不足以出现重大问题时，政府还是要考虑内部人的意见。这样，政府就会以维持民生、公众福祉为理由，延续既有的政府垄断体制。一种在传统体制下所获得的较他人更多或者他人没有而自己独有的利益，一旦要失去时，对于当事人来说其失望情绪是较强的，这是制约政府为公众福祉的公平而考虑用一种体制替代另一种体制的桎梏。应当清醒地认识到，在一种体制下角色划分与责任界定不一定总能做到清晰明确，政府既是安排者，也可能是生产者（萨瓦斯，2002），很难轻易地放弃传统垄断体制。

其次，政府垄断的公共产品体制内部的职工并不愿意就此走向市场。就现实来看，相对于竞争性领域，政府垄断领域的职工享有在基本工资、奖金、退休制度以及社会保障等方面的特殊待遇，这种待遇其实和公务员并没用什么差别。优越待遇会让他们全力保护固有体制，也由于传统体制延动了 50～60 年，这些政府垄断的公共产品领域的职工认为他们的优厚待遇是天经地义的，根本没有打算走向市场，更不愿意失去优厚的待遇。要解决公共产品的高成本问题，最好的办法是双管齐下，一方面设法由社会来统治投资量，让公共产品的资本边际效率逐渐下降，另一方面政府要用各种政策来增加消费倾向（凯恩斯，1997）。垄断领域的主管部门和公共产品提供者内部职工可能会以就业压力建议政府不能一下子走向市场，政府与垄断领域的主管部门以及垄断单位的内部职工有一个共同的愿望，无论用什么方法来操作公共产品的投资，都是考虑既有的职工充分就业问题。设公共产品服务体制是否改革为 M_P，当政府考虑将公共产品的服务体制按照理性思维进行改革时，影响改革的因素主要有：理性思维新的服务体制 X_1 优越于传统服务体制 X；社会公众的隐性愿望① Y；公共产品政府垄断主管部门 Z；公共产品垄断主体内部意见 Z_I。在上述假设要素中，我们把理性思维新的服务体制 X_1、社会公众的隐性愿望 Y 称为改革力量，把传统服务体制 X、公共产品政府垄断主管部门 Z、公共产品垄断主体内部意见 Z_I 等称为障碍改革的力量。这样，就形成了公共产品服务体制改革是否能够成功的简单公式，即

$$M_P = (X_1 - X) + (Y - Z - Z_I) = (X_1 + Y) - (X + Z + Z_I) \qquad (10\text{-}1)$$

就目前的现实是，X_1 虽然是理论上的新的服务体制因素，X 是传统服务体制因素，两者比较可能决策者会更重视前者。Y 虽然是推动因素，但其仅仅是公众的隐性愿望，作用力几乎为零，但是 $Z + Z_I$ 是两个非常大的作用因素，是决定公共产品服务体制走向的基本因素。从而使式（10-1）的左边出现一个不等式，即

$$(X_1 + Y) < (X + Z + Z_I) \qquad (10\text{-}2)$$

最终，公共产品服务体制是否改革的 M_P，是由 $(X_1 + Y)$ 与 $(X + Z + Z_I)$ 较量所决定的，当 $(X_1 + Y) < (X + Z + Z_I)$ 已经成立时，政府会继续选择传统的服务体制。

---

① 当社会公众虽然感到混合型公共产品的高成本需要改革，仅仅是心理所想，但并没用以某一相应的公开形式向政府明文或口头提出来，这种愿望我们称为隐性愿望。

上述结果的最终决定力量并非政府决策者，同时也并非公共产品政府垄断主管部门 Z，而真正起作用的因素是公共产品垄断主体内部意见 Z_l。其机理是垄断主体内部的意见影响垄断主管部门，垄断主管部门意见影响决策者本身。

最后，公众素质也没有完全达到相应的条件。事实上公共产品成本的主要支付者是社会公众，只有除公共产品服务主体以外的公众从事真正影响政府决策是否理性或者延续传统服务体制的力量。但是在公众愿望还处于隐性状态时，这种力量苍白无力，其原因是公众素质还没有达到能够推动改革传统服务体制所需用的条件，把希望寄托于相关人员会主动改革传统服务体制是非常幼稚的，或者说相当部分的公众根本没有改变公共产品传统服务体制的要求或意识。作为政府决策者来说，所要理清的事情确实太多了，许多情况下对于公共产品的高成本问题不一定已经列入重点考虑的对象。而当公众自己不够觉悟或者说还不具备相应的素质来提请政府解决问题时，要冲破既往的服务体制也是非常不容易的。

3. 釜底抽薪：通过调整国民收入分配抑制当前公共产品政府垄断成本

当某些问题已经被理论研究证明需要政府解决时，作为政府来说不能因为外界的作用力并不强大而忽略。就当前公共产品政府垄断的高成本问题来说，本身是影响民生、公众福祉建设的问题，值得高度重视，就时下而言，马上从服务体制上解决问题还不太现实，而应当采取行之有效的基本对策先缓解矛盾。最切合实际的办法或者说既切合实际又不因此而产生矛盾的办法就是通过调整国民收入分配的办法来抑制公共产品的垄断成本。增大国民收入初次分配比例，提高产业工人与农民的收入，使其与政府公务员以及垄断行业之间的差距缩小。调整国民收入二次分配，逐步减少对事业单位的财政拨款，另外，在国民收入最终分配中提高竞争性行业领域普通职工社会保障、退休养老等方面的待遇。这样，通过国民收入的分配调整对政府垄断领域进行资源上的釜底抽薪，降低公共产品社会成本，均衡公共资源在社会不同阶层的配置。

参 考 文 献

奥尔森. 2009. 国家兴衰探源. 吕应中译. 北京：商务印书馆.

奥斯本，普拉斯特里克. 2004. 政府改革手册：战略与工具. 谭功荣等，译. 北京：中国人民大学出版社.

奥斯特罗姆，帕克斯，惠特克. 2000. 公共服务的制度构建. 毛寿龙，译. 上海：上海三联书店.

奥斯特罗姆. 2000. 公共事物的治理之道. 毛寿龙译. 上海：上海三联书店.

包国宪，周云飞. 2009. 中国公共治理评价的几个问题. 中国行政管理，(2).

鲍威尔. 2009. 定量分析决策. 吴亮，李洁译. 上海：远东出版社.

贝利. 2002. 地方政府经济学：理论与实践. 左昌盛，周雪莲，常志霄，译. 北京：清华大学出版社.

彼得斯. 2009a. 政府管理与公共服务的新思维. 李永久，译. 北京：商务印书馆.

彼得斯. 2009b. 政府未来的治理模式. 李永久，译. 北京：中国人民大学出版社.

彼得斯. 2001. 政府未来的治理模式. 吴爱明，夏宏图，译. 北京：中国人民大学出版社.

边沁，缪勒. 1999. 公共选择理论. 杨春学，等译. 北京：中国社会科学出版社.

布坎南. 1975. 经营管理经济学的紧缩理论. 美国经济评论，(5).

陈国权，王柳. 2010-08-19. 基于结果导向的地方政府绩效评估：美国凤凰城的经验与启示. http：//www. jxgl. qingdao. cn/n3709506/n3709721/7461843.

陈健，胡家勇. 2008. 政府规模与经济发展. 财经问题研究，(3).

陈庆云. 2005. 公共管理理念的跨越：从政府本位到社会本位. 中国行政管理，(4).

陈剩勇，于兰兰. 2012. 网络化治理：一种新的公共治理模式. 政治学研究，(2).

陈振明. 2003. 公共管理学：一种不同于传统行政学的研究途径. 北京：中国人民大学出版社.

陈振明. 2011. 公共管理创新三题. 电子科技大学学报（社科版），(2).

陈振明，薛澜. 2007. 中国公共管理研究的重点领域和主题. 中国社会科学，(3).

褚大建，李中政. 2007. 网络治理视角下的公共服务整合初探. 中国行政管理，(8).

道格拉斯. 1993. 未竟之业. Auckland New Zealand：Random House.

杜方文. 2014. 潮起钱塘：人大制度在浙江的实践创新. 北京：中国民主法治出版社.

段伟红. 2012. "又红又专"的政策议题是如何设置的？以"股权分置改革"为个案的一项研究. 管理世界，(3).

范恒山. 2008. 加快政府行政管理体制改革的重点任务. 中国经贸导刊，(1).

冯蕾，邱玥. 2013-01-26. 收入分配改革警惕四大误区. 光明日报，10.

弗林. 2004. 公共部门管理. 曾锡环, 钟杏云, 刘淳, 译. 北京: 中国青年出版社.

戈丹. 1999. 现代的治理, 昨天和今天: 借重法国政府政策得以明确的几点认识. 国际社会科学杂志 (中文版), (1).

顾建光. 2007. 从公共服务到公共治理. 上海交通大学学报 (哲学社会科学版), (3).

郭正平. 2007. 地方政府行政运行成本控制与核算实务全书. 北京: 当代中国音像出版社.

国家行政学院 "深化行政管理体制改革" 课题组. 2008. 我国行政管理体制改革的特点、难点和切入点. 国家行政学院学报, (2).

韩锐, 李景平. 2012-12-30. 孝廉文化的内涵及其时代价值. 光明日报 (理论周刊).

何翔舟. 2012. 政府成本理论研究 (上卷). 北京: 科学出版社.

何增科. 2002. 治理、善治与中国政治发展. 中共福建省委党校学报, (3).

何增科. 2008. 中国治理评价体系框架初探. 北京行政学院学报, (5).

胡鞍钢. 2014. 中国国家治理现代化的特征与方向. 国家行政学院学报, (3).

杰索普. 1999. 治理的兴起极其失败的风险: 以经济发展为例的论述. 国际社会科学杂志 (中文版), (1).

凯恩斯. 1997. 就业利息和货币通论. 徐毓枬, 译. 北京: 商务印书馆.

科恩. 2004. 新有效公共管理者: 在变革的政府中追求成功. 王巧玲等, 译. 北京: 中国人民大学出版社.

蓝志勇, 陈国权. 2011. 当前西方公共管理前沿理论评述. 公共管理学报, (3).

勒帕日. 1985. 美国新自由主义经济学. 北京: 北京大学出版社.

李辉. 2011. 治理时代: 政府改革的新挑战. 山东师范大学学报 (人文社会科学版), (4).

李景鹏. 2001. 中国走向 "善治" 的路径选择. 中国行政管理, (9).

李锐, 凌文辁, 柳士顺. 2012. 传统价值观、上下属关系与员工默契行为: 一项本土文化情境下的实证探索. 管理世界.

李小平, 范锡文. 2014. 国企治理结构的 "软性" 制度安排: 基于国企治理文化的 EVA 理念. 中国人民大学复印报刊资料. 管理科学, (10).

刘凡, 唐军. 2009. 我国行政管理体制改革的基本情况和当前需要着重解决的几个问题. 中国工商管理研究, (2).

卢业美, 孔德永. 2010. 和谐社会构建中的绩效认同分析. 济宁学院学报, (1).

罗西瑙. 2006. 没有政府的治理. 张胜军, 刘小林, 译. 南昌: 江西人民出版社.

洛克. 1982. 政府论下篇: 论政府的真正起源、范围和目的. 叶启芳, 瞿菊农, 译. 北京: 商务印书馆.

马俊达, 冯君懿, 2011 年 6 月 9 日, 政府采购服务概念的厘清, 政府采购报.

马利克. 2009. 管理成就生活, 李亚等译. 北京: 机械工业出版社.

马西恒. 2006. 转型中的社会治理. 上海: 上海交通大学出版社.

马新平. 2010. 我国教育经费来源结构分析与国际比较. 商业时代, (27).

麦金尼斯. 2000a. 多中心治道与发展. 毛寿龙, 译. 上海: 上海三联书店.

麦金尼斯. 2000b. 多中心体制与地方公共经济. 毛寿龙, 译. 上海: 上海三联书店.

毛寿龙, 李梅. 2000. 有限政府的经济分析. 上海: 上海三联书店.

毛寿龙. 2004. 公共管理与治道变革. 中国特色社会主义研究, (1).

梅里安. 1999. 治理问题与现代福利国家. 国际社会科学杂志 (中文版), (2).

缪勒. 1999. 公共选择理论. 刘军宁, 译. 北京: 中国社会科学出版社.

缪勒. 2002. 公共选择理论, 杨春学等, 译. 北京: 中国社会科学出版社版.

纳特. 2003. 决策之难: 十五个重大决策失误案例分析. 北京: 新华出版社.

尼斯坎南. 2004. 官僚制与公共经济学. 刘军宁, 译. 北京: 中国青年出版社.

潘志仲. 2008. 收入分配问题的中国特点及其原因分析. 社会主义理论与实践, (1).

彭国甫. 2006. 基于绩效评价的地方政府公共事业治理研究刚要, 湘潭大学学报 (哲学社会科学报), (4)。

普拉斯特里克. 2004. 政府改革手册: 战略与工具. 谭功荣等, 译. 北京: 中国人民大学出版社.

萨瓦斯. 2002. 民营化与公私部门的伙伴关系. 周志忍, 译. 北京: 中国人民大学出版社.

施罗德·温. 2000. 制度激励与可持续发展: 基础设施政策透视. 毛寿龙, 译. 上海: 上海三联书店.

时言平. 2013-01-24. 公共服务面前没有特权. 光明日报, 4.

斯密. 1997. 国民财富的性质和原因的研究 (下卷). 郭大力, 王亚兰, 译. 北京: 商务印书馆.

斯托克. 1999. 作为理论的治理: 五个论点. 国际社会科学杂志 (中文版), (1).

苏海南. 2013-11-25. 薪酬监管如何到位. 光明日报.

苏明, 王化文. 2011. 中国财政体制改革研究. 经济研究参考, (50).

孙柏瑛, 李卓青. 2008. 政策网络治理: 公共治理的新途径. 中国行政管理, (5).

谈松华, 黄晓婷. 2013-01-23. 改进教育评价. 光明日报, 14.

谭桔华. 2005. 政府行政成本简论. 长沙: 湖南大学出版社.

谭英俊. 2008. 批判与反思: 西方治理理论的内在缺陷与多维困境. 天府新论, (4).

唐铁汉. 2009. 加强政府绩效管理深化行政管理体制改革. 中国行政管理, (3).

王长江. 2004. 再也不能忽视执政成本了. 理论动态, (5).

王春光. 2013. 当前收入分配制度改革面临的困境与挑战. http: //www. gmw. cn/xueshu/ 2012-10/08/content_ 5287595. htm [2013-08-12].

王惠平. 2008. 我国财政管理体制改革回顾及展望. 经济纵横, 7.

王金秀. 2008a. 构建我国政府预算制度的基本取向. 四川财政, (3).

王金秀. 2008b. 我国财政转移支付制度的内在缺陷及其完善. 华中师范大学学报, (6).

王金秀. 2008c. 政府预算平衡与否和收支熟决原则及其组合的理论分析. 中南财经大学学报, (3)

王金秀. 2009. 政府预算机制研究. 北京: 中国财政经济出版社.

王浦劬，萨拉蒙．2010．政府向社会组织购买公共服务研究：中国与全球经验分析．北京：北京大学出版社．

王绍光．1996．公共财政与民主政治．战略与管理，（2）．

王诗宗．2009．治理理论及其中国适用性．杭州：浙江大学出版社．

王诗宗．2010．治理理论的中国适用性．哲学研究，（11）．

王小鲁．2007-06-07．收入差距扩大源于制度缺陷．社会科学报．

韦伯，温克尔曼．1997．经济与社会．林荣远译．北京：商务印书馆．

韦伯．1998．经济社会学（下卷）．北京：商务印书馆．

韦尔奇，科默．2008．公共管理中的量化方法：技术与应用．北京：中国人民大学出版社．

韦里克，等．2008．管理学：全球化与创业视角．马春光，译．北京：经济科学出版社．

韦里克，坎尼斯，孔茨．2012．管理学：全球化与创业视角．马春光，译．北京：经济科学出版社．

魏崇辉．2012．当代中国公共治理理论有效适用：必要、关键与保障．经济体制改革，（6）．

魏崇辉．2013．当代中国公共治理理论有效适用的三维视角解读：指向、均势与秩序．行政与法，（7）．

沃尔夫．2007．市场，还是政府：不完善的可选事物之间的抉择．陆俊，谢旭，译．重庆：重庆出版社．

吴建南．2004．政府绩效：理论诠释、实践分析与行动策略．西安交通大学学报（社会科学版），（3）．

吴建南．2008．财政管理、角色冲突与组织绩效．管理世界，（3）．

吴建南，阎波．2009．政府绩效：理论诠释、实践分析与行动策略．西安交通大学学报（社会科学版），（3）．

吴建南，李贵宁，侯一麟．2005．财政管理、角色冲突与组织绩效：面向中国乡镇政府的探索性研究．管理世界．

吴敬琏．2013．中国改革的未来方向．商周刊，（8）．

肖陆军．2008-06-04．推进我国基本公共服务均等化的思考，光明日报（理论周刊）．

徐国华，张德，赵平．2008．管理学．北京：清华大学出版社．

徐玉立．2013．中国收入分配问题研究述评，中国社会科学院马克思主义研究院红旗文稿．http：//myy．cass．cn/news/380984．htm［2013-08-12］．

杨雪冬．2001．要注意治理理论在发展中国家的应用问题．中国行政管理，（9）．

杨雪冬．2002．论治理的制度基础．天津社会科学，（2）．

杨之刚．2008．中国财政体制改革：回顾与展望．http：//www．chinaacc．com［2008-07-17］．

郹益奋．2007．网络治理：公共管理的新框架．公共管理学报，（1）．

应飞虎，涂永前．2010．公共规制中的信息工具，中国社会科学，（4）．

余万里．2004．多元文化挑战 美国面临认同危机．环球时报，18．

俞可平．1999．引论：治理与善治．马克思主义与现实，（5）．

俞可平. 2001. 治理和善治：一种新的政治分析框架. 南京社会科学, （9）.

俞可平. 2005. 增量民主与善治. 北京：社会科学文献出版社.

俞可平. 2008a. 中国治理评估框架. 经济社会体制比较（双月刊）, （6）.

俞可平. 2008b. 论政府创新的主要趋势. 学习与探索, （4）.

俞可平. 2013. 沿着民主法治的道路，推进国家治理体系现代化. http：//news. xinhuanet. com/politics/2013-12/01/c_ 125788564. htm ［2013-12-01］.

詹中原. 2005. 民营化：公共政策理论与实务之分析. 台北五南图书出版有限公司.

张国庆. 2009. 市场选择与政府推动：新时期中国政府职能转变的价值抉择. 湖南社会科学, （5）.

张力. 2013. 述评：治理理论在中国适用性的论争. 理论与改革, （4）.

钟振强, 宋丹兵, 刘寒波. 2009. 现代预算理念与中国政府预算管理制度改革. http：//www. crifs. org. cn ［2009-06-08］.

周多明, 等. 2008. 乡镇财政发展新探索. 兰州：甘肃人民出版社.

周绍朋, 王键. 2007. 政府经济管理. 北京：经济科学出版社.

周志忍. 2005. 当代政府管理的新理念. 北京大学学报, （3）.

周志忍. 2006. 新时期深化政府职能转变的几点思考. 中国行政管理, （10）.

周志忍. 2008a. 政府创新. 吉林大学社会科学学报, （1）.

周志忍. 2008b. 政府绩效评估中的公民参与：我国的实践历程与前景. 中国行政管理, （1）.

周志忍. 2009a. 新时期深化政府职能转变的几点思考. 中国行政管理, （10）.

周志忍. 2009b. 我国政府绩效研究的回顾与反思, 公共行政评论, （1）.

Lhmb. 2013. 体制与机制的关系. http：//forum. home. news. cn/thread/124106259/1. html ［2013-07-23］.

Chandler J A. 1991. Public administration：A discipline in decline. Teaching Public Administration, （9）.

Foucault M. 1982. The Subject and Power. Critical inquiry, （4）.

Kearney R C, Feldman B M, Scavo C P F. 2000. Reinventing government：City manager attitudes and actions. Public Administration Review, 60.

Kersbergen K, Warden F. 2004. Governance' as a bridge between disciplines：Cross - disciplinary inspiration regarding shifts in governance and problems of governability, accountability and legitimacy. European Journal of Political Research, 43 （2）：143-171.

Kingsley G T. 1996. Perspectives on devolution. Journal of the American Planning Association, 62.

Lavery K. 1995. The English contracting revolution. Public Management, 77.

Lieberman M. 1977. How the NEA and AFT Sabotage Reform and Hold Students and Tax payers Hostage to Bureaucracy. New York：Free Press.

Lindblom C E. 1980. The Policy-Making Process. Prentice_ Hall.

Minns R, thomaney J. 1995. Regional government and local economic development：the realities ofeconomic in the U. K Regional Studis, 29.

Pierre J. 2000. Debating governance: Authority, steering and democracy. Oxford: Oxford University Press.

Rhodes R A W. 1996. The new governance: Governing without government. Political Studies, 44 (4).

Shafroth F. 1993. Clinton and Gore release reinventing government summary. Nation's Cities Weekly, 16.

Simon H A. 1977. The New Scin, of Management Decision. Pren_ tice_ Hall.

Viscusi W K, Vernon J M, Harrington J E. 1992. Economics of Regulation and Antitrust. Lexington, Mass: D. C. Heath.

Walberg H J. 1998. Spending more while learning less: U. S school productivity in international perspective. Fordham Report.